本书的研究与出版得到国家自然科学基金重点项目"云南与周边国家金融合作的异质性约束及人民币区域化的实现机制与路径研究"和云南省人民政府发展研究重大项目"云南沿边金融开放与风险防控对策研究"的支持。

丁文丽 胡列曲 等 著

中国与周边七国
金融开放研究及云南省的实践

Research on Financial Opening-Up between
China and the Seven Neighboring Countries and the Practice of
Yunnan Province

人民出版社

策划编辑：郑海燕
责任编辑：张　蕾
封面设计：王欢欢
责任校对：周晓东

图书在版编目（CIP）数据

中国与周边七国金融开放研究及云南省的实践/丁文丽 等 著. —北京：
人民出版社,2023.5
ISBN 978－7－01－024749－6

Ⅰ.①中… Ⅱ.①丁… Ⅲ.①金融开放-研究-中国②地方金融事业-
对外金融关系-研究-云南 Ⅳ.①F832.0②F832.774

中国版本图书馆 CIP 数据核字（2022）第 074701 号

中国与周边七国金融开放研究及云南省的实践
ZHONGGUO YU ZHOUBIAN QIGUO JINRONG KAIFANG YANJIU JI YUNNANSHENG DE SHIJIAN

丁文丽　胡列曲 等　著

人民出版社 出版发行
（100706　北京市东城区隆福寺街 99 号）

中煤（北京）印务有限公司印刷　新华书店经销

2023 年 5 月第 1 版　2023 年 5 月北京第 1 次印刷
开本:710 毫米×1000 毫米 1/16　印张:19.75
字数:265 千字

ISBN 978－7－01－024749－6　定价:100.00 元

邮购地址 100706　北京市东城区隆福寺街 99 号
人民东方图书销售中心　电话（010）65250042　65289539

序　言

沿边金融开放大有作为

　　金融开放是我国对外开放的重要环节,也是事关改革发展稳定大局扎实推进的关键战略。从涉及的领域看,金融开放关涉资本账户和国内金融市场的对外开放;从覆盖的区域看,它又存在沿边城市、区域乃至全国的多层次。由于我国幅员辽阔,与中国陆地接壤的周边国家多达14个,沿边地区的开放更呈现出丰富多彩的局面,这类各具特色的沿边金融开放,成为我国金融开放总战略的重要组成部分。

　　从历史上看,沿边金融开放始于边贸,最初依附于物流而展开。随着时间的推移和交易规模的扩大,金融活动逐渐有了独立的特性,并逐渐向资本项下的各个科目拓展,呈现出多种金融产品、各类金融机构并举的新局面。在此基础上,2019年,国家金融稳定发展委员会推出"11条"金融开放政策措施,进一步推动了我国金融开放和沿边金融开放进程。

　　近年来,以金融开放为主题的一般性研究成果较为丰富,而以沿边金融开放为对象的具体研究尚属鲜见,尤其缺乏对沿边特定区域、接壤国家的国别金融开放问题的系统研究。丁文丽教授的这部著作填补了这个空白。

　　本书以改革开放以来我国金融开放为大背景,立足云南省,放眼全国,系统研究了中国(云南)沿边金融开放的若干问题,并对云南省周边国家金融发展与金融开放(政策)进行了专门剖析,进一步对人民币在周边区域的国际化问题做了较为深入具体的分析,这对全面系统理解中国沿边金融开放的历史、现状、存在问题及未来可能的发展路径等,提供了有价值的分析思路。其中,作者对云南省沿边金融开放主要目的国之金融发展与金融开放政策的梳理,对云南省周边国家作为人民币周边国际化典型区域的具体剖析,以及对沿边金融开放风险防控的研究等,具有独特的理论意义和实践价值。

我认为,本书至少在以下三个方面值得一读。

其一,沿边金融开放的历史沿革

沿边金融开放是我国改革开放历史进程的组成部分。从历史上看,我国的对外开放始自经济特区,继而拓展到沿海地区,然后推广到沿边地区,最后覆盖全国。从时间上看,可以分出两个主要阶段:第一阶段是沿边金融开放的孕育阶段(1992—2007年),这一阶段以沿边开发开放为主,着力与沿边各国"互通有无",逐渐为金融开放奠定物质基础,助推我国沿边金融开放战略的提出。第二阶段是沿边金融开放战略提出并实施阶段(2008年至今)。为了克服2008年国际金融危机的不利影响,我国先后出台《国务院关于支持沿边重点地区开发开放若干政策措施的意见》《跨境贸易人民币结算试点管理办法》《云南省 广西壮族自治区建设沿边金融综合改革试验区总体方案》《国务院关于印发6个新设自由贸易试验区总体方案的通知》等,不断将沿边金融开放的内容由点到面逐步扩大,推动沿边金融开放迈向新台阶。在跨境人民币业务、跨境投融资、跨境保险、跨境金融基础设施建设、跨境金融交流合作、跨境资金流动与风险反应机制等领域取得实质性进展,逐渐构建了沿边金融开放的完备框架。在这个过程中,云南省、广西壮族自治区凭借毗邻东盟的地缘优势,在沿边金融开放的实践中先行先试,形成了诸多可供推广和复制的经验。

其二,作为国家金融开放战略组成部分的沿边金融开放

毫无疑问,沿边金融开放是国家整体金融开放的有机组成部分。一般来说,一国的金融开放,在业务上主要涉及资本账户的逐步放开,在载

体上则包括金融业与金融市场的非居民准入等,这样一些开放举措,同样构成沿边金融开放的主要内容。具体地说,在我国沿边的特定地区内,主要针对境外特定国家,在金融机构、金融市场、金融产品和服务等领域"引进来"与"走出去",在这些区域内推行人民币跨境使用、完善人民币汇兑机制,进而全面推行资本和金融项下的开放,构成沿边金融开放的主要内容。

从这个意义上讲,沿边金融开放是国家层面金融开放在沿边地区的具体实践。毫无疑问,沿边金融开放是我国整体金融开放的组成部分,但由于它们发生在特定的区域,自身肯定有自己的特点。例如,在沿边金融开放中,资金跨境流动的相当部分具有"隐匿"特点,从而使得掌控跨境资金流动的动态,反洗钱、反假币工作难度增加。也因其隐匿,资金的跨境流动还会带来汇率意外波动风险、洗钱风险、地下金融风险等。沿边地区的货币兑换还受对方国主权信用状况的影响,因而,汇率波动可能更为频繁和剧烈。及时跟踪、监测其动态,做好预警防范,是沿边金融开放的重要内容。

其三,人民币周边国际化

人民币国际化是我国金融对外开放不可或缺的内容,如果说,在一个相当长时期中,人民币国际化还主要作为一个十分遥远的发展前景存在于我们的开放战略中,那么,近年来中美经济摩擦凸显之后,人民币国际化的必要性和紧迫性无疑增强了。

从具体推进路径上看,人民币周边化是人民币国际化的重要推进方式。中国云南省与老挝、缅甸、越南直接接壤,具有人民币周边国际化的良好地缘条件,是人民币跨境使用的典型省区。然而,人民币在周边国家的使用仍然呈现出"边境使用多、内陆使用少"的突出特点,因此,推动人民币周边国际化,既要充分利用国家给予的政策红利,不断发挥沿边地区特有优势,激活境内外企业金融需求,更要客观分析推进人民币周边使用(国际化)面临的掣肘因素,如周边国家金融发育水平低、金融开放政策限制多等,及时调整相应政策,做到因地制宜。

总的来看,推进沿边金融开放仍任重道远。对云南省而言,推动沿边金融开放,是推进实现双循环发展格局的重要内容。我相信,丁文丽教授的这部论著不仅有助于我们全面了解我国金融沿边开放的历史、进程、特点与难点,更能为进一步推动我国金融的对外开放提供有价值、可操作的思路。

李 扬

中国社科院学部委员

国家金融与发展实验室理事长

目　录

前　言

20世纪90年代以来,我国对外开放步伐不断加大,逐步形成了开放沿海、沿边、沿江和内陆的分步骤、分区域、多层次的开放格局。其中,中国周边金融开放制度安排逐步推开,先后设立"边境经济合作区",推出"西部大开发"战略,签署《全面经济合作框架协议》《中国—东盟全面经济合作框架协议货物贸易协议》《中国—东盟自由贸易区服务贸易协议》《中国—东盟自由贸易区投资协议》等协议,提出共建"孟中印缅经济走廊"倡议、"一带一路"倡议,为中国推进周边金融开放奠定了基础,提供了实践指引。

中国与周边国家的金融开放合作以与东南亚的老挝、缅甸、越南、柬埔寨和泰国以及南亚的印度和孟加拉国的金融开放合作最为广泛和紧密。其中,缅甸、老挝已成为云南省第一、第二大贸易伙伴,越南已成为广西壮族自治区第一大贸易伙伴。可以说,东南亚、南亚七国是中国与周边国家金融合作最具代表性的重要组成部分。

中国沿边金融开放是中国周边金融开放中最有特色的部分。以云南省和广西壮族自治区为代表的周边各省(自治区)在沿边金融开放中做了积极探索,取得了可喜成果。繁忙的边境线上进行的各类小额贸易、对外投资和人员往来为沿边地区开发、开放注入了活力,尤其是在沿边跨境贸易、投资和人员交往中形成的人民币跨境结算,双边本币兑换、跨境现钞调运、区域性货币交易、跨境保险、跨境人民币资金池等构成了沿边金融开放的主要内容,成为中国周边金融开放的重要实践成果。

云南省是中国沿边金融开放的典型省份,其沿边金融开放由来已久。早在 2000 多年前,云南作为中国从陆上通向南亚、中东和东南亚的门户,就开创了"南方丝绸之路"。伴随着跨境通商和边民互访,货币跨境流动与小额借贷等民间金融往来渐露雏形。20 世纪 90 年代初,中国与大湄公河次区域国家外交关系正常化,云南省与沿边国家经贸合作快速发展,并在边境贸易中率先使用人民币结算。2010 年云南省被列为全国跨境贸易人民币结算试点,云南省进一步发挥历史与区位优势,与老挝、缅甸、越南、泰国等沿边国家,在货币互换、银行同业往来、互设金融机构、双边本币直接交易等方面进行了积极的金融开放与合作探索,开创了全国可复制经验的"云南模式"等,为深化中国与周边国家金融开放提供了可贵的先行先试经验。对云南省沿边金融开放实践的系统研究为理解中国与周边国家金融开放问题提供了不可多得的典型案例,具有解剖麻雀的功效。当前及今后一段时期该区域金融和经济开放合作水平的高低,对中国广大腹地经济延伸至印度洋地区具有重要影响,对"一带一路"倡议的实施具有重要意义。

第一章　文献与理论概述

第一节　沿边金融开放相关概念界定

一、金融开放

金融开放在国外文献中并不是一个很常见的词汇，一般将其作为经济开放的一部分来看待，或者将其与金融发展理论放在一起探讨，用"金融自由化"一词来囊括金融开放的范畴。最著名的金融自由化理论当属麦金农和肖（Mckinnon 和 Shaw，1973）的金融深化理论。他们认为"包括利率和汇率在内的金融价格的扭曲以及其他手段使实际增长率下降，并使金融体系的实际规模（相对于非金融量）下降"，他们主张在发展中国家取消金融抑制，而进行金融开放。麦金农和肖的理论使许多国家在20世纪八九十年代出现了广泛的金融开放的浪潮。

对于金融开放的定义，从广义上讲是指一国通过法律、法规等规范性法律文件，对国际资本跨境流动、货币兑换和他国或地区在本国金融市场从事交易和开展各种金融业务的准入和行为活动以及本国居民和机构参与国际金融市场上的交易行为进行逐步放松或取消管制的有效管理方案的总和。从狭义上讲，金融开放是指是否对外国金融要素及活动进入国内（区内），或国内（区内）金融要素及活动的流出存在行政限制，若存在管制，表示金融开放是不完全的，否则金融开放是完全的（张小波，

2011)。但金融开放实际上是一个内涵非常丰富的概念,金融开放的范畴,包括金融主体准入和退出的开放、资本流动的开放、汇率形成机制的开放、货币价格形成机制的开放、金融运行模式的开放,金融开放主要是通过金融服务来实现(杨德勇,2002)。具体到我国而言:(1)金融主体准入和退出的开放。这是人们议论最多、影响最大、冲击最为现实的一个问题。在金融业对外开放的条件下,面对我国刚刚起步的金融市场和极具潜力的发展前景,外资金融机构的大举进入是一种必然出现的局面。同时按照市场化规则,金融主体的退出也必须按照国际惯例看待,因此金融主体的进入和退出将成为金融市场的一种常态。(2)资本流动的开放。我国加入世界贸易组织(World Trade Organization,WTO)之后,资本项目逐步放开,国内金融市场与国际金融市场在资金流动上将走向对接。(3)汇率形成机制的开放。我国加入世界贸易组织,虽然并不承诺汇率市场化,但必须承认,要想构建一个真正意义上的国际金融中心,汇率市场化将是无法逾越的阶段。(4)货币价格形成机制的开放。货币价格也即利率的形成机制,并不在我国对外开放的承诺范围之中,但考虑到国内金融市场提高效率的需要,以及应对汇率变动和资本流动的需要,利率市场化是金融业对外开放的必然后果。(5)金融运行模式的开放。我国加入世界贸易组织,虽然并不承诺金融运行模式的全面市场化和国际化,但我国金融业的运行模式包括分业经营模式和金融工具的流动模式在开放的冲击下,也必然走向市场化和综合化。

二、沿边金融开放

沿边金融开放是指遵循金融开放的一般规律,发挥沿边跨境地域优势,本国沿边区域经济主体与周边国家经济主体之间的金融往来深化,以及由此带来的货币跨境流动、资本跨境流动和金融服务开放。沿边金融开放具体既包括银行、证券与保险等金融服务的开放,即周边国家金融机构或者金融服务"引进来"和本国金融机构或者金融服务"走出去",也包括资本与金融账户管制的放松,即金融服务主体在资本与金融账户下实施跨境金融服务(丁文丽、刘方,2019)。

我国自 1978 年开始实施对外开放,中国沿边的经济开放进程是自北向南的,从黑龙江省的漠河口岸到广西壮族自治区的东兴口岸,沿边地域包括我国新疆维吾尔自治区、西藏自治区、内蒙古自治区、甘肃省、黑龙江省、吉林省、辽宁省、云南省和广西壮族自治区等,与我国边疆省区毗邻的俄罗斯、哈萨克斯坦、吉尔吉斯斯坦、塔吉克斯坦、蒙古国、印度、阿富汗、巴基斯坦、朝鲜、缅甸、越南共 11 个国家。沿边地区开发开放主要分为三大区域,东北地区面向东北亚开放,西北地区面向中西亚开放,西南地区主要面向东南亚、南亚开放。我国沿边经济贸易各个地区的经济开放与贸易发展的进程大致相同。沿边地区经济贸易发展的路径是:从边民"以物易物"的互市贸易起步,从货物贸易逐渐发展到服务贸易,逐渐实现或者完成从贸易形式到贸易内容的更新换代。随着经济往来的不断加深,也带动了投资和金融项目的发展。

三、沿边金融开放风险

目前,学术界对于沿边金融开放的风险尚未有一个准确的定义,其主要包含金融开放的相关风险及沿边金融特定的风险。金融开放的相关风险,主要包括宏观金融风险与微观金融风险。从宏观角度来看,金融业对外开放所带来的宏观金融风险是多方面的,对中央银行货币政策、国民经济运行均会造成较大的影响,这些影响就本质和最终结果而言,就是使一国经济金融运行的不稳定因素增加。从微观角度来看,金融开放受到直接冲击的首先是各类金融主体。外资金融机构的大举进入,中国的金融市场上激烈的竞争不断深化,市场竞争的内容非常丰富,包括规模的竞争、管理的竞争、客户的竞争、产品的竞争、服务手段和技术水平的竞争,但所有竞争的核心是效率的竞争。微观金融主体由于效率的不同在竞争中产生的不确定性和损失就是微观金融风险。陈琼豪、应益荣(2019)认为,金融开放不等于资本项目自由化。之所以要审慎进行资本项目开放,是因为一些国家在国内金融经济体制不完善、风险防控水平不高的情况下,贸然放开资本项目,跨境国际资本的大规模进出,不断冲击国内原本平衡稳定的经济体系,最终会演变成经济危机。

沿边金融开放还包含其特有的风险,沿边跨境开放的区位特征,加大了资金非预期跨境流动敞口,由此加大资金跨境流动的统计与监测难度;周边国家金融体系不健全以及双边正规金融结算渠道不完善,客观上为地摊银行等地下金融交易创造了条件,汇率冲击加大,反假币、反洗钱难度上升;周边国家存在政局不稳或者局部武装冲突等地缘政治风险,加之沿边省份与周边国家经济与金融发展水平和制度方面存在客观的差异,均会带来企业、金融机构双边业务往来的不便以及潜在风险(丁文丽,2013;丁文丽等,2018;陈云芳、丁文丽,2018)。

第二节　沿边金融开放的度量及其模型

一、沿边金融开放的度量

沿边金融开放的度量首先基于的是金融开放的度量,由于金融开放的定义比较广泛,需综合考虑资本账户开放、金融市场开放和跨境金融往来深化,主要包括双边贸易、劳务输出、直接投资、金融机构互设、货币结算等指标。单纯从经济学的角度研究这个问题,一般将其作为经济开放的一部分来看待,所以研究金融开放的度量要从经济开放的度量开始。而经济开放的度量一直是国际经济学的重要问题之一。从计量的角度看,经济开放度可以分为以下两方面:一国经济在总量规模上的开放度(经济开放广度)和在价格上的开放度(经济开放深度)。就一国经济开放广度而言,度量指标很多,一般可以分为两类,贸易开放度,包括进出口总额占国内生产总值的比重、出口占国内生产总值的比重、进口占国内生产总值的比重等;金融开放度,包括资本流动总额占国内生产总值的比重、货币供应量或者金融资产总量中来自国外的部分与来自国内的部分之比、国际投资额与全社会投资总额(包括短期投资和长期投资、证券投资和固定资产投资之比）、国际投资地位等。而经济开放深度的度量要困难得多，一方面指标选择要困难得多，另一方面价格性质指标的检验难度要更大，而且结果的可靠性也较差，一般而言，主要是看各种价格平价机制能否成立，就金融市场而言，利率平价往往被用来衡量国内金融市场与国际金融市场的一体化程度。总体来看，金融开放广度是度量经济开放度的最核心指标，而金融开放深度在现实中则比较难以度量。

在金融开放度量的研究中，国外学者的注意力更多地强调在资本账户开放问题上，基本上是基于有关国家对于资本流动的管制政策及其变化来衡量金融开放的程度。这类研究主要有两种度量方法：法定开放（rule-based measure）和事实开放（quantitative measure），名义或法定测度通过考察一国约束金融开放的法律、法规及其他规范性法律文件来衡量金融开放的程度，反映的是当前一国政府对金融开放的意愿和政策性指引。实际测度则是通过考察金融开放过程中参与主体的行为对市场造成的综合影响，以在某种程度上真实反映金融开放的深度和规模。

法定开放是指基于资本流动的官方法规限制。国际货币基金组织（International Monetary Fund, IMF）出版物《汇兑安排与汇兑限制年报》（*Annual Report on Exchange Arrangements and Exchange Restrictions*, AREAER）公布了各国在资本账户管制上的信息。实证研究中，AREAER 指标被简单定义为 0 和 1 两个虚拟变量，分别表示资本账户完全开放和完全封闭。部分研究中也将某个时间跨度内的资本账户开放的时间比例作为开放指标。但是一般认为该类指标过于粗糙。随后，学者基于旧版本的 AREAER 的信息，提出了份额法，份额法是从时间长短的角度来衡量一国政府在一段时期内放开资本管制的意愿，反映的是一国开放资本管制的整体态势，份额法侧重对一国在一段时期内的资本管制程度予以考察，其原理是：如果一国在 n 年内资本管制的年数是 i，则这个时期的资本管制程度为 i/n。份额法最早由格雷林和米西—费雷蒂（Grilli 和 Milesi-Ferretti, 1995）提出，并在罗德里克（Rodrik, 1998）、克莱恩和奥利威（Klein 和 Olivei, 1999）等的研究中得到应用。份额法的信息主要来自旧版本的 AREAER 的信息,因此对属于国际货币基金组织的成员在 1966—1995 年的任意时段都可以构建份额指标,份额法具有数据域广、构建简单等优点,但同时份额法也由于 AREAER 版本变更导致的数据连贯性和旧版本 AREAER 未区分资本流入和流出而存在缺陷。此外还存在以下几点不足:其一,份额法无法逐年衡量一国的开放程度,因而无法反映金融开放的渐进变化,且未能衡量资本管制的强度,所以指标比较笼统;其二,份额法不能细分国与国之间资本开放或管制的差异程度,即使两国在份额法测度下具有相同的开放度,也无法判断两国在这段时期内开放的年度是否相同,如同为 0.5 的开放度,一国可能是前半段时期开放而另一国是在后半段时期开放,因此无法细分其差异性。奎因(Quinn,1997)对国际货币基金组织的度量方法进行了改进,采用 AREAER 中的其他信息重新构建了资本账户开放指标(数值从 0 到 4,以 0.5 为阶梯分为 9 级),该指数可以反映资本账户开放的差异和变动,但是对于样本中的非经济合作与发展组织(Organization for Economic Co-operation and Development,OECD)国家,其只有 1958 年、1973 年、1982 年、1988 年的非连续四年的数据,掩盖了发展中国家的金融开放进程。经济合作与发展组织也曾经设计了一套专门用于经济合作与发展组织国家的资本账户开放指标——国际资本流动准则(Code of Liberalization of Capital Movements),该指标列举了一个国家是否存在的对于资本账户交易的 11 种限制。这些指标也适用于商业银行和其他信用机构以及一些机构投资者。克莱恩和奥利威(Klein 和 Olivei,2001)根据 Code of Liberalization of Capital Movements 构造了一个变量,代表在 11 类资本交易中不受限制的资本交易类型所占的比例,并在一定时期内进行平均。该变量的范围为 0—1,某一国在某一年的变量值为 0—1。蒙蒂兰和莱因哈特(Montiel 和 Reinhart,1999)根据 15 个国家的年度信息,开发并运用了另外一种衡量对跨境交易管制强度的方法,该指标值为 0—2,指标值越大表示对资本项目的管制越严格。这样从衡量资本管制强度的角度构建资本账户开放度指标称为强度法,此外,还有侧重通过考察金融开放的载体——金融市场来衡量金融开放程度,玛图(Mattoo,2000)对各国政府在加入世界贸易组织时所作出的开放本国金融市场的承诺进行了测量。玛图针对服务贸易总协定(General Agreement on Trade in Services,GATS)中提出的跨境交付、境外消费、商业存在等服务提供方式,分别测量了各国的银行(存贷款服务)和保险(直接保险服务)市场部门的承诺开放水平,不过该方法得到的只是各国承诺下的静态开放度指标,无法反映市场实际开放程度的渐进变化;玛图对金融市场各部门分别进行了测量(没考虑到证券部门),但是未形成一个整体的金融开放度指标。

事实开放是基于通过一些经济变量来间接度量实际的金融开放程度的想法。金融实际开放度可从金融开放的深度和广度两个角度予以衡量:金融开放的深度反映的是一国在金融开放过程中本国金融市场和金融活动与世界的一体化程度,可通过储蓄率与投资率的关联度、国内外利率差异、股市收益率关联度等一些指标进行测量;金融开放的广度反映的是一国跨境金融交易的总量规模,可通过各种跨国资本流动的规模与经济总量的占比来加以衡量,通常在研究中有三种不同的变量被考虑,具体包括国民储蓄率与国民投资组合、利率差及跨境资本流动。费尔德斯坦和霍里奥克(Feldstein 和 Horioka,1980)首次尝试用定量的方法衡量部分国家的资本流动性。他们分析了不同国家的储蓄和投资行为,以此衡量"真实的"资本流动性,依据是两组数据之间的相关性大小是衡量阻碍资本流动程度的一个好指标。他们假定在资本项目限制严格的国家,储蓄与投资吻合的程度好,但在资本自由流动的国家,其储蓄与投资之间不必有这样的联系。但是,这一分析受到了批评,理由是一个国家的储蓄率与投资率之间本来就可能高度相关,即使这个国家对跨国资本流动没有限制。奥伯斯法尔德(Obstfeld,1994)、贝克特(Bekaert,1995)、贝克特和哈维(Bekaert 和 Harvey,1995)等分别从跨国消费相关度、股市收益率关联度等角度提出了金融开放度的测量方法。奥伯斯法尔德(Obstfeld,1994)认为,当一国资本可以跨境自由流动时,该国真实人均消费与世界上其他国家真实人均消费应具有较高的相关系数,因此可以通过计算跨国消费相关度来观测资本流动的管制程度。奥伯斯法尔德用此方法对 47 个国家在 1951—1972 年和 1973—1988 年两个时段进行了测量,但从计算结果上看,23 个工业化国家和 24 个发展中国家的平均跨国消费相关度相差并不明显(如在 1973—1988 年,工业化国家和发展中国家的平均跨国消费相关度分别为 0.32 与 0.29)。由于未对经常项目下消费和资本项目下消费加以区分,奥伯斯法尔德所计算的消费相关系数受贸易开放程度和资本开放程度的双重影响。此外,一国的消费状况不仅受制于贸易和金融的开放程度,也与当地的消费结构和消费习惯有很大关系。贝克特(1995)、贝克特和哈维(1995)、贝克特等(2001)通过计算一国已对境外投资者开放的股票市场与股票市场高度开放国家(如美国、日本、英国、德国等)间的股市收益率关联程度来衡量该国股票市场融入全球金融体系的深度,以此体现该国的金融开放程度。由于该方法局限于测量一国金融市场中的股票投资领域,因此不足以反映一国金融市场的整体状况,并且该方法只适用于具备股票市场的国家和已对境外投资者开放之后的时期。另外,股票市场收益率在很大程度上取决于该国实体经济的资产特征和运行效率,并非完全受跨境流动资本的资产配置和套利需求的影响。克雷(Kray,1998)试图通过使用实际的资本流入和流出与国内生产总值(Gross Domestic Product,GDP)之比来衡量资本的流动性,伊安和米西—费雷蒂(Lane 和 Milesi-Ferretti,2001)试图通过证券投资与直接投资的年度余额与国内生产总值之比作为衡量金融开放度的长期指标。这些方法与衡量贸易开放度的方法(如进出口总额与国内生产总值之比)相类似。然而,无论是克雷的流量指标还是伊安和米西—费雷蒂的总量指标,由于其比例因子都是将国内生产总值按官方汇率换算成美元计,因此在做国家间的横向比较时会使结果出现偏差(如,若某国管制汇率低估本币,一方面可能会因升值预期吸引热钱流入而增加资本流动,另一方面当国内生产总值按官方汇率折算为美元计时,会减小其经济规模,如此将高估金融开放度)。对此问题,黄玲(2007)提出,用购买力平价折算后的国内生产总值来作为比例因子,可以在某种程度上减少偏差。

爱迪森和沃诺克(Edison 和 Warnock,2001)从一国股票市场对境外购买者的开放程度出发,利用国际金融公司(International Finance Corporation, IFC)提供的信息对新兴市场国家的资本开放程度进行了测量。但不足之处在于,该方法只适用于具有并已经部分开放了股票市场的新兴市场国家,而且从资本管制的角度来说,对股票市场资本流入的管制只占资本管制内容的很小一部分,不足以说明资本管制的整体状况。

由上可见,由于出发点和侧重点的不同,以及受理论、方法或数据等因素的制约,各种金融开放测度指标都有其独特的适用性和不足之处,不可一概而论,因此在研究不同问题时需要选取最合适的指标,并在应用中针对其不足之处加以改进。在此基础上,由于沿边金融开放的特殊性,其主要源于跨境贸易和投资的产生以及边境等地缘问题的存在,我们由此加入了用于测量双边贸易的引力模型和货币结算模型对其进行度量。

二、沿边金融开放的度量模型

沿边金融的发生是基于两国之间距离的相邻而产生的边境贸易,从简单的货物交换到服务贸易的产生,边境贸易是沿边地区对外开放的重要表现形式,一直以来都是衡量沿边开放成效的重要指标,是实证衡量沿边金融的基点,而引力模型的最经典解释变量就是双边国家国民经济总量和双边贸易距离。事实上随着我国的快速发展,与周边国家经济实力以及发展程度上的悬殊也是阻碍我国进行沿边金融开放的一个重要因素,基于以上相关性,我们考虑加入引力模型测量沿边金融开放的程度,通过度量影响双边贸易量的因素来间接反映沿边金融开放的程度;而在沿边金融开放的过程当中,贸易的前提首要的就是要解决如何进行贸易结算,使用何种币种进行结算,以及资金在跨境流通过程中会产生的相关问题,因此我们将引入贸易结算模型来间接性反映沿边金融开放度的大小。

(一)双边贸易度量——引力模型

引力模型是经常来用来分析双边贸易的模型之一。其基本思想来源于物理学上的牛顿万有引力定理。自廷贝根(Tinbergen,1962)和波约宁(Poyonen,1963)通过计量经济学的方法利用引力模型研究贸易流量以来,引力模型已成功地运用于分析双边贸易30余年。引力模型的基本思想是:两国之间的双边贸易量取决于其经济量以及其相互间的距离。随后,众多解释变量被加入模型中用来解释双边贸易量,这使引力模型得以更好地解释现实中的经济现象。人口、汇率、人均收入、消费者价格指数以及诸如一国是否是一个区域贸易协定的协约国、是否有共同边界和共同语言、是否为发达国家等虚拟变量被逐步加入引力模型中。但值得指出的是,模型中所包含的变量个数并非越多越好。由于引力模型并没有一个坚实的理论基础,因此过多的解释变量只会恶化模型的解释能力。在国外,横截面数据和面板数据都被用在基于引力模型做双边贸易、贸易潜力和贸易效应分析。克里斯蒂(Christie,2002)、拉赫曼(Rahman,2003)和阿米塔巴特拉(AmitaBatra,2004)分析了双边贸易和贸易潜力。克里斯蒂(2002)通过1996年到1999年的横截面数据预测了东南欧的贸易潜力。拉赫曼(2003)利用引力模型通过诸如开放度和汇率等经济因素预测了孟加拉国的贸易潜力。阿米塔巴特拉(2004)利用2000年横截面数据分析了世界贸易流量,并预测了印度的贸易潜力。威纳(Viner,1950)和卢西安·塞纳特(Lucian Cernat,2001)分析了贸易效应。威纳(1950)分析了局部均衡模型下的贸易效应并得出结论:在完全竞争的条件下,区域性贸易协定通过减少本国低效率的生产以及减少非区域性贸易协定成员高效率的生产,增加了成员之间的贸易。区域贸易协定(Regional Trade Agreement,RTA)产生了贸易创造效应和贸易转移效应,其净贸易效应取决于这两种效应之间的大小。卢西安·塞纳特(2001)利用引力模型和面板数据分析了发展中国家之间的区域性贸易协定对区域性贸易协定内外国家所产生的影响。他在引力模型中增加两个新变量,有效地分清了区域性贸易协定所产生的贸易创造效应和贸易转移效应。

国内学者在开始的阶段首先是利用引力模型对双边贸易量进行了

简单的测算,如刘青峰和姜书竹(2002)实证分析了影响中国 2000 年双边贸易量的主要因素,预测了中国和其他国家之间的贸易潜力。林玲和王炎(2004)利用中国和其 40 个最大贸易伙伴之间的横截面数据分析了 2001 年中国双边贸易。他们的模型分析得出了影响中国双边贸易的最重要因素,并预测了中国和其贸易伙伴之间的贸易潜力。随着沿边金融的贸易往来增多,部分学者将引力模型引入到沿边地区贸易的测算当中,如陆小丽(2015)在对广西壮族自治区沿边金融开放度上,利用引力模型测量了广西壮族自治区与越南之间的双边贸易程度,在实证上由于广西壮族自治区与越南相邻,其忽略了两地之间的距离因素而加入了中国—东盟自由贸易区建设以及"一带一路"倡议对两地贸易形成的巨大影响。研究表明,中国—东盟自贸区的建设以及"一带一路"倡议和广西壮族自治区与越南之间的经济总量是影响双边贸易的主要因素。黄素心和郭瑞(2019)实证分析了边境贸易对于云南省沿边地区开放绩效的影响,其结果认为滇桂两个地区的边境贸易受到经济增长的长期影响,两者之间存在均衡的发展关系,并且在边境地区,沿边金融的开放会对经济起到正面的影响,这一特点在云南省表现得更为显著。林善浪和胡小丽(2019)在引力模型中加入了边境效应(边境的产生会抑制双边贸易的进行)和邻近效应(绝对贸易额较小,相对贸易额较大,贸易相对集中),检验这两种效应对于沿边金融中双边贸易的影响,利用 2000—2013 年的统计数据进行了实证测算。结果表明,邻近效应的作用降低了边境效应对于双边贸易的负影响,而邻近效应则会促进双边贸易的产生。由于基础的引力模型主要是双边的经济总量和双边贸易距离,因此更多的学者采用了新型的引力模型来研究沿边地区间的双边贸易。刘洪愧等(2015)以结构引力模型研究了人民币升值对于中国与东盟贸易的影响,其在模型中引入了汇率这一变量,强调了在中国—东盟自贸区成立的基础上,汇率会通过规模效应以及相对价格效应来影响双边贸易,人民币的升值会对双边贸易中的成本产生影响,并提出中国—东盟自贸区的建立会促进双边贸易的产生。屠年松和李彦

（2016）使用了 2007—2014 年的面板数据，以随机前沿引力模型为基础，评估了中国与东盟国家之间的贸易潜力及效率，并以此为基础，得出了国内生产总值、中国—东盟自贸协定的签订以及存在共同边界会促进双边的贸易往来，而距离和关税则会阻碍双边进行贸易。屠年松、付文宇（2017）应用扩展的引力模型，对 2006—2014 年的数据进行了实证分析研究，实证结果表明，双方经济规模、外贸依存度、跨境网络建设以及大湄公河次区域其他国家的城市化率对沿边开放有显著正影响；而滇桂省区城市化率对沿边开放有显著负影响，地理距离与外部政策冲击对其影响并不显著。

（二）货币结算模型

国际贸易结算货币理论起源于斯沃博达（Swoboda，1968）对货币交易成本与结算货币选择关系的开创性研究，西方学者从交易成本视角和利润最大化视角进行研究，丰富了国际贸易结算货币选择的理论内容。在已有国外文献中，实证分析采用的均是国外的面板数据，尚未发现使用我国数据对跨境贸易人民币结算选择进行的研究；在国内文献中，由于跨境贸易人民币结算启动时间较短，多数学者采用的是文献分析法和定性分析法，少数采用定量分析法的也主要是使用国外的非平衡面板数据对国际货币进行研究。部分学者从贸易和金融双视角出发，来研究跨境贸易人民币结算的影响因素。

贸易因素包括贸易地理结构、贸易商品结构和贸易市场份额三方面的因素。格拉斯曼（Grassman，1973）研究得出，发达国家之间的贸易常使用出口国货币结算，发达国家与发展中国家的贸易常使用发达国家货币结算，而发展中国家之间的贸易及初级产品的贸易常使用第三国货币结算，这三个规律被称为"Grassman 法则"，因此，我国作为发展中国家，与发达国家之间的贸易常使用贸易伙伴国的货币结算。麦金农（1979）从贸易商品结构角度研究得出，具有价格支配能力的异质化商品主要以出口国货币结算，而具有较高替代性的初级产品主要以美元等国际货币结算,厂商在出口可替代性高的初级产品时,为了在竞争中不陷入被动,倾向于选择与竞争对手相同的货币,这就使得需求价格弹性较高的初级产品常使用单一货币如美元结算。那么,我国的初级产品贸易亦倾向于使用美元等交易货币结算。巴切塔和温库普(Bacchetta 和 Wincoop,2005)等研究得出,出口国在国际市场上份额越大,产品差异化程度越高,则出口商越能使用本币结算。国内学者董有德等(2010)和魏金明等(2011)证实了贸易实力是影响该国货币能否在国际贸易中发挥结算职能的关键,从贸易规模来看,一国贸易份额越大,越倾向于使用本币结算;从贸易方向来看,一国对发达国家市场依赖程度越大,则使用发达国家货币结算占比越高;从贸易结构来看,一国大宗初级商品贸易倾向于使用媒介货币美元结算。

金融因素主要包括经济实力和汇率风险两个方面。克鲁格曼(Krugman,1984)和哈特曼(Hartman,1998)均指出,大国由于经济总量大,进出口市场份额高,其出口商的讨价还价能力较强,一个大的经济体往往越有能力且越倾向于在国际贸易中选择本币结算。肖鹞飞等(2012)通过一般均衡分析法得出经济实力是结算货币职能实现的基础,如果中国经济实力越强,则越倾向于选择人民币结算。国内外诸多学者从不同的角度和方法证实了汇率波动是影响国际贸易结算货币选择的重要因素。约翰逊和皮克(Johnson 和 Pick,1997)、法比安(Friberg,1998)和乔治·塔夫拉斯(Georges Tavlasz,1997)均从企业的角度分析得出厂商将通过比较出口国、进口国和第三国的汇率波动幅度大小,选择一种实际汇率风险较低的货币作为结算货币。唐嫩费尔德和豪格(Donnenfeld 和 Haug,2003)实证检验得出,使用进口国货币结算与汇率风险呈正相关关系。维兰德(Wilander,2004)的研究结果认为,汇率波动和本币结算呈反向关系。国内学者董有德等(2010)的广义最小二乘法随机效应模型以及罗忠洲(2012)的文献分析法都得出结论,一国汇率波动幅度越小,该国货币越容易被贸易商所接受。

第三节　沿边金融开放的相关政策

总体来说,我国沿边地区的金融开放历经了沿边金融开放政策准备阶段—沿边金融开放初期探索阶段—沿边金融开放大力推进阶段。

一、沿边金融开放政策准备阶段(1978—1991 年)

我国虽自 1978 年开始实施对外开放政策,但沿边开放的政策颁布实则经历了一个漫长的发展阶段,自新中国成立至改革开放的初期,虽然我国也与附近的邻国签署了一些相关的边境贸易协定,但是由于在 20 世纪 60 年代初至 70 年代末,国际形势发生恶化,中国与周边国家除了存在少数的自发性边民贸易活动之外,边境贸易基本停滞。之后,随着改革开放政策的实施,党的十一届三中全会后,我国开始在东南沿海进行改革开放的初步试验,通过建立经济特区、开放沿海城市等措施后,逐步累积了改革开放的经验,随即着手开始了沿边地区的开放。与此同时,随着和平与发展的世界新主题形成,我国同周边国家的关系得到了较大程度的改善,沿边地区依靠着特殊的地理环境优势,进而打开了开放的大门。

第一部主要针对沿边开放的法规是 1984 年颁布的《边境小额贸易暂行管理办法》,这是我国关于沿边开放政策的开始,随后,1988 年《国务院关于加快和深化对外贸易体制改革若干问题的规定》又进一步细化了沿边开放贸易。在这一阶段,政策的颁布大多集中于对边境贸易的流程及体制进行规范,有效地解决了 20 世纪 80 年代末因边境贸易迅速发展而产生的边境走私、非法采用投机方式圈钱等严重问题,缓解了当时边境贸易的混乱状况。

二、沿边金融开放初期探索阶段(1992—2007 年)

这一阶段主要是对沿边开放政策进行了实施和调整,并提出了"西部大开发"和"兴边富民"等开发开放战略,参与了大湄公河次区域经济合作(Great Mekong Subregion Cooperation,GMS)机制以及"金四角计划"。

对于沿边开放政策的实施和调整,1992年,国务院分别在内蒙古自治区、辽宁省、吉林省、黑龙江省、广西壮族自治区、云南省、新疆维吾尔自治区的7个省区批准了17个边境经济合作区,并颁布了《国务院关于进一步对外开放黑河等四个边境城市的通知》,相继批准了沿边的13个城市作为沿边开放城市。边境经济合作区的建立主要是为了实现跨境经济合作,其含义在于毗邻的两国政府可以共同制定相关的政策以推动边境合作贸易和出口,在各自划定的区域范围之内互相协调管理,发展享有出口保税区、加工贸易区、自由贸易区等特殊优惠政策的综合经济区。但随着沿边开放程度的不断加大,沿边地区的开放也发生了较多的问题,例如,边境口岸的检验制度不完善导致外贸市场上的商品存在少数假冒伪劣的情况,外贸参与人员鱼龙混杂,整体素质不高,容易产生信用风险,这一切都是源于沿边贸易发展中的政策缺失,因此1994年提出的《中华人民共和国对外贸易法》和1998年提出的《关于进一步发展边境贸易的补充规定的通知》都进一步对边境贸易提供了便利和优惠待遇,形成了强有力的政策引导。

在制定沿边开放政策的同时,我国也制定了相关的开发战略来扶持沿边地区的发展,如1988年,国家民族委员会就发起了"兴边富民"的倡议,通过财政补助的方式辅助沿边地区进行发展。随着改革开放的不断推进,2000年,党的十五届四中全会上正式提出了西部大开发战略,将西部沿边地区的建设纳入了国家战略层次,旨在帮助边境地区脱贫致富,推动沿边地区的整体经济发展。

同时在1992年,亚洲开发银行还发起了大湄公河次区域经济合作机制,这是由中国云南省和广西壮族自治区以及湄公河沿岸的国家共同参与的次区域国际经济合作机制,被称为亚洲区域合作机制中的成功典范。随后,1993年泰国政府提出了"金四角计划",其目的是建立一个小范围的国际经济合作区,倡议在澜沧江下游、湄公河上游的中、老、缅、泰四个国家的毗邻地区建立经济合作区。在该倡议提出后,得到了四个国家的积极响应。

2002 年,中国与东盟正式签署了《全面经济合作框架协议》并于 2005 年、2007 年、2009 年相继签订了《中国—东盟全面经济合作框架协议货物贸易协议》《中国—东盟自由贸易区服务贸易协议》《中国—东盟自由贸易区投资协议》等一系列重要文件。在这一系列政策推动下,国际经济合作不断加强,中国与东盟 10 国的经济联系日益密切。在这一阶段,沿边政策的实施调整、国家开发战略的提出、国际经济合作的加强都在一定程度上推进了沿边地区的开放和发展,推动了沿边金融开放的进程。

三、沿边金融开放大力推进阶段(2008 年至今)

新一阶段的沿边金融开放始于党的十七大的召开,在党的十七大上,提出要将沿边开放提升到新的战略层面上来,将更注重人力以及社会资源的开发,并且对市场、引资、出口商品的结构作出进一步调整;随后 2011 年,《中华人民共和国国民经济和社会发展第十二个五年规划纲要》提出:发挥沿边地缘优势,制定和实行特殊开放政策,加快重点口岸、边境城市、边境(跨境)经济合作区和重点开发开放试验区建设,加强基础设施与周边国家互联互通,发展面向周边的特色外向型产业群和产业基地,把黑龙江省、吉林省、辽宁省、内蒙古自治区建成向东北亚开放的重要枢纽,把新疆维吾尔自治区建成向西开放的重要基地,把广西壮族自治区建成与东盟合作的新高地,把云南省建成向西南开放的重要桥头堡,不断提升沿边地区对外开放的水平。紧接着 2012 年党的十八届三中全会对全面深化改革、扩大开放的重要任务进行了系统安排,党中央、国务院先后出台了《关于加快沿边地区开发开放的若干意见》《沿边地区开发开放规划(2012—2020)》和《中共中央 国务院关于构建开放型经济新体制的若干意见》等文件来支持沿边地区开发开放。

2013 年,习近平总书记关于共同建设"丝绸之路经济带"及"21 世纪海上丝绸之路"的提议又为中国沿边地区的发展提供了一个更加广阔的发展平台。随后 2015 年国务院公布的《中共中央 国务院关于构建开放型经济新体制的若干意见》明确了新一轮的开放格局。与此同时,发布的《推动共建丝绸之路经济带和 21 世纪海上丝绸之路的愿景与行动》对沿边地区在"一带一路"倡议中的发展定位进行了阐释。2016 年国务院则进一步提出了《关于支持沿边重点地区开发开放若干政策措施的意见》,2017 年 5 月我国举办了"一带一路"国际合作高峰论坛,把"一带一路"倡议推向新的高度。"一带一路"建设的推进把沿边地区经济的发展又推向了一个崭新的阶段。目前,我国已相继与哈萨克斯坦建立了中哈霍尔果斯国际边境合作中心,与老挝签署了《中国老挝磨憨—磨丁经济合作区建设共同总体方案》,建立跨国境的合作区,并形成了以大湄公河为核心的面向东南亚和南亚的国际次区域经济合作、以中亚为核心的面向中亚的国际次区域经济合作和以图们江为核心的面向东北亚的国际次区域经济合作三大格局。这一系列的重大举措将沿边金融开放推向了一个发展的新高潮。

以云南省为例,云南省共有怒江州、保山市、德宏州、临沧市、普洱市、西双版纳州、红河州、文山州八个地级市(州)和 25 个边境县市与越南、老挝、缅甸三个国家相接壤,但由于周边国家政局动荡,这些地区又属于内陆偏远地区,交通不便,因此长期处于落后状态,处在边境线上的云南省,在早期就与周边的国家产生了简单的边境贸易往来和少量的人员流动,在沿边金融开放的初期探索阶段,"兴边富民""西部大开发"战略的提出以及大湄公河次区域经济合作机制和"金四角计划"的提出都对云南省沿边金融的发展产生了一定的影响,但真正大力推进了云南省沿边金融开放发展的是 2009 年下发的《国务院办公厅关于应对国际金融危机保持西部地区经济平稳较快发展的意见》,其中提出:要积极推动广西东兴、云南瑞丽、新疆喀什、内蒙古满洲里进一步扩大开放,加强与周边国家和地区的资源能源开发利用合作,建成沿边开放的桥头堡。紧接着 2010 年《中共中央 国务院关于深入实施西部大开发战略的若干意见》指出:扩大对内对外开放,建设国际陆路大通道,构筑内陆开放与沿边开放新格局。云南省从与东盟的货物贸易人民币结算试点扩大为"跨境贸易结算试点"，以此为标志，云南省开始了一般贸易项下的人民币结算。2011 年5 月，国务院批准并出台了《国务院关于支持云南省加快建设面向西南开放重要桥头堡的意见》，支持把昆明市建成面向东南亚、南亚的区域性金融中心，昆明金融中心建设从此开始上升到了国家层面。2012 年，国务院下发了《国务院办公厅关于同意广西东兴、云南瑞丽、内蒙古满洲里重点开发开放试验区建设实施方案的函》，云南省开始全面启动重点建设开发开放试验区。2013 年国务院正式批复《云南省　广西壮族自治区建设沿边金融综合改革试验区总体方案》，提出以跨境人民币金融业务创新为主线，积极探索实现人民币资本项目可兑换的多种途径，提高贸易投资便利化程度，促进与周边国家建立更紧密的经贸金融合作关系，为我国深入推进金融改革开放提供经验借鉴。更具标志性的是，2019 年 8 月《国务院关于印发 6 个新设自由贸易试验区总体方案的通知》印发实施，中国(云南)自由贸易试验区正式成立。建立中国(云南)自由贸易试验区是党中央、国务院作出的重大决策，是新时代推进改革开放的战略举措，自由贸易试验区将着力打造"一带一路"和长江经济带互联互通的重要通道，建设连接南亚东南亚大通道的重要节点，推动形成我国面向南亚东南亚辐射中心、开放前沿。经过三年至五年改革探索，对标国际先进规则，形成更多有国际竞争力的制度创新成果，推动经济发展质量变革、效率变革、动力变革，努力建成贸易投资便利、交通物流通达、要素流动自由、金融服务创新完善、监管安全高效、生态环境质量一流、辐射带动作用突出的高标准高质量自由贸易园区。因此，在各类政策方案的实施下，云南省沿边金融开放取得了跨越式的发展。

第四节　沿边金融开放与区域经济发展的关系

一、金融开放与经济发展

关于金融开放是否促进经济发展，学术界并未达成统一的意见。一方面,部分学者认为,金融开放会促进经济的发展,因为理论上,金融开放会促使资本从发达国家流向发展中国家,有利于解决发展中国家资本短缺问题,并通过多种直接和间接渠道促进经济增长。对于资本缺乏和技术落后的发展中国家而言,由于国内金融体系推动自主创新的功能较弱,因此实施金融开放促进经济增长,追赶发达国家显得尤其重要。开放金融市场,引进竞争机制,可以提升金融体系效率,增加资本积累。同时,资本与金融账户开放,加速国际资本的流动,带来先进知识和技术,并通过技术转让和技术溢出,跟进国外先进的技术和管理经验。

金融开放对经济增长的效应可分解为两个方面:一是金融市场的开放将增加一国资本的积累;二是金融市场的开放加速国际资本的流动,带来先进知识和技术,并通过技术转让和技术溢出,引进国外先进的技术和管理经验(张小波、傅强,2011;王露露,2015)。另外,学者也对开放次序、成本与收益、开放测度、金融开放带来的风险等方面进行研究,如戴拉米(Dailami,1999)、胡智(2003)。一些学者对扩大金融开放持赞同态度。贝克特等(2007)对金融开放的增长效应进行了大样本的跨国分析,得出金融开放可以促进实体经济年均增长1%的结论。朗西埃等(2006)对金融开放的增长效应分解后发现其促进作用大于国际金融危机带来的阻碍作用。奎因(2008)认为,无论是发达国家还是新兴经济体,金融开放均与经济增长正相关;列夫琴科(Levchenko,2009)利用跨国分行业数据研究发现金融开放通过增加企业数目、促进资本积累及扩大就业渠道促进经济增长,格林德(Gehringer,2013)利用金融开放的法定和事实测度研究发现金融开放对技术进步、资本积累及经济增长均存在促进作用。还有的学者认为,金融开放可平滑开放国的经济波动,如道尔和浮士德(Doyle 和 Faust,2005)发现,20 世纪 80 年代中期以来,主要发达国家的经济波动有明显减小趋势,这个阶段也是这些国家国际资本流动加速的时期。科里克和皮尤(Coric 和 Pugh,2013)分析了 2008 年国际金融危机之前"大缓和"(Great Moderation)时期发达国家和发展中国家产出波动减小的原因,发现外商直接投资(Foreign Direct Investment,FDI)减小了开放国的经济增长波动,产出波动似乎在新兴市场国家和发展中国家也有同样的减小趋势。鉴于此,学者提出金融开放将能够降低开放国的经济波动。对我国数据的研究发现,跨境金融活动法律法规的放松及跨境资本流动规模的增加均会促进我国的经济增长,但其增长效应随着时间的推移、金融发展水平的提升、物质资本存量的增加而降低(逄淑梅、陈浪南,2016)。贵丽娟等(2015)通过将宏观金融风险引入开放经济体模型。阿吉奥尼特等(Aghion 等,2004)研究表明,在宏观金融风险程度较低时,对于发展中国家来说,实施金融开放能减小经济波动,并且还运用了门槛回归模型,由 48 个发展中国家 1987—2006 年的年度数据计算得出,当宏观金融风险达到 40.33 的门槛值后,发展中国家扩大金融开放就能取得较好效果。

金融开放促进经济增长的途径有:(1)金融开放促进投资多样化从而在实现风险分担的前提下,促进外国储蓄的流入。国外储蓄进入本国,与本国储蓄一起形成本国投资,促进经济增长。但是,这里需要考虑外国储蓄对本国储蓄的挤出效应,即本国和国外投资者都在寻求投资多样化,因此资本既会流入,也会流出。所以,最后金融开放对本国总的投资是积极影响还是消极影响,还是需要具体问题具体分析的。(2)随着金融的开放,会减少对资本流动的限制和扭曲,减少信息和交易成本以及企业的外部资金压力(Levine,2004);促进资本流向高收益但是高风险的项目,促进金融发展和金融深化(Levine,2001),从而提高投资的效率和促进生产效率的提高。(3)金融的开放会允许更多外国金融机构的存在,从而促进本国金融机构效率的提高(Levine,2001),接着通过加速生产效率的提高来促进经济增长。尤其对于资本缺乏和技术落后的发展中国家来说,金融开放对经济增长的作用机制是通过提升国内金融体系效率,促进资本积累,吸引国外先进知识和技术,实现先进技术与资本积累的有机结合,保持经济长期增长。概括来说,金融开放对一个国家(包括发达国家和发展中国家)经济发展的促进作用是通过两条途径实现的:资本积累和生产效率的提高。而且金融开放对全要素生产率的促进作用要强于其对资本积累的作用（Bekaert,2010）。早在 1993 年,金和莱文（Jane 和 Levine,1993）就提出金融中介提供的服务促进了长期的经济增长的观点。奎因（1997）给出了资本账户开放促进经济增长的结论。莱文和泽沃斯（Levine 和 Zervos,1998）证明了股票市场的发展和银行部门的发展是经济增长的良好的预测,股票市场和银行对经济增长有积极的影响（Beck 和 Levine,2002）。莱文（2001）提出,国际金融自由化通过促进本国金融市场和银行业功能促进经济增长。奎因和丰田章男（2008）研究得出,无论对发达国家还是对新兴国家,资本账户开放与经济增长是积极联系的。格林德（Greend,2013）将研究范围限定在欧盟成员中,得出金融开放对经济增长产生积极的影响的结论。

另一方面,也有学者认为金融开放会阻碍经济的增长,金融开放无疑带动了新兴国家的市场开放,促进了经济的增长,但在世界经济发展的进程中,金融开放的提速通常也伴随着金融风险的加剧。尤其是很多新兴市场国家,在金融市场开放进程中或者开放后,均遭遇了不同程度的国际金融危机的冲击,有些国家的经济快速增长进程甚至因为国际金融危机的爆发戛然而止。斯蒂格利茨（Stiglitz,2005）认为,金融开放会带来金融体系动荡,加速危机在国际间的传递,进而不利于经济增长;卡尔普（Carp,2014）认为,金融开放会带来跨境资本流动的波动性增大,从而对经济发展造成不利影响。米萨蒂和尼亚蒙戈（Misati 和 Nyamongo,2012）利用 34 个国家的面板数据研究发现,金融开放对经济增长的阻碍作用大于促进作用。布曼（Bumann,2013）在对 60 个实证结果进行综合分析的基础上认为,金融开放对经济增长的促进作用并不显著。在有条件论方面,黄益平等（Huang Yiping 等,2014）利用 80 个国家 1980—2010 年数据研究发现,金融开放对低收入国家的影响不显著,对中等收入国家的影响为负,对高收入国家的影响为正。艾肯格林（Eichengreen,2011）、高斯等（Gauss 等,2009）利用不同的样本得出了类似的结论,即只有当一国的经济、法制及政治环境达到一定的水平后,金融开放才会促进经济增长。加姆拉（Gamra,2009）则认为,金融的部分开放比完全开放更有利于经济增长。还有学者提出,金融开放本身并不必然意味着经济增长,开放国经济波动会随着金融开放程度的提高而加大。如列夫琴科等(Levchenko等,2009)研究表明,在开放情况下外部资本的流入会导致金融市场和实体经济的波动。阿斯托加(Astorga,2010)以6个最大拉美国家的经济历史为研究的出发点,通过其长达105年的发展来看,表面上金融的开放会加大国外的投资,刺激经济的增长,但实际上大量的经济波动反而会抑制经济的长期增长。国内学者李巍、张志超(2008)将阿吉翁等(Aghion等,2004)构建的动态模型拓展到了CES经济体(指拥有固定替代弹性生产函数的经济体),分别就外商直接投资和非外商直接投资资本账户开放对实际汇率和经济波动的影响进行分析,研究表明,对于拥有固定替代弹性生产函数的经济体,无论是外商直接投资还是非外商直接投资类型的资本账户开放均可能引发经济波动。只有当一国金融市场发展达到一定程度,该国固有的金融扭曲在开放前基本消除,该国在开放进程中实施了审慎的金融监管政策之后,金融开放才可能带来经济持续增长。

二、沿边金融开放与区域经济发展

关于沿边金融开放与区域经济发展的研究中,学术界仍未达成统一的意见。一方面,部分学者认为通过进行改革开放的实践已经能证实对外开放是经济实现增长的重要因素,沿边省区的开发开放与经济增长之间存在着长期稳定的关系,沿边地区通过开发和开放可以让产业结构实现优化升级,物质资本进行积累、加大劳动力就业、促进技术进步以及扩大交通基础设施建设等多种渠道促进沿边区域经济的发展(霍强,2018);张丽君等(2011)也从民族学研究的视角对1992年我国实施沿边开放政策进行了评价,认为沿边开放促进了沿边地区经济社会又好又快发展。在实证方面,李秀敏、孟昭荣(2006)以东北地区四个沿边开放城市满洲里、珲春、绥芬河、黑河为研究对象,利用社会消费品零售总额(替代边境贸易量和边境旅游人数对于对外开放程度的衡量)、外贸出口额和实际利用外资额三项指标来反映对外开放水平,以此来实证分析沿边地区对外开放对于经济增长的作用,结果也同样表明在沿边地区对外开放促进了区域的经济增长。马国群、蔡超华(2016)利用2004—2014年广西壮族自治区边境贸易的数据对其与经济发展的关系做了时间序列分析,研究表明,随着沿边金融开放程度的增加,边境贸易的增长对于广西壮族自治区沿边地区的经济发展有着积极的推动作用,这一积极作用主要体现在贸易方式的多重协同以及商品结构的高度互补上。孟庆雷、谭闰臣(2019)以沿边省区2000—2017年HS-6位分类的商品贸易数据,结合21个行业的宏观经济数据,对于边境地区在沿边金融开放的条件下,贸易以及行业的增长效应进行了分析,研究表明,边境地区的贸易增长效应大都显著为正,各行业间的贸易对于边境地区的经济发展均有促进作用,且随着沿边金融开放的不断加深,外国资本的大量投入对于边境地区经济具有很强的促进作用。

另一方面,一些学者也对沿边地区金融开放对于区域经济发展的积极作用产生了质疑,有学者认为沿边地区因地处偏远而形成的先天性落后发展及由此导致的经济增长效率不高,即使在开放的条件下也不会增加对外商直接投资的吸引,从而抑制经济的发展。如博伦施泰因(Borensztein,1995)、格罗斯曼和海普曼(Grossmam 和 Helpman,1991)等建立的内生技术进步模型基础上的研究表明,对于发展较为落后的地区来说,只有当人力资本的平均水平超越了0.52才能对经济增长呈现正向作用,否则无法吸引外商直接投资,甚至会出现抑制经济增长的情况。戴翔(2012)认为,由于沿边地区仍然存在过度依赖劳动力禀赋优势、贸易方式较为原始等问题,对于贸易产品加工,大多是采用劳动密集型方式,因此对于外商直接投资的依赖程度较高,存在粗放型经济增长的问题,在此影响下,外资采用的直接投资方式会对沿边地区的经济发展产生负面影响。卡尔普(2014)指出,沿边地区金融开放会引起非预期资本跨境流动的波动性加大,从而对经济发展造成不利影响。姚书杰(2016)认为,由于现在沿边地区的开放仍然集中于边境贸易上,以出口劳动密集型产品和进口大宗资源性产品为主,尚未形成系统的产业发展集群,导致了区域经济增长的产业支撑性不足,抑制了经济的发展。逢淑梅、陈浪南(2016)通过对我国数据的研究发现,虽然短期来看,沿边地区的跨境金融活动法律法规的放松及跨境资本流动规模的增加均会促进沿边地区的经济增长,但其增长效应随着时间的推移、金融发展水平的提升、物质资本存量的增加而降低。在实证方面,郭树华等(2016)采用实际利用外资金额规模作为衡量对外开放的标准来对沿边地区的经济增长做了实证研究,结果表明外资金额对我国沿边省会城市经济增长的影响呈现出显著负相关关系。

第五节　沿边金融开放风险及其防控

一、金融开放风险及其防控

(一)金融开放的主要风险

在20世纪80年代中后期,大多数国家都将金融开放列入了金融改革的重要议题之中,金融市场的放松管制与资本账户自由化的进程不断加快。金融开放和经济全球化的推行,可以分散投资风险,降低资本成本,在提升消费水平的同时,给经济带来了稳定的增长(Obstfeld,1994;Stultz,1999;Henry,2000;Bekaert 等 2000,2001a,2001b)。同时,由于金融开放引入了竞争,既可以促使国内市场减少金融压抑、实现真实利率,也可以提升国内金融机构效率、激励金融基础设施的改革,对于发展中国家来说,通过金融开放还可以学习到先进的金融技术,提高经济发展的速度(McKinnon,1973;Shaw,1973;Klenow 和 Rodriguez-Clare,1997;Claessens等,2001;Stultz,1999;Stiglitz,2000)。

国内的学者大多也对金融开放的积极作用提出了肯定,张新华(2002)提出,金融开放不仅是中国经济发展的重要组成部分,同时也是处理国际关系的重要手段。郭威、司孟慧(2019)指出,金融开放作为中国对外开放格局的重要组成部分,既符合金融业自身的发展需要,也是深化金融供给侧结构性改革,推动经济高质量发展的内在要求。金融开放可以推动金融体制改革,加速产业结构调整,提高资源配置效率,刺激资本项目的交易需求、推动服务贸易的自由化,同时还可以促进经济全球化的发展,在全球范围内优化配置要素资源。然而,随着金融市场的管制不断放松、资本自由化的程度不断加大,也逐步引发了金融开放风险。金融开放风险理论认为,金融市场开放(金融业开放),外国金融机构的进入加剧竞争,增大东道国金融体系脆弱性,束缚东道国利用金融压抑和金融干预作为经济发展手段的运用,限制东道国经济发展模式选择,威胁一国金融安全,甚至会使东道国丧失经济、政治和文化的独立性(Balajas 等,1999;Bayraktar、YanWang,2004)。资本与金融账户的开放,为国际资本自由出入创造了制度条件,一方面,极有可能放大资本市场情绪,形成资本市场风险的"滚雪球效应",从而引起其他更大风险的可能性(Rodrik,1998),甚至可能威胁到该国物价稳定目标的实现或影响一个经济体的竞争力(Gutitian,1999);另一方面,国外投资者的道德风险和逆向选择会使国际资本过度流入发展中国家,形成超贷综合征(Tito Cordella 和 Eduardo Levy Yeyati,1999),导致资本流入国实际汇率的升值,造成货币高估,国际收支失衡,降低政府对汇率的控制能力,降低央行政策有效性(Williamson、Drabek,1999)。爱德华(Edward,2005)使用一个广泛的多国数据集分析了资本与金融账户与一国增长的关系,发现资本与金融账户开放程度更高的国家面临的外源性风险越大,发生危机的概率也越高。巴巴拉(Barbara,2004)、阿瑞斯提斯(Arestis,2005)、卢梭等(Rousseau 等,2007)认为,金融开放增加了投机性冲击、资本外逃、国际冲击风险、汇率波动风险、东道国金融脆弱性等。

国内学者系统研究金融开放风险的文献较多。首先,大部分学者认为金融开放会产生的风险普遍有:(1)通胀风险。外汇占款增加,在没有采取相应的对冲措施或者对冲不充分的情况下,导致国内通胀与经济过热的风险增加。(2)汇率风险。金融开放带来大规模资本流动,增大了汇率风险敞口,汇率升值,导致汇率波动产生市场风险。(3)外债风险。信贷限制的缓解,由此会产生借款人过度借贷而增加了信贷风险。(4)流动性风险,产生流动性幻觉,银行进行短存长贷,从而引起期限不匹配,一旦外资发生逆转引起流动性不足,产生流动性风险。(5)结构性风险。金融机构效率低下,普遍的境内外金融机构资产规模和盈利能力仍然较弱。其次,相关制度规则仍存在漏洞,评级体系尚有缺口,资本项目只存在整体上的开放,短期之内仍存在额度和渠道上的限制,市场化利率和汇率无法匹配金融开放度会冲击国内金融的稳定性,并且随着开放的逐步扩大会加剧跨境资本流动的冲击,从而影响国内金融结构的稳定性。随着这些风险的上升,经济总体风险不断积累,加剧了外资的外逃风险,造成经济的极不稳定甚至带来危机的爆发(陈向阳、薛继安,2004;中国社会科学院经济研究所课题研究组,2005;李华民,2007;叶辅靖,2006;周琪,2010;谭小芬、梁雅慧,2019)。

在金融主体方面,研究者认为发展中国家在资本账户自由化的过程中,由于跨国金融链接扩大了各种冲击的影响,并且快速地跨境传播,促使危机脆弱性的增加,发展中国家金融危机的重要教训就是要谨慎推进金融开放(Prasad,2005;严海波,2018)。吴婷婷、徐松松(2019)通过选取我国 2004 年至 2016 年季度数据,测度了在金融开放的条件下我国面临的系统性金融风险,其中涵盖了汇率、股票、证券、银行、房地产、政府债务及宏观经济在金融开放的条件下的风险,并综合得出了系统性金融风险指数 SFSI,根据其研究结果,目前我国正处于中高风险时期,应该加强对风险的分类预防和管理调控。陆岷峰、周军煜(2019)以 20 世纪 80 年代和 90 年代新兴国家经济体对于在金融开放条件下外源性风险对于本国金融冲击的案例为基础,并结合我国的金融开放体系和国际收支,得出了测算金融开放背景下外源性风险的测度方法,并根据我国 1997 年至2017 年的数据测算了我国金融开放外源性风险指数 FORI,结果表明,1997—2003 年,金融开放外源性风险较大;2004—2013 年,金融开放外源性风险整体水平比较稳定;2014—2017 年,金融开放外源性风险持续升高且处于高位徘徊,这说明我国金融开放面临的外源性风险正逐步增强,需要引起高度警惕。

(二)金融开放风险防控

谭小芬、梁雅慧(2019)提出了应该厘清开放的顺序,把握开放的节奏,并认为由于金融服务业所带来的潜在风险较小,所以在顺序上应当先开放金融服务业再实现资本项目的开放,且提出了在开放的过程中,国家的主导性作用,国家在开放问题上要始终保持自主性与控制力,对宏观金融掌握主动权。针对流动性风险,崔建国(2009)认为,可以按照资本流动的新形势调整资本流动政策,以便更有效地利用国际资本推动我国的经济增长,同时又能有效地减少资本流动的新趋势对金融经济的冲击。在资本流入方面,既要能够保证继续引进优质外资,以有效促进我国经济增长,又要能够有效抑制大量的资本涌入,尤其是短期资本的涌入,以避免或减少资本频繁流动给我国可能带来的冲击;在资本流出方面,要能够对我国的资本输出进行相应的监管和引导,避免在金融开放的过程中出现大量资本外逃进而影响经济稳定的现象。同时,要充分利用汇率政策,对资本流动风险进行调节,并配合资本管制政策的实施,建立对不同类型外商直接投资的动态监管机制,加强对外商直接投资的宏观调控。针对汇率风险,周丽丽(2016)认为,应该逐渐放弃使用传统的利率政策,所谓传统的利率政策就是顺经济周期的利率政策。建立健全短期货币市场,缓冲短期资本的流动和有效地吸收短期资本。实现利率的市场化,中国人民银行可以在市场化的利率形成后再运用一定的货币手段对金融市场进行宏观调控,从而对外汇市场进行干预,以实现利率—汇率的联动作用,使两者协调发展。针对外债风险,陈琼豪、应益荣(2019)认为,应该谨慎放开,先长后短,结合外汇储备管理,必要情况下实施资本管制。短期跨境资本流动的特点是波动大且方向易逆转。因此,在资本项目开放的次序中,可以先放开长期国际资本,后放开短期国际资本;资本管制和外汇储备政策双管齐下,减少资本大幅波动给一国汇率和经济造成的负面影响。针对结构性风险,刘美婵(2010)认为,应该大力发展资本市场,完善金融监管体系,加强监管力度。朱荣华和左晓慧(2018)建立结构向量自回归(SVAR)模型,分析指出要注重金融开放与金融结构的协调性,才能提高金融开放的质量,降低金融风险。针对系统性风险,吴婷婷和高静(2015)研究了阿根廷的金融开放历史,指出金融开放必须与国内自身的发展水平和条件相匹配,才能更好地防范金融风险。孙焱林、夏禹(2019)认为,我国实施金融开放政策时,要注重金融开放与金融深化程度的协调性,在金融开放和国内金融深化水平之间找到恰当的平衡。只有当金融体系发展健全,金融深化水平进一步提高,金融开放政策的风险分散效益才能得到充分体现。针对外源性风险,陆岷峰、周军煜(2019)认为,应该合理有序推进金融开放,处理好各开放项目之间的关系,谨慎对待资本项目可自由兑换。建立对外开放风险预警机制,不能在国际社会的压力下放开市场准入等投资限制、完全放开资本市场,金融开放程度加大不能带有主观性、盲目性和随意性,应该是在当前开放成果上的合理有序开放。

二、沿边金融开放风险及其防控

(一)沿边金融开放的主要风险

沿边金融开放下的金融风险具有其自身的特殊性,既涵盖了金融开放风险本身也包括了一些特定的风险,从本质上来说,它是一种叠加在传统金融风险之上的新型风险。这样的双重因素影响不仅会放大传统的金融风险,而且还会使风险更加不确定。在产生边境贸易的初期,由于缺乏正规的金融机构满足边境地区人们对于贸易中资金兑换的需求,因此在边境地区产生了一种新兴的货币兑换方式——"地摊银行",同时也拥有边境地区两国货币的边民会自主从事货币兑换业务,虽然"地摊银行"有其存在和发展的原因,但是其产生也引发了沿边金融开放过程中的大量风险。

1."地摊银行"引发的金融监管风险

"地摊银行"由于其本身具有的灵活性及低运作成本而一直存在于边境交易当中。但由于边境地区的人员复杂性增加及"地摊银行"的产生会导致在货币交易的过程中,难以对货币兑换的人员身份进行界定,因而会使反洗钱、反假币的难度上升;"地摊银行"的经营者大多以个人信用为基础,本身的技术能力、人员、设施都很有限,在发生金融风险或经营困难时可能会因其没有能力对其经营活动或其他方面造成的损失进行担保,容易产生信用风险;"地摊银行"中大量的现金交易也会对人民币的现金管理造成一定的困难,因此对金融监管产生了巨大的挑战(郑艳玲,2006)。

2.人民币不可自由兑换产生汇率风险

目前,人民币还无法实现自由兑换,因此境外主体收到人民币后不能自由兑换成本国货币或其他货币,而人民币又不能在境外自由流通,且缺乏合适的保值增值渠道,因此,境外主体在国际贸易中对人民币的接受程度不高,不利于跨境贸易人民币结算的进一步发展。王顺等(2011)指出,沿边金融的发展会导致人民币与不可自由兑换货币之间的汇率风险上升。由于人民币与周边国家货币都是不可自由兑换货币,因此即使是双方在签订了双边贸易协定下,仍然不可避免地由于双方汇率大幅波动而导致的结算问题,虽然协定中允许边贸银行依照本币与美元的汇率套算出人民币与边境国家货币的汇率,但是"地摊银行"的存在,边境银行无法主导汇率的形成,因此在发生外汇业务中形成的敞口问题时,边境银行往往只能通过"地摊银行"来消除汇率风险。而随着沿边金融开放力度的不断加大,由于特殊的区位优势及先天的便利条件会增加人民币的使用及影响,但同时也加大了资金非预期跨境流动敞口。

3.货币结算风险

牟怡楠(2010)研究指出,大量的人民币跨境流通会给银行业带来金融安全问题。虽然我国外汇管理局从2003年10月1日起开始实施了《边境贸易外汇管理办法》,但是其中未涉及具体的结算工具及流程,且未制定相关的边贸结算制度,缺乏对于边境贸易风险的把控,银行缺乏对于针对非居民账户以及人民币结算账户的管理及报送系统,且对于边境非居民难以保证其开户的证件的真实性及准确性会加大银行风险。

4. 政治环境风险

陆春红(2013)指出,良好的政治环境是开展一切沿边经济金融活动的前提,然而,由于东南亚国家特殊的地缘政治环境,境外机构和居民对中国银行机构仍持将信将疑态度,以及周边国家仍然存在政局不稳或者局部武装冲突等地缘政治风险,导致在这些国家和地区开展沿边金融业务仍困难重重。同时,不少东盟国家都面临诸多复杂的经济社会矛盾,而且与中国不仅在金融体制、货币制度等方面存在差异,在政治制度、经济管理体制等方面也不同,这些差异在金融合作中容易造成双方的矛盾与冲突,使沿边经济金融活动受到了不少的影响。

5. 短期资本流动风险

在自贸区的建设下,罗素梅、赵晓菊(2014)认为,在自贸区金融开放面临短期国际资本异常流动风险、长期资本过度流入及逆转的风险,以及区内外利率及汇率双轨制下的资金流动风险。首先,区内和区外(国内)的利差会导致套利的出现。一方面,大量的资产涌入国内会导致资产泡沫的产生,并且资金供求状况的改变也会影响利率的变化,进而对国内的金融体系产生冲击;另一方面,随着利差的减小,资金流出,利率产生大幅波动,又会引起套利者利用汇差套取收益。其次,随着国际资本的不断流入和流出,会引起人民币汇率的变动,从而影响进出口的变化,导致国际收支不平衡,资本的快速流入和出逃会较大程度引发金融市场危机,危及金融安全。

(二)沿边金融开放风险防控

针对"地摊银行"所引起的金融风险,张艳花(2009)指出,做好人民币边境结算的前提必须是要对于非居民的银行账户进行清理和规范,从根源上断绝利用虚假账户进行洗钱犯罪活动。对于现金,要限制其大规模流动。孙磊(2010)认为,应促进"地摊银行"规范化、合法化、公开化。首先,2010年5月,国务院正式颁布了《关于鼓励和引导民间投资健康发展的若干意见》,文件中允许且鼓励民间资本兴办金融机构并细化规定了其成本、风险和保障措施;其次,"地摊银行"可以弥补国有银行不愿承担市场风险的空缺,可以增加银行机构的服务内容和形式,对于"地摊银行"进行规范化管理有助于国家更好地掌控民间资本的流动,有效防范洗黑钱等金融犯罪活动的发生,防止金融风险的产生,且"地摊银行"的合法化准入会催生整个金融市场进行良性竞争。

针对在沿边贸易中可能会产生的汇率风险,潘永(2010)提出可以提高我国对于外汇的管理并提高银行的结算服务和结算效率,如2003年10月1日起实行的《边境贸易外汇管理办法》,就对于在边境贸易中产生的外汇结算问题作出了相关的规定,成立了专门的人民币边境贸易结算专用账户,使边境贸易中的双方可以通过正规的银行账户进行资金转账结算,随着跨境人民币结算试点工作的开始,也应出台更多的管理措施。此外,银行也应提高自身的结算效率,进一步地降低在货币兑换中的兑换差和经办的服务费,考虑在边境地区多设立分支机构以提高服务效率和节省结算时间。

针对贸易结算问题以及银行业的金融安全问题,唐青生、袁天昂(2016)认为,解决沿边金融风险的主要措施首先应该是对于边境贸易的结算制度进行进一步的完善,在《边境贸易外汇管理办法》《跨境贸易人民币结算试点管理办法》《跨境贸易人民币结算试点管理办法实施细则》等结算制度的基础上,对具体项目进行细化,对于银行结算系统以及流程作出具体要求。可以搭建以服务边境贸易为核心的支付体系服务平台,更好地对非居民的人民币结算账户进行管控并进行合理监管,促进银行体系对于双边汇率的主导权。李惠颖(2012)提出,在边境贸易结算手续上,银行可以将申报的手续进行简化,进而加快审批的过程,以便更好地实行退税这一优惠政策来加大对于贸易商使用银行结算的吸引程度。面对审批程序烦琐这一问题,有关部门应该加强业务间的合作以保证边贸交易商的合法权利,通过落实退税这一优惠政策,使边境交易商切实感受到银行结算带来的收益,从而规避其余非正常途径对于货币结算汇率的影响。

对于周边国家与我国金融发展水平上的差异,吴桂林和晏念辉(2019)认为,可以加强对境外银行基础设施建设的援助。由于周边国家金融发展水平较低,特别是境外银行在结算方式、管理和服务等方面较落后,双边银行系统无法对接,造成双边清算结算渠道不畅。应从国家层面加大对周边国家银行基础设施建设的援助,帮助其提高现代化程度和银行电子化水平,建立健全国家支付体系,加速其金融业发展。

解决自贸区在发展中的短期资本流动风险方面,罗素梅、赵晓菊(2014)认为,在自贸区发展中解决国际资本流动风险的方法是如何在收益与风险之中掌握一个平衡点。首先,对于自贸区的金融开放应该遵循有序开放的原则,将人民币跨境使用、资本项目开放、利率市场化等各开放项目之间的关系进行合理处理,大胆推进但不盲目推进;其次,为了防止套利的大规模产生,应当对于资本的异常流动进行监测并合理调控,将自贸区作为一个资金的缓冲点,提前预判资金的流动方向及可能产生的风险;最后,调整好"松紧"之间的关系,既充分地放开又应严格地进行管控,最终是要建立相应的配套制度,防止区内外利率汇率双轨制下的金融套利。

第六节　研究现状评述

综上所述,已有的研究成果大多都局限于沿边金融开放的某一个侧面,尚未完整且系统地对于沿边金融开放的内在动因、相关政策、度量方法及引发的风险上做一个全面性、系统性的研究,尤其在涉及沿边金融开放的度量及风险分析方面的研究较少。随着沿边地区开发政策的进一步实施、沿边地区跨境经济贸易合作不断深化,沿边地区的金融开放将呈现一个突飞猛进的趋势,但其背后所带来的各种风险,将是我们所要重点关注和深入分析的。因此,能够在总结沿边金融开放特性的基础上,通过掌握其发展规律、度量其开放水平以及开放效应而更好地掌握其发展方向,并从中发现其背后所带来的风险而提出合理且具体的防控措施,对于沿边金融开放具有十分深远的意义,同时也可以为制定沿边地区金融开放政策提供关键依据。

第二章　中国沿边金融开放历史与现状

第一节　中国沿边金融开放战略的形成

中国沿边金融开放战略的形成,是在中国长期实行对外开放战略的道路上,立足国家发展现实与需求,对对外开放格局与方向不断调整并最终确立的复杂历程。沿边金融开放符合国家对外开放战略需求,是中国金融开放的重要组成部分,具有其历史必然性。下面将主要从我国对外开放战略推进过程考察中国沿边金融开放战略的形成,体现金融开放与对外开放之间的密切关系。

一、对外开放战略的提出与繁荣发展阶段(1978—1991 年)

1956—1977 年,从社会主义制度建立至"文化大革命"十年内乱结束的 20 年间,中国的政治、经济、文化、教育及技术等受到了严重的挫折和损失,经济发展处于停滞甚至倒退的局面。而这一时期,西方国家及中国周边国家或地区则正通过科技革命形成新一轮的大发展、大繁荣。1978年,粉碎"四人帮"以后,中国派国家主管经济的部长、省长等赴西欧、日本等国访问考察,真切感受到了中国与西方国家间的巨大差距。从此意识到,中国必须改变过去错误的发展路线,实行改革开放的新政策,加快我国经济发展与现代化进程,提高综合国力,并于 1978 年 12 月党的十一届三中全会上正式作出实行"改革开放"的重大战略决策。

对外开放是改革开放战略决策的重要组成部分。其内容主要包括发展对外贸易、利用外国资金及引进国外先进技术设备三个方面。为尽快落地实施对外开放战略决策,综合考虑祖国统一大局所需,广东省、福建省特殊的地缘政治(广东毗邻港澳地区,福建面对台湾)、便利的交通等条件的基础上,1980 年 8 月,党的第五届全国人大常委会第十五次会议决定,在广东省的深圳、珠海、汕头和福建省的厦门设置经济特区,进一步吸引外资,加大对外开放力度。1984 年,在充分肯定建立经济特区政策后,中共中央召开沿海部分城市座谈会,又进一步开放了大连、秦皇岛、天津等 14 个沿海港口城市,并在这些地区兴办经济技术开发区,给予外商若干优惠政策和措施。1988 年,又将长江三角洲、珠江三角洲和闽南厦漳泉三角地区以及辽东半岛、胶东半岛及沿海其他地区的一些市县开辟为沿海经济开放区,并成立了海南省和海南经济特区。由此便形成了以经济特区—沿海开放城市—沿海经济开放区为代表的多层次梯度推进对外开放格局,为之后进一步扩大对外开放奠定了良好基础。

这一时期,伴随对外开放政策的逐步实施,东南沿海地区经济呈现繁荣发展局面。随着东南沿海对外开放经验的积累,国家逐步开始关注沿边贸易及经济发展,如 1984 年颁布了《边境小额贸易暂行管理办法》、1988 年颁布了《国务院关于加快和深化对外贸易体制改革若干问题的规定》,这些政策的实施使边境贸易向更加规范、合法、有序化方向发展。除此之外,为加快边境地区发展,促进沿边与内地协调发展,1988 年国家还实施了"兴边富民"工程,有效地促进了社会稳定、国家统一及民族团结。这一系列沿边政策的实施为后续沿边开放及沿边金融开放战略形成奠定了良好的政策基础。

二、沿边开放战略的提出与推进阶段(1992—2007 年)

20 世纪 80 年代的对外开放政策使沿海开放地带成为我国经济最活跃、综合经济实力增长最快的地区,同时也累积了丰富的对外开放经验。

但与世界发达与较发达的国家或地区的开放程度相比,我国对外开放的广度和深度都还远远不够,呈现覆盖地域有限且很不平衡的格局,并形成了区域经济发展不平衡、沿海地区经济发展市场需求不足、非开放地区对外经济发展积极性难以调动等问题。区域发展不平衡引发区域间利益冲突,导致经济摩擦,加大地区经济发展成本,降低总体经济发展效率,延缓发展时机。因此,在充分保持沿海地区经济增长的同时,国家开始将开放阵地转移到沿边,利用沿边地区的独特地缘优势,实施沿边开放战略,以此将我国的对外开放战略推向了一个崭新的阶段。

进入 20 世纪 90 年代,国家开始正式推进实施沿边开放战略。1992 年,批准了包括广西东兴、云南瑞丽、内蒙古满洲里在内的 13 个沿边开放城市和 241 个一类开放口岸,对应成立了 14 个边境经济合作区,开放了所有内陆省区的省会城市。由此,我国对外开放形成了沿海地区—沿长江流域—沿大陆边境—沿内陆省会城市的全方位、多层次地域格局。

这一时期除采取了一系列政策推进沿边开放战略外,还形成了一系列沿边开发与国际合作机制助力沿边地区经济社会发展,为沿边金融开放奠定了良好的物质基础。如 2000 年我国正式提出"西部大开发"战略,1992 年亚洲开发银行发起大湄公河次区域经济合作机制,1993 年由泰国政府提出"金四角计划",2002 年签署《中国—东盟全面经济合作框架协议》,2005 年签订《中国—东盟全面经济合作框架协议货物贸易协议》,2007 年签订《中国—东盟自由贸易区服务贸易协议》。这一系列国内开放政策及国际合作机制的实施,大大促进了我国沿边地区的开放和发展,自然形成了对沿边金融开放的强烈需求,助推了我国沿边金融开放战略的提出。

三、沿边金融开放战略的提出与政策形成(2008 年至今)

据世界银行数据库数据显示,1979—2007 年,中国经济保持高速增长,国内生产总值年平均增长率为 9.8%,经济增长呈现典型的资源消耗型特征。2008年以来,国际金融危机爆发,中国经济增速下降,并呈回落态势。从国内环境看,劳动力供给格局、经济发展所需资源供给以及人们对环境要求等支撑原有资源消耗型经济高增长的因素发生了改变。从国际环境看,国际金融危机爆发导致各国经济增长乏力,需求不足,减弱了外向型经济增长对中国经济增长的拉动效应。

基于这一国内国际环境的深刻转变,国家的对外开放战略进行了必要的调整,进一步强调了深化改革开放和加强区域合作的重要性,其中指出要进一步提高沿边开放水平。2011年《中华人民共和国国民经济和社会发展第十二个五年规划纲要》提出,要深化改革开放,加快沿边开放,发挥沿边地缘优势,制定和实行特殊开放政策,加快重点口岸、边境城市、边境(跨境)经济合作区和重点开发开放试验区建设,加强基础设施与周边国家互联互通,发展面向周边的特色外向型产业群和产业基地,不断提升沿边地区对外开放的水平。

为支持"十二五"规划中关于进一步加快沿边开放的战略要求,我国又于2013年出台了《关于加快沿边地区开发开放的若干意见》的文件,给予边境贸易更优惠的政策待遇,使边境贸易的流程更加趋于规范、风险得以降低,从而推动边境贸易实现繁荣发展。随着边境贸易的不断繁荣,人们对交易便利性的需求逐渐提高,而落后的金融结算等基础设施已明显阻碍了边境贸易的进一步发展,进而大大影响了国家沿边开放战略的进一步推进。基于此,沿边地区开始推出实施一系列的金融改革措施,如2013年7月,在广西壮族自治区东兴市率先开展个人跨境贸易人民币结算试点,由此,沿边金融改革拉开序幕。同年11月,国务院批复同意了由中国人民银行等11个部委联合印发的《云南省　广西壮族自治区建设沿边金融综合改革试验区总体方案》,方案的主要任务包括推动跨境人民币业务创新、完善金融组织体系、培育发展多层次资本市场、促进贸易投资便利化、加强金融基础设施建设的跨境合作、完善地方金融管理体制等。该方案的实施使金融支持沿边经贸发展的广度和深度进一步拓展,金融服务实体经济的能力进一步提高,沿边地区开放水平实现新的突破,从而进一步深化了我国对外开放水平,完善了对外开放格局。

自 2013 年,国际国内形势发生重大转变,全球贸易保护主义盛行,中国经济发展进入新常态,中国对外开放面临新的发展形势。党的十八届三中、五中全会进一步要求以周边为基础加快实施自由贸易区建设,不断探索逐步推进自贸区网络建设。为探索并推进新时代改革开放,国务院于 2019 年 8 月向各省、自治区、直辖市下发了《关于印发 6 个新设自由贸易试验区总体方案的通知》,从深化金融领域开放创新、扩大人民币跨境使用、促进跨境投融资便利化、探索实施金融创新等方面给予了具体政策方向引导,推动沿边金融开放战略迈向新台阶。

第二节　中国沿边金融开放的总体格局

经过四十多年的改革开放,中国沿边地区充分利用国家赋予的一系列对外开放政策,在金融开放领域取得明显突破,跨境人民币业务创新发展,外汇管理改革深化推进,金融组织体系发展完善,多层次资本市场稳步发展,保险市场加速创新发展,跨境金融基础设施建设不断完善,跨境金融交流合作机制不断健全,金融改革开放风险防范机制基本建立。初步形成了多层次、宽领域沿边金融开放总体格局,有力地推动了沿边地区经济快速发展。

一、跨境人民币业务创新发展

中国沿边跨境人民币业务开始于边贸本币结算,经过多年发展,人民币在周边国家的影响力日益增强,沿边跨境人民币结算量大幅度提升,为沿边跨境人民币业务创新奠定了良好基础。沿边金融综合改革试验区建设以来(2014—2018 年)云南省跨境人民币结算量为 3254.86 亿元,是 2010—2013 年结算量(1340.34 亿元)的近 2.5 倍。2019 年广西壮族自治区跨境人民币结算量为 1570.34 亿元,同比增长 20.5%,继续在西部 12

个省份和全国 9 个边境省份中排名第一。2020 年上半年,黑龙江省跨境人民币结算量为 94.6 亿元,同比增长 32.1%。

个人经常项下跨境人民币业务创新推进。2013 年 7 月,广西壮族自治区在全国沿边省份中率先开展了个人跨境贸易人民币结算试点。2014 年 4 月,在总结广西壮族自治区东兴市试点经验的基础上,将个人跨境贸易人民币结算试点区域由东兴国家开发开放试验区拓展至整个沿边金融综合改革试验区,将业务种类拓展至跨境电子商务结算业务,并进一步简化结算手续。2014 年 5 月经中国人民银行总行批准,云南省开始在沿边金融改革试验区内试点个人全部经常项目跨境人民币结算。同期,国内其他地区个人仅能开展贸易和服务经常项下跨境人民币业务,直至 2018 年年初该业务在全国全部放开。从试点开始至 2017 年年末,广西壮族自治区个人跨境人民币结算量达到 1613 亿元,占同期广西壮族自治区跨境人民币结算量的 24%。云南省个人经常项下跨境人民币结算业务覆盖了越南、中国台湾、中国香港等 50 个国家和地区,其中 95% 以上的业务集中于边境货物贸易和边民互市,2018 年 1—12 月个人经常项目人民币结算达到 20.75 亿元,同比增长 99.62%。个人经常项下跨境人民币业务的创新发展让沿边民众切实享受到了跨境人民币结算的政策红利,最大限度地便利了个人对外经济交往。

跨境人民币贷款业务试点开展。2014 年,我国沿边省份广西壮族自治区和云南省依次开展跨境人民币贷款试点工作,试点期间允许在试验区注册成立并在试验区实际经营或投资的企业从东盟和南亚国家的银行业金融机构借入人民币资金,用于符合国家宏观调控方向和产业政策导向的实体经济发展,实现了融资方式的多元化和国际化,在一定程度上缓解了企业"融资难、融资贵"的问题。截至 2018 年年末,云南省已有 32 家企业从境外银行融入人民币资金 50.32 亿元。截至 2019 年年末,广西壮族自治区已有 14 家企业从境外银行融入人民币资金,项目 22 个,提款金额 57 亿元,提款金额居全国第三名。

境外项目人民币贷款业务试点开展。为支持广西壮族自治区企业参与"一带一路"建设,助推企业"走出去"开展投资活动,加快企业拓展海外市场的步伐,中国建设银行广西分行等银行机构组成银团为境外项目建设和运营提供贷款支持。截至 2019 年 8 月,广西壮族自治区银行机构已累计为马来西亚关丹钢铁项目、斯里兰卡科伦坡港口城基础设施项目(一期)等境外项目发放跨境人民币贷款 45 亿元。

跨境同业融资业务快速发展。2015 年 12 月,黑河农村商业银行成功向俄罗斯亚太银行同业融资人民币 650 万元,成为全省农信系统和黑河市银行业中首家对境外同业开展融资业务的金融机构。国家开发银行黑龙江省分行与俄罗斯商业银行签订 5 笔总额 400 亿元人民币同业融资协议,截至 2019 年 4 月末,实际融资 316 亿元,融资资金主要用于中俄间贸易合作等 35 个项目,涉及冶金、矿业、交通、油气等。其他投融资便利化措施如推行跨国公司外汇资金集中运营试点管理、搭建跨境投融资平台等。

跨国集团跨境双向人民币资金流通管理。2014 年 12 月,云南省开始实施跨境双向人民币资金池政策,该项政策的实施,打通了跨国企业集团境内外资金流通渠道,帮助企业实现了全球资金的统一管理、统筹调配,提高了资金运用和结算效率。截至 2018 年年末,云南省共有 7 家跨国集团企业搭建了跨境人民币资金池。截至 2019 年 8 月,广西壮族自治区为柳工、玉柴、北部湾国际港务集团等 7 家跨国集团企业办理了跨境双向人民币资金池业务备案,企业资金池累计结算金额 21.86 亿元。

人民币国际投贷基金组建运营。2016 年 5 月,北京海林投资集团依托云南省沿边优势,发起成立了"云南沿边跨境股权投资基金管理有限公司",并设立人民币国际投贷基金。该基金通过企业海外投资积极推动人民币跨境流动。基金投资项目的定价、交易和结算将优先采取人民币的形式。截至 2020 年 4 月末云南省有 7 只基金正在开展业务。

二、外汇管理改革深化推进

简政放权提升贸易投资便利化水平。贸易方面,根据国家外汇局的部署,沿边多个省份外汇管理部门大幅减少行政审批事项,有效地提高了涉外企业的资金运作效率。如新疆维吾尔自治区取消了货物贸易外汇收支逐笔核销,允许银行为符合条件的企业进行电子单证审核。除此之外,广西壮族自治区已全面取消服务贸易事前审批流程,所有服务贸易收付汇业务下放银行办理。而云南省现已基本实现经常项目"零审批"。投资方面,推行外商投资企业外汇资本金意愿结汇、直接投资外汇登记全面下放、全口径跨境融资宏观审慎管理、跨境担保外汇管理大幅放宽等政策,极大地便利了市场主体办理跨境投融资业务,有效地降低了汇兑风险。其他贸易投资便利化措施,如新疆维吾尔自治区积极推动服务贸易税务备案电子化试点,云南省落实简化企业货物贸易外汇收入管理,广西壮族自治区跨境外汇资金轧差净额结算试点政策落地等。引导辖区大型企业依法合规利用境外市场开展股权和债权融资。如新疆维吾尔自治区支持 3 家企业开展境外外币债券融资 8.8 亿美元,2 家企业境外上市募集资金 12.45 亿美元。

推进外汇管理创新试点业务。结合实际出台边境贸易差异化管理方案。2015 年外汇管理局云南分局研究制定了边境贸易差异化外汇管理方案,新疆维吾尔自治区推行边贸旅购代理业务不纳入出口收汇核查的差异化管理政策,最大限度地满足边贸企业特殊商业运营模式的需求,体现了管理和业务并重的特点,加快了全省边境地区贸易便利化进程。完善"互联网+政务服务"网上办理系统,持续优化营商环境。支持跨境电子商务、市场采购贸易等贸易新业态新模式。

不断完善外汇市场建设。货币兑换方面:构建了以银行间市场区域交易为支撑、银行柜台交易为基础、特许兑换为补充的全方位、多层次人民币与周边国家货币区域性货币交易模式。黑龙江省早在 2003 年就开展了中俄贸易银行间市场本币结算,2011 年中俄银行间本币结算量达到9.26 亿美元,人民币在中俄双边贸易结算中占比从 2014 年的 3.1%提升至 2020 年的 17.5%。2011 年 12 月全国首例人民币对泰铢银行间市场区域交易在云南省启动,截至 2018 年 1 月末,累计交易 840 笔,金额共计

35.57 亿元。2018 年以来人民币对老挝基普挂牌也取得重要进展;广西壮族自治区全国首创推出人民币对越南盾、柬埔寨瑞尔银行间交易市场。截至 2021 年 3 月底,广西壮族自治区银行间市场区域交易是全国挂牌币种最多、境外参与行最多的银行间区域市场,有 15 家广西壮族自治区辖内商业银行参与人民币对越南盾银行间区域交易,11 家银行参与人民币对柬埔寨瑞尔银行间区域交易,其中 3 家境外银行:柬埔寨加华银行、中国银行金边分行和中国工商银行金边分行。柬埔寨加华银行是全国首例引入参与银行间市场区域交易的非中资境外银行;哈萨克斯坦坚戈实现我国银行间外汇市场新疆区域挂牌交易,首次引入境外行参与人民币对坚戈银行间外汇市场新疆区域挂牌交易,建立人民币对坚戈离岸、在岸统一的汇率直接形成机制。银行柜台挂牌交易方面,云南省银行柜台挂牌交易币种已实现周边国家货币全覆盖。截至 2018 年 12 月末,云南省银行累计办理泰铢、越南盾、老挝基普、缅甸元柜台兑换交易 14.50 亿元,较 2013 年增长近 17 倍,极大地便利了企业和个人的货币兑换需求。广西壮族自治区形成了人民币对越南盾银行柜台挂牌"抱团定价""轮值定价"的"东兴模式"。截至 2017 年 12 月末,东兴、凭祥、靖西三地银行累计办理人民币对越南盾对客柜台挂牌交易 7.4 万笔,交易金额 826 亿元,折合 273 万亿越南盾。2017 年 1—12 月银行柜台挂牌汇价较"地摊银行"平均优惠 10 个越南盾,为企业和个人节约汇兑成本 7000 万元。新疆商业银行实现人民币与哈萨克斯坦坚戈、塔吉克斯坦索莫尼和巴基斯坦卢比柜台挂牌交易。银行间现钞跨境调运方面,黑龙江省自 2003 年就开启了卢布现钞调运业务,截至 2019 年 4 月末,黑龙江省累计陆路调运人民币现钞 1 亿元,空运调运人民币现钞 1.4 亿元,有效地满足了中俄企业和个人的人民币现钞兑换需求。广西壮族自治区已成功启动越南盾和泰铢现钞的跨境调运工作。2021 年 8 月 30 日,广西壮族自治区首次正式启动人民币与越南盾现钞跨境调运业务,调运合 35 亿越南盾。云南省搭建了两个越南盾现钞直供平台和西南地区第一条泰铢现钞直供平台,中老两国本外币现钞调运也已取得历史性突破。截至 2018 年年末,云南省共计跨境调运人民币现钞 3.4 亿元。新疆维吾尔自治区已启动中哈霍尔果斯国际边境合作中心坚戈现钞跨境调运,截至 2020 年 4 月末,累计调出 8.18 亿坚戈现钞,有效地满足了双边本币现钞清算平盘业务需求。

三、金融组织体系发展完善

一是金融主体多元化发展。经过多年发展,中国沿边金融组织体系日趋完善,基本形成了以银行业金融机构、证券期货经营机构、保险业机构为主体,小额贷款公司、融资担保公司、财务公司、典当公司及资产管理公司等多层次金融机构并存、功能互补的金融服务体系,为沿边金融开放及经济社会发展提供了重要的金融组织保障。二是金融机构"引进来"和"走出去"成效显著。2013 年 11 月,由中国太平洋证券股份有限公司与老挝农业促进银行及老挝信息产业有限公司共同发起设立的老中证券有限公司在老挝首都万象正式挂牌成立,并获得永久经营牌照。这是中国在境外设立的第一家合资证券公司,也是老挝证券管理委员会批准设立的首家中资参与的合资证券公司。2014 年 1 月,富滇银行和老挝外贸大众银行在老挝合资设立老中银行,是全国城市商业银行在境外设立的首家经营性机构。三是新型金融业态发展势头良好。2014 年以来,广西壮族自治区累计引进 20 家全国性非银行支付机构分公司入桂开展支付业务,截至 2017 年年末,广西壮族自治区共有 37 家非银行支付机构,互联网金融企业(包括分支机构)已超过 100 家。

四、多层次资本市场稳步发展

一是支持企业上市融资。近年来,云南省、广西壮族自治区等地均制定相关政策支持企业上市融资,沿边地区过度依赖直接融资的被动局面正逐步得到缓解。截至 2019 年 9 月,云南省沿边金融综合改革试验区 A 股上市企业达 29 家,其中 13 家上市公司通过定向增发、配股等方式新增股票融资 377.81 亿元。二是引导证券机构充分利用债券市场支持沿边企业融资。截至 2018 年年末,云南省证券机构支持试验区内企业在银行间市场发行 451 只债券,累计融资达 4054.6 亿元。超短期融资券、超长期限中期票据和永续中期票据也相继成功发行。三是期货市场服务实体经济和脱贫攻坚成效明显。充分发挥期货市场价格发现和风险管理功能,云南省相继上市了铁合金、锡、镍、橡胶、白糖、甘蔗期货。咖啡期货产品的研发正在积极推动中。为沿边贫困地区涉农主体提供了稳定的收入保障。四是区域性交易市场大力发展。2014 年 9 月,广西北部湾股权交易所挂牌成立,截至 2017 年 9 月,辖区两家区域性股权市场运营机构挂牌企业共 2707 家。2016 年 6 月,云南省人民政府与上海黄金交易所签署了战略合作备忘录,就共同打造中国黄金市场"一带一路"南亚东南亚辐射带,协同推进昆明区域性国际金融服务中心等事项达成共识,极大地促进了云南省黄金市场健康发展,并深化与周边国家的金融贸易合作。

五、保险市场加速创新发展

一是完善保险服务体系建设。支持具备条件、有优势的保险机构尝试多形式、多渠道"走出去",到东盟、南亚国家开展业务合作、建设服务体系,并在条件成熟时设立机构。2014 年平安产险在东兴市设立跨境保险分公司,成为广西壮族自治区首个专营跨境保险业务的保险分支机构。支持云南省地方性保险公司诚泰财险有序开展向外布局工作,2018 年以来诚泰财险老挝机构筹备工作迈出实质性步伐。二是跨境保险业务取得实质性进展。有序推动出入境车辆保险业务,跨境人民币结算承保业务正式落地。2014 年 4 月,人保财险在中越直通车开通后首次承保了越南两辆开往深圳的专线车辆,成功办理了广西第一单跨境人民币结算承保业务。云南省也完成了出境车辆商业保险(越南)的报备工作,初步形成了"入境交强险+出境商业险"的产品体系。人保财险云南省分公司与越南保越保险总公司签署了《中越边境口岸公路运输车辆互通保险协议》和《出境保险车辆代查勘、代定损合作协议》,约定共同推进出境车辆购买对方国家交强险事宜,并在中国云南省境内以及越南老街省、河内市、海防市、广宁省境内开展"7×24"小时的代查勘工作。

六、跨境金融基础设施建设不断完善

一是跨境支付结算渠道呈现多样化发展。努力拓展境外机构境内外汇账户——非居民账户（Non-Resident Account，NRA）的应用。为进一步规范境外机构人民币银行结算账户现金收支行为，有效解决境外机构人民币现金结算需求，云南省于2016年推出NRA账户存取现业务，2021年1月累计批复沿边州市50家境外机构办理NRA账户存取现金业务。截至2018年年末，累计办理现金业务2349笔，金额18.82亿元，其中西双版纳州累计办理业务在全省占比达95%，取得突出成效。创建境外边民银行账户服务平台。境外边民银行账户服务平台开发已完成，相关测试准备工作就绪，配套制度已基本成型，待第三方系统测试和等级保护测试完成后拟开展试运行。跨境结算清算渠道呈现多样化。打通了与多家境外银行机构跨境清算渠道，大力推动人民币跨境支付系统（Cross-border Interbank Payment System，CIPS）的应用。截至2020年年底，云南省已有4家法人机构以间接参与行的身份加入人民币跨境支付系统。哈尔滨银行正在积极筹备，申请成为人民币跨境支付系统直接参与者。持续推动中国银联卡支付合作和跨境支付系统建设工作。黑龙江省推动中俄两国金融机构加强中国银联卡发卡和受理合作，促进俄远东地区银联卡发卡量，完善远东地区银联卡受理环境建设，培养中俄双方边贸口岸城市银联卡持卡人用卡习惯。截至2019年4月末，俄罗斯发卡机构发行银联卡230余万张，俄罗斯联邦储蓄银行、俄罗斯VTB银行等多家大型商业银行超过10万台ATM可受理中国银联卡。二是外汇业务线上办理系统逐步开发使用。新疆维吾尔自治区统一上线"政务服务网上办理"系统，网上申请与现场办件同步进行，实现了"一站式服务、一窗式受理、一次性告知、一条龙审批"的单一窗口服务模式，综合利用互联网、电话等方式开展预受理、预审查和业务备案，缩短各项外汇业务办理时间，切实降低涉外主体的"脚底成本"。三是外籍金融消费者权益保护环境日趋完善。从2014年开始，中国人民银行昆明中心支行在8个沿边州市探索建立外籍人员金融消费权益保护投诉站。截至2018年年末，建成外籍投诉站点

38 个,初步形成了独具云南省特色的"一站一台一宣传"的边境地区外籍人员金融消费权益保护模式。除此之外,社会信用环境、金融生态环境等基础设施的建设也为沿边金融开放提供了良好的环境基础。

七、跨境金融交流合作机制不断健全

一是双边央行金融合作深化开展。从 20 世纪 90 年代开始,中国人民银行黑河市中心支行与俄罗斯中央银行阿穆尔州管理局就建立了友好往来关系,并持续开展了一系列交流合作,对边境贸易本币结算、监管合作、大型项目融资、人民币对卢布直接挂牌交易、双边本币互换、机构互设、现钞跨境调运等方面作出了积极的贡献;2015 年,中国人民银行南宁中心支行纳入广西壮族自治区与越南边境四省联合工作委员会广西方成员,初步建立广西壮族自治区金融管理部门与两国央行的常态化联系形式,正在与老挝、柬埔寨拟订广西壮族自治区与两国央行合作备忘录;经中国人民银行总行批准,2015 年以来,中国人民银行昆明中心支行组团出访泰国、老挝、缅甸 5 次,接待来访 4 次,建立了双边交流沟通平台,为解决边境地区双边本币结算存在的问题及促进贸易投资便利化奠定了良好的基础;中国和哈萨克斯坦央行于 2017 年至 2019 年连续三年召开系列中哈双边本币跨境使用推介会,就建立双边定期会晤交流、双边本币直接清算平盘、双边金融市场连接等方面达成多项共识,双方央行于 2020 年成功启动双边本币结算数据交换工作。二是双边金融论坛交流机制不断完善。自 2009 年起,广西壮族自治区与国家有关金融监管部门或行业组织合作,每年定期在中国—东盟博览会期间举办中国—东盟金融合作与发展领袖论坛。自 2015 年起,广西壮族自治区与中国保监会合作每年定期举办中国—东盟保险合作与发展论坛,不断推进深化与东盟保险领域的交流合作,2019 年在广西壮族自治区南宁市举办首次东南亚人民币论坛、首届中国—东盟金融交流会议,开展人民币跨境使用和金融开放门户政策宣传。举办中越钱币文化交流会、中越金融青年交流活动等,促进中越金融系统社会组织交流合作;2015 年 10 月,哈尔滨银行与俄罗斯资产规模最大的俄罗斯联邦储蓄银行联合发起设立中俄金融联盟,并陆续签订了多项合作协议;两届"中国—亚欧博览会"金融论坛顺利召开,为新疆与周边国家金融合作搭建交流平台。三是沿边跨境反假币、反洗钱及反恐怖融资交流与合作持续推进。2017 年1 月 10 日,跨境反假货币工作(昆明)中心正式挂牌,昆明市成为全国首个设立跨境人民币反假工作中心的城市,同时积极推进沿边县区工作站的建设,构建"省、市、县"三级跨境反假货币工作组织体系,截至 2018 年年末,全省共建立 15 个沿边跨境反假货币工作站。中国人民银行昆明中心支行就反假货币专程组成代表团,出访老挝央行,举办了滇老反假人民币宣传培训会,就反假信息交流达成共识,反假关口前移迈出坚实步伐。积极协助云南国际经济技术交流中心承办了商务部 2017 年尼泊尔反洗钱研修班、2017 年西共体反洗钱和金融反恐官员研修班、2018 年尼泊尔反洗钱措施与实践研修班,促进跨境反洗钱交流合作。广西壮族自治区也在积极拓展中越反假货币、反洗钱合作。推动广西东兴农村商业银行与越南工商股份商业银行芒街支行签订首个中越金融机构跨境反洗钱合作备忘录。就反洗钱业务与泰国银行北部分行、老挝央行等进行了交流会谈,为建立"反洗钱跨境合作机制"迈出了实质性步伐。

八、金融改革开放风险防范机制初步建立

一是建立跨境资金流动统计监测等预警机制。试点使用自主研发的国际收支间接申报非现场核查系统,对跨境资金异常流出企业进行筛选和重点关注,加强对跨境非法集资、洗钱、恐怖融资等犯罪行为的监管和打击力度,及时进行风险提示,牢牢守住不发生区域性、系统性金融风险的底线。二是强化金融风险快速反应机制。及时有效处置境内外金融突发事件,把防范和处置风险作为重中之重,稳妥处置瑞丽市外籍人员集中取款事件,快速处置境外民族地方武装利用我方银行账户募集资金问题,坚决守住不发生系统性金融风险底线。其他如金融生态环境建设、地方类金融机构风险排查及区域金融监管协调机制的建立,均对沿边金融开放风险防范起到重要作用。

第三章　中国与周边七国经贸发展国别分析

第一节　越南的经贸发展与中越双边经贸往来

一、国情概况

越南社会主义共和国,位于中南半岛东南端,三面环海,面积329556平方公里,地形狭长,自然环境优越,煤炭、铁矿、铝土矿、铜矿、稀土等矿产资源丰富。人口9370万,共有54个民族,京族为主体民族,占总人口的86.2%。

越南是一党制国家,坚持共产党领导,走社会主义道路,国内政局保持稳定。越南是东盟、世贸组织、亚太经合组织成员,跨太平洋合作伙伴关系协议意向成员。1986年国家施行"革新开放",2001年确定建立社会主义市场经济体制,坚持以发展经济为重心,加快融入世界经济。世界银行发布的《2018年营商环境报告》显示,越南在全球190个经济体中排名第68位,较上年上升16位。世界经济论坛《2017—2018年全球竞争力报告》显示,越南在全球最具竞争力的137个国家和地区中排名第55位。被高盛评为"有光明发展前景的11个国家"之一。

近年来,越南政府债台高筑已成突出问题。2016年越南政府债务总额超过了1250亿美元,达到该国GDP的63.6%,已逼近65%的国际警戒值,越南也因此被认为是最需要财政巩固的国家之一。根据越南央行数据显示,越南外汇储备仅为 635 亿美元。如何加快去美元化进程,实现减轻对美元资本和借贷高度依赖基础上的债务安全及经济持续稳定增长成为未来越南经济面临的主要挑战。

二、宏观经济态势

(一)经济增长

表 3-1 2012—2018 年越南经济增长数据

年份	GDP(亿美元)	人均 GDP(美元)	GDP 增长率(%)
2012	1558	1755	5.25
2013	1712	1909	5.42
2014	1840	2028	5.98
2015	1906	2100	6.68
2016	2046	2215	6.21
2017	2276	2431	6.88
2018	2425	2540	7.08

资料来源:越南统计局。

越南经济持续保持较快增长,但整体发展水平较低。由表 3-1 可知,2012—2018 年越南 GDP 总量一直呈递增趋势,由 2012 年的 1558 亿美元增加到 2018 年的 2425 亿美元,6 年间 GDP 总量增加 867 亿美元。特别是 2016—2017 年增幅最大,增加了 230 亿美元;2012—2018 年的人均 GDP 也逐年增长,由 2012 年的 1755 美元增加到 2018 年的 2540 美元,平均每年增加 130.8 美元,尤其是 2016 年到 2017 年增加了 216 美元。因此,2012—2018 年,无论是 GDP 总量还是人均 GDP,2016—2017 年增加量都是最大的。

从 GDP 增长率来看,2012—2108 年总体上呈逐年增长趋势,2012—

2014 年每年的增长率在 5%—6%,2015—2017 年在 6%—7%,2018 年达到了 7.08%,是近 10 年增速最快的一年,比中国 2018 年的 GDP 增长率 6.6% 高出 0.48 个百分点。从经济增长动力来看,越南国内投资、消费对国内生产总值的贡献度较高,近年包括外资在内的非国有经济迅速发展为经济提供了新的活力,多国贸易协议的推动也使出口成长为越南经济增长的重要拉动力。2018 年越南经济增速为 7.08%,较 2017 年小幅上升 0.2 个百分点,主要受益于中美贸易摩擦下越南对中国低成本出口制造业的替代。

2019 年上半年,越南实现 GDP 总量 1077 亿美元,同比增长 6.76%,低于 2018 年同期增速,但高于 2011—2017 年同期增速。农林水产业增长 2.39%,对全国 GDP 贡献率为 6%;工业和建筑业增长 8.93%,贡献率达 51.8%;服务业增长 6.69%,对全国 GDP 贡献率为 42.2%。预计 2019—2023 年出口优势和竞争力趋于改善,国内包括民营化改革在内的各项政策继续释放增长动力。不过,作为传统农业国,越南正处于工业化进程的初期阶段,市场机制和基础设施薄弱,经济增长过程中难以避免通胀率过高等失衡现象。在经济主体方面,越南私营企业以中小企业为主,投资分散,缺乏规模,技术能力低;国营企业机制转变迟缓,管理水平差,这些因素均将在中期内继续制约越南经济实力有效提升。

(二)失业率

近年来,越南经济增长势头良好,受中美贸易摩擦影响以及东亚产业链向越南转移支撑,越南工业生产正逐步回升到较高水平,越南本土制造业也得到进一步的发展,就业相对稳定。2014—2018 年,越南的失业率水平较低,控制在 2.2% 以下(见图 3-1)。除 2014 年之外,其他年份的失业率呈递减趋势,从 2015 年的 2.12% 下降到 2018 年的 2%。

(三)物价水平

由图 3-2 可以看出,越南的物价水平呈波动性变化,受 2008 年国际

（单位：%）

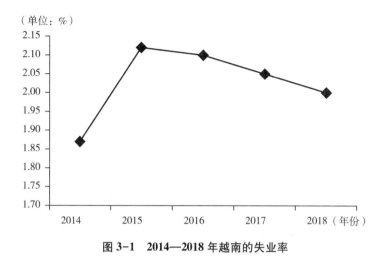

图 3-1 2014—2018 年越南的失业率

资料来源：越南统计局。

（单位：%）

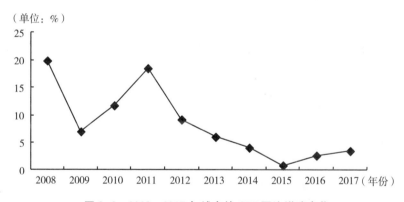

图 3-2 2008—2017 年越南的 CPI 同比增速变化

资料来源：越南统计局。

金融危机的影响，2008 年越南的消费者物价指数（Consumer Price Index，CPI）急剧下降。通过货币政策等手段的调整，2009—2011 年 CPI 开始回升，到 2011 年达到高位后开始下降，2014—2017 年 CPI 增长率一直稳定在 5% 以下。自 2015 年以来，随着国内 GDP 总量的增加，CPI 增长率也在平稳地增长。

2019 年 1—7 月，越南零售商品销售上涨 11.6%，较 1—5 月增速略有上升。其中住宿餐饮服务和货物销售指数均有所上涨，分别为 10.0%

和 12.6%。受此影响,2019 年 7 月,越南消费者物价指数月度同比增长 2.4%,较 6 月上升 0.2 个百分点。

(四)进出口贸易

由表 3-2 可知,2012—2018 年越南的进口额、出口额和进出口总额 都逐年增加。进口额由 2012 年的 1143 亿美元增加到 2018 年的 2375 亿 美元,6 年间共增加 1232 亿美元;出口额则由 2012 年的 1146 亿美元增加 到 2018 年的 2447 亿美元,共增加 1301 亿美元;进出口总额由 2012 年的 2287 亿美元增加到 2018 年的 4822 亿美元,平均每年增加 422.5 亿美元。 其中 2016—2017 年和 2017—2018 年分别增加 742 亿美元和 573 亿美元。 除 2015 年外,2012—2018 年其余年份,进出口贸易均为顺差,且顺差额 逐年增加。2015 年越南出现贸易逆差的主要原因是农林水产品、燃料、 矿产等主力商品出口大幅下跌。其中,原油出口额下跌 53%,石油下跌 49.8%,橡胶下跌 24.1%,橡胶制品下跌 14%。

表 3-2 　 2012—2018 年越南进出口贸易数据 　 （单位:亿美元）

年份	进口额	出口额	进出口总额	净出口额
2012	1143	1146	2287	3
2013	1313	1322	2635	9
2014	1481	1502	2983	21
2015	1656	1624	3280	−32
2016	1741	1766	3507	25
2017	2111	2138	4249	27
2018	2375	2447	4822	72

资料来源:越南统计局。

2019 年 7 月,越南出口额为 226 亿美元,进口额为 224 亿美元,总体 贸易顺差减少至 2 亿美元。月度出口同比增速回升至 9.3%,月度进口同 比增速为 5%。

2019 年 6 月 30 日,越南与欧盟签订自由贸易协定和投资保护协定,对越南的出口有一定提振效果。

（五）外商直接投资

近年来,由于越南投资环境得到改善,吸引了大量的外商直接投资。从表3-3可看出,2012—2018年,越南吸引外商直接投资的项目数和实施金额都呈逐年递增趋势。外商直接投资的项目数从2012年的1287个到2018年的3046个,6年增加了1759个,平均每年增加293个项目;外商直接投资的实施金额由2012年100亿美元增加到2018年的191亿美元,每年的增长率都在8%以上。

表3-3　2012—2018年越南吸引外商直接投资情况

年份	投资项目（个）	增长率（%）	注册金额（亿美元）	增长率（%）	实施金额（亿美元）	增长率（%）
2012	1287	—	163.5	—	100	—
2013	1530	18.9	223.5	36.73	115	14.5
2014	1843	20.5	219.2	−1.93	125	8.7
2015	2120	15.0	241.2	10.00	145	16.0
2016	2613	23.3	268.9	11.51	158	8.9
2017	2741	4.9	371.0	37.97	175	10.8
2018	3046	11.1	354.6	−16.40	191	9.1

资料来源:越南统计局。

2012—2017年,外商直接投资的注册金额除2014年有所下降外,其他年份都逐年增加。2018年新注册金额为354.6亿美元,比2017年有所下降。

根据越南《投资法》,外国投资者可选择投资领域、投资形式、融资渠道、投资地点和规模、投资伙伴及投资项目活动期限。外国投资者可登记注册经营一个或多个行业;根据法律规定成立企业;自主决定已登记注册的投资经营活动。

直接投资方式包括:外商独资企业;成立与当地投资商合资的企业;

通过购买股份或融资方式参与投资活动管理;通过合并、并购当地企业的方式投资;其他直接投资方式。

间接投资方式包括:购买股份、股票、债券和其他有价证券;通过证券投资基金进行投资;通过其他中介金融机构进行投资;通过对当地企业和个人的股份、股票、债券和其他有价证券进行买卖的方式投资。间接投资的手续根据证券法和其他相关法律的规定办理。从2015年9月开始外资可以100%持有越南企业股份(银行业依旧维持30%的外资持股上限)。

外资并购。根据第58/2016号决定,越南政府计划在2016—2020年完成137家国有企业的股份制改革,包括银行、航空、通信、造船、汽车、电力、水泥、交通等重要行业,鼓励外商参与,允许外商购买股份和参与管理,仅保留103家国有全资企业(未包括农林业、国防、安全等领域企业)。外商可通过购买上市企业的股票,或购买股份制企业的股权等方式进行并购。

(六)国际收支

越南经常项目持续处于顺差状态。2011年以来,得益于商品出口竞争力的增加、侨汇收入上升,越南经常项目平衡转入顺差状态,较此前十年年均3.9%的逆差水平显著改善。2014—2018年以来经常项目顺差水平在年均2.8%的低位运行,主要源于国际油价下跌导致其原油出口收入减少。2019年起,越南国内投资品进口扩大使经常项目顺差进一步收窄,但受益于承接中国制造业转移拉动越南相关产品出口,经常项目维持小幅顺差状态。如表3-4所示,2014—2017年,越南的经常账户差额波动性很大,由2014年的93.59亿美元下降到2015年的9.06亿美元,下降84.53亿美元。2016年大幅上升到82.35亿美元,2017年又下降到61.24亿美元,2019年又上升到131.01亿美元。总储备量(含黄金)总体呈增加趋势,由2014年的341.89亿美元增加到2020年的948.34亿美元,平均每年增加101.1亿美元。

表3-4　2014—2020年越南国际收支情况 　（单位:亿美元）

年份	2014	2015	2016	2017	2018	2019	2020
经常账户差额	93.59	9.06	82.35	61.24	58.99	131.01	—
总储备(含黄金)	341.89	282.50	365.27	490.76	554.52	783.35	948.34

资料来源:Wind 数据库。

　　越南进出口贸易的顺差和大幅增长的外商直接投资,以及越南外汇汇率和通货膨胀率较为稳定,使越南外汇储备量达到历史最高水平,并预期将继续扩大。如图3-3所示,除2015年外汇储备量相比于2014年下降59.22亿美元,其他年份都逐年增加,由2014年的338.01亿美元增加到2018年的550.74亿美元,4年间共增加212.73亿美元。其中2016—2017年增加幅度最为明显,增加了125.26亿美元,增长率为34.6%。

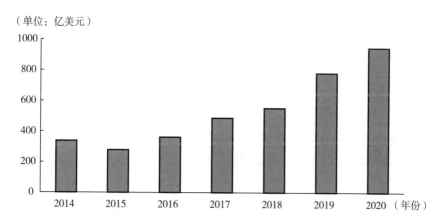

（单位：亿美元）

图3-3　2014—2020年越南的外汇储备量

资料来源:越南统计局。

三、双边贸易往来

（一）双边货物贸易

　　2011年10月以来,中越两国先后签署《中越经贸合作五年发展规划》《关于建设发展跨境经济合作区的谅解备忘录》《中越经贸合作五年发展规划补充和延期协定》《中越边境贸易协定》,2017年11月,双方进一步签署"一带一路"倡议与"两廊一圈"规划发展战略对接协议,就电子商务、基础设施合作、跨境合作区谈判等达成五年规划重点项目清单。在双方共同努力下,两国经贸合作发展迅速,双边贸易连年上新台阶。据中国海关统计,自2014年以来,中国已连续12年成为越南第一大贸易伙伴,而越南连续第二年成为中国在东盟国家中的最大贸易伙伴。2018年中国与越南的双边贸易额达到了9774.5亿元,同比增长18.6%。其中,中国对越南的出口总额为5544亿元,增长14.4%;中国从越南进口总额是4230.5亿元,增长24.6%。全年,中国方面贸易顺差为1313.5亿元。2019年1—9月,中越双边贸易继续保持了7.1%的增长。2019年6月以来,受中美经贸摩擦的影响,越南从中国月度进口增速继续下降至9%。从3个月移动平均走势来看,月度进口增速呈回落态势。

中国对越南出口商品主要类别包括:(1)机械器具及零件;(2)电机、电气、音像设备及其零附件;(3)钢铁制品;(4)针织或钩编的服装及衣着附件;(5)车辆及其零附件,但铁道车辆除外;(6)矿物燃料、矿物油及其产品等。中国自越南进口商品主要类别包括:(1)矿物燃料、矿物油及其产品;沥青等;(2)手机及手机零配件;(3)食用蔬菜、根及块茎;(4)橡胶及其制品;(5)机械器具及零件;(6)电机、电气、音像设备及其零附件;(7)棉花等。

双边贸易往来存在的问题主要是双方边贸政策不统一,口岸及边民互市点管理欠规范,基础设施较落后,越南采取贸易保护措施的频率加大,两国海关部门双边贸易额统计存在差异等。

表3-5　2013—2017年中越双边贸易统计　　（单位:亿美元）

年份	进出口总额	中方出口	中方进口	差额	增长率（%）		
					进出口	出口	进口
2013	654.8	485.9	168.9	317.0	29.8	42.2	4.1

续表

年份	进出口总额	中方出口	中方进口	差额	增长率(%)		
					进出口	出口	进口
2014	836.4	637.4	199.0	438.3	27.7	31.2	17.8
2015	959.6	661.2	296.4	362.8	14.7	3.8	49.9
2016	982.3	611.0	371.3	239.7	2.5	-7.5	24.5
2017	1213.2	709.9	503.3	206.6	23.5	16.2	35.4

资料来源:中国海关。

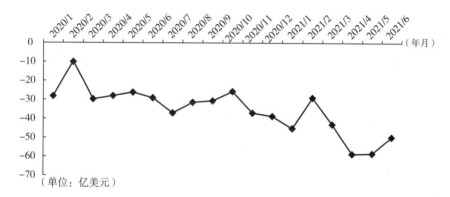

图 3-4　2020 年 1 月—2021 年 6 月越南与中国月度进出口与贸易差额

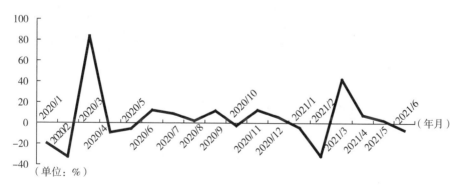

图 3-5　2020 年 1 月—2021 年 6 月越南与中国月度进口增速

　　近年来,云南省对越南的外贸增长较快。2015—2018 年,云南省对越南贸易额分别为 23.26 亿美元、26.82 亿美元、36.47 亿美元和 41.54

亿美元,增长率分别达到 49.1%、15.30%、35.98% 和 13.90%。2019 年
1—6 月,云南省对越南贸易额为 19.33 亿美元,其中,出口额为 10.10 亿
美元,进口额为 9.23 亿美元,贸易收支基本平衡。2019 年 1—6 月,云南
省对越南贸易额占云南省对中国周边七国贸易总额的 17.8%,位列第四。

(二)中国对越南的劳务输出

中国对越南的劳务输出形式主要是承包劳务。越南是中国在东盟重
要工程承包市场。2021 年,中方承建的部分大型项目陆续建成投产。其
中,锦普热电厂一、二期项目已于 2011 年 9 月正式移交越方;金瓯化肥厂
已于 2012 年 1 月 30 日建成投产;宁平煤头化肥厂已于 2012 年 3 月 30 日
建成投产;新莱氧化铝厂已于 2012 年 12 月建成投产。"三线一枢"一期
和"荣市—胡志明市"通讯信号改造已于 2014 年 8 月完工,永兴二期火电
已移交越方,沿海三期火电厂等项目进展基本顺利。

据中国商务部统计,2017 年中国企业在越南新签承包工程合同 246
份,新签合同额 60.98 亿美元,完成营业额 28.79 亿美元;累计派出各类
劳务人员 4168 人,年末在越南劳务人员 9744 人。新签大型工程承包项
目包括中国华电科工集团有限公司承建越南沿海二期燃煤电厂;中国电
力工程顾问集团华北电力设计院有限公司承建越南安庆北江燃煤电厂总
承包项目;广西壮族自治区海外建设集团有限公司承建东方国际疗养综
合性高等级医院等。

表 3-6　2008—2020 年中国对越南的承包工程情况

年份	承包工程金额 (万美元)	对外承包工程 派出人数(人)	对外劳务合同 派出人数(人)
2008	192343	—	—
2009	237106	—	—
2010	310961	—	—
2011	319342	8752	1293
2012	299763	5377	1363

续表

年份	承包工程金额 （万美元）	对外承包工程 派出人数（人）	对外劳务合同 派出人数（人）
2013	359283	5746	1221
2014	398439	9878	859
2015	352317	4933	584
2016	332394	4928	951
2017	287860	3735	433
2018	280167	3557	517
2019	394010	5006	757
2020	292980	2505	473

资料来源：中国商务部。

第二节 老挝的经贸发展与中老双边经贸往来

一、国情概况

老挝人民民主共和国是中南半岛上的内陆国家，北邻中国，南接柬埔寨，东邻越南，西北达缅甸，西南毗连泰国。境内80%的国土为山地和高原，且多被森林覆盖。无出海口。2020年全国总人口数约723万。

老挝历史上曾先后沦为泰国属国、法国殖民地，并多次被美国策划政变。直至1975年12月2日，在万象召开的老挝全国人民代表大会宣布废除君主制，老挝人民民主共和国得以成立，从此国家走上独立自主稳定发展之路。

老挝实行社会主义制度，老挝人民革命党是国内唯一政党和执政党，成立于1955年3月22日。1986年老挝实行改革开放，引入市场经济。尽管老挝已全面实施经济体制改革和对外开放政策，社会经济逐步发展，人均国民收入从1986年的114美元提升至2017年的2472美元，人民生活水平得到显著提高，但其仍然是世界最不发达国家之一，经济以农业为主,工业基础薄弱,城乡贫富差距不断扩大及农村和城市发展不平衡的问题仍很突出,减贫工作任重道远。

老挝的未爆炸弹问题严重。20世纪六七十年代越南战争期间,超过2亿的集束炸弹和大约7500万未爆炸弹药在战争结束后被遗留在老挝全境,2018年仅清除了不到1%。未爆炸弹不但危害着老挝人的生命安全,几乎遍布全境的未爆炸弹,使全国有超过1/4的农田撂荒,大量肥沃土地成为禁区,对国民经济发展造成了严重的不利影响。

老挝禁毒形势严峻。老挝已经成为金三角毒品走私越南、柬埔寨的过境通道。年轻人吸食冰毒、一些地区非法种植罂粟、禁毒措施执行不严以及缺乏相应的国际合作等,加之军队和警察数量不足、禁毒力量有限等,使国家禁毒工作面临严峻挑战。

老挝奉行和平、独立和与各国友好的外交方针。自1997年7月加入东盟后,老挝积极参与东盟事务,与东盟其他国家保持良好关系,与越南保持特殊团结友好关系。老挝还是大湄公河次区域经济合作(GMS)成员。与联合国、世界银行、亚洲开发银行等国际机构也保持着良好的合作关系。

老挝实行对外开放以来,得到的国际援助不断增加。其中,日本在1991年至2012年都是老挝最大的援助国,年均援助数额超过1亿美元;美国先后向老挝禁毒、清除未爆炸弹及民生等领域提供援助;德国、瑞典、法国等欧盟主要国家均为老挝主要援助国,援助集中在基础设施建设、文化、人力资源开发、农业及卫生等领域。

中老双边关系发展顺利。两国于1961年4月25日建交。20世纪70年代末至80年代中,双方关系曾出现曲折。1989年以来,中老关系全面恢复和发展,2009年9月,中老关系上升为全面战略合作伙伴关系。中国是老挝最大的外资来源国。

中国在力所能及的范围内,采取无偿援助、无息贷款或优惠贷款等方式向老方提供援助,领域涉及物资、成套项目援助、人才培训及技术支持等。主要援助项目有:地面卫星电视接收站、南果河水电站及输变电工程、老挝国家文化馆、琅勃拉邦医院及扩建工程、乌多姆赛戒毒中心、老挝地震台、昆曼公路老挝境内 1/3 路段、万象凯旋门公园、老挝国家电视台三台、老北农业示范园、国家会议中心、万象瓦岱国际机场改扩建等。

"一带一路"倡议与老挝"变陆锁国为陆联国"战略有效对接。2016年 12 月 25 日,中老铁路全线开工,并已于 2021 年 12 月初竣工通车,作为中国与东盟的陆上新枢纽通道、"一带一路"建设的标杆项目,中老铁路未来可与泰国、马来西亚等国铁路连通,有助于促进老挝与中南半岛其他国家的基础设施互联互通,并加强中国—东盟自由贸易区内部的经济联系。借助这条铁路,老挝将成为东盟地区的重要中转国,其作为交通枢纽的经济和社会价值也将逐步显现。

老挝万象赛色塔综合开发区列入中国"一带一路"倡议中的早期收获项目。赛色塔综合开发区项目是中老两国政府共同确定的合作项目,是中国在老挝唯一的国家级境外经贸合作区,受到两国政府的高度关注和大力支持。开发区由云南省与老挝万象市共同出资组建公司负责投资和运营。

二、宏观经济态势

(一)经济增长

老挝国民经济保持稳定增长态势。从 GDP 总量来看,自 20 世纪 90 年代开始,除 1997 年亚洲金融危机使老挝经济增速放缓外,其余年份其 GDP 总量都保持稳定增长。从图 3-6 可以看出,2008 年老挝 GDP 总量只有 59 亿美元,到 2018 年增加到了 184 亿美元,10 年间增加了 125 亿美元。据国际货币基金组织世界经济展望(World Economic Outlook,WEO)预测,老挝 2019 年 GDP 总量为 171 亿美元,到 2024 年将达到 309 亿美元。

如图 3-7 所示,自 2002 年以来,老挝的人均 GDP 也逐年递增,从2002 年的 345 美元增加到 2018 年的 2720 美元。2008 年,老挝的人均GDP 超过 1000 美元,达到了 1014 美元;到 2014 年,人均 GDP 已超过

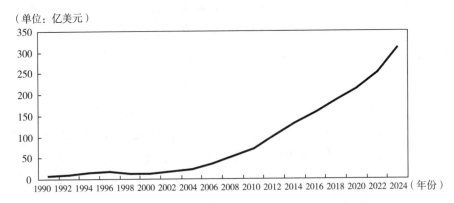

图 3-6　1990—2024 年老挝 GDP 总量变化情况

资料来源：Wind 数据库。

2000 美元，为 2017 美元。

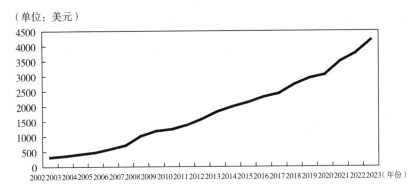

图 3-7　2002—2023 年老挝人均 GDP 总量变化情况

资料来源：Wind 数据库。

2018 年老挝人均 GDP 为 2720 美元，略高于低收入国家水平。国际货币基金组织预测，2019 年老挝人均 GDP 为 2932 美元。预计到 2024 年，老挝人均 GDP 将增至 4188 美元。

老挝属中低收入发展中国家，经济增长潜力较大。自 1988 年启动市场化改革以来，老挝经济持续高速增长，1989—2017 年年均 GDP 增速达到 7.1%，并且在大部分年份处于 7.5%—8.0% 的稳定增长区间。2013—2018 年，老挝 GDP 增长率逐年下降，由 2013 年的 8.5% 下降到 2018 年的

6.5%。虽然老挝 GDP 增长率呈下降趋势,但增长率仍在 6% 以上(见图
3-8)。2017 年是老挝"八五"规划实施第二年,也是开始实施财政年度
与国际接轨的第一年,GDP 增长率为 6.8%,其中,农业产值增长率为
2.78%,占 GDP 的 16.34%;工业产值增长率为 9.53%,占 GDP 的 30%;
服务业产值增长率为 6.15%,占 GDP 的 42.08%。进口关税收入增长率
为 6.9%,占 GDP 的 11.53%。2018 年 GDP 增速为 6.5%,但国民经济三
次产业有升有降。农业同比增速为 2.5%,略有下降;工业同比增速为
7.7%,明显下降;服务业同比增速为 7.5%,明显上升。据国际货币基金
组织预测,老挝 2024 年 GDP 增速将达到 6.8%,总体经济形势平稳。老
挝经济增长的主要动力来源于:国内水力资源丰富,大规模的电站建设拉
动了投资、促进了对越南和泰国的电力出口;得益于国内经济蓬勃增长及
来自泰国的侨汇收入,老挝私人消费旺盛;近年来老挝通过设立经济特区
等方式大力吸引中国等国家的外资,制造业发展迅速,矿产开发和基础设
施建设成为外国投资重点领域。

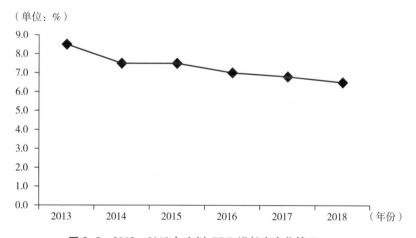

图 3-8　2013—2018 年老挝 GDP 增长率变化情况

资料来源:Wind 数据库。

（二）失业率

2014—2018 年,老挝的失业率有升有降,波动幅度很小,失业率总体偏低,维持在 0.66% 左右。2017 年失业率最高,为 0.67%;2018 年失业率最低,为 0.61%(见图3-9)。较低的失业率为老挝经济增长提供了保障。

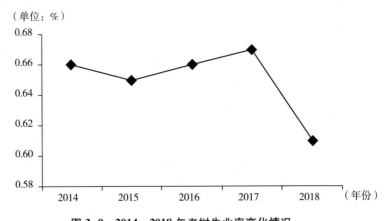

（单位：%）

图 3-9　2014—2018 年老挝失业率变化情况

资料来源:Wind 数据库。

（三）物价水平

2014—2018 年的消费者物价指数(CPI)逐年上升,由 2014 年的 124.22 上升到2018 年的 131.50。根据CPI值可计算出 2015—2018 年的通货膨胀率(见表3-7)。可以看出,2015—2017 年的通货膨胀率均低于 2%,2017 年最低,只有 0.83%,2018 年上升到了 2.04%。2019 年 7 月,老挝消费者物价指数同比增速为 3.0%,较 6 月有所上升,核心通胀指数同比增速为 1.9%,较 6 月略有下降。在消费者物价指数篮子中,食品和非酒精饮料价格同比增速为 4.3%,有所上升;服装和鞋类价格同比增速为 2.1%,持续下降;家具、家用设备和维修以及住房和公共事业价格同比增速分别为 1.8% 和 1.0%,均略有上升。

表 3-7 2014—2018 年老挝物价水平情况

年份	2014	2015	2016	2017	2018
CPI	124.22	125.80	127.81	128.87	131.50
通货膨胀率(%)	—	1.27	1.60	0.83	2.04

资料来源:Wind 数据库。

(四)进出口贸易

2002 年以来,老挝货物进口总额一直大于出口总额,长期处于贸易逆差状态(见图 3-10)。2018 年,泰国和中国是老挝前两大贸易伙伴,其中,中国是老挝最大的出口市场。2018 年老挝进出口贸易额达 112 亿美元,同比增长 16%,其中出口 54 亿美元,同比增长 10.9%,进口 58 亿美元,同比增长 21%。2019 年 5 月,老挝月度出口同比增速为 28%,明显上升,月度进口同比萎缩 1%,略有下降,月度贸易逆差为 0.93 亿美元,略有扩大。2019 年 7 月,老挝对中国月度出口同比增速由负转正,为 16%。从 3 个月移动平均走势来看,月度出口增速较上月略有上升。老挝从中国月度进口同比增速为 37%,略有上升。从 3 个月移动平均走势来看,从中国月度进口同比增速略有上升。

(单位:百万美元)

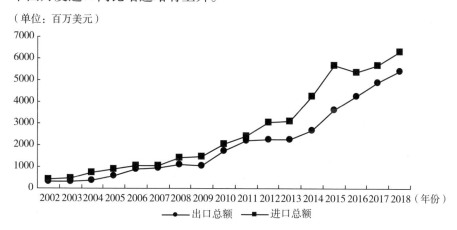

图 3-10 2002—2018 年老挝进出口总额

资料来源:Wind 数据库。

（五）外商直接投资

为了提振经济,老挝十分欢迎外商投资。外商对老挝的直接投资主要集中在万象和湄公河沿岸地区,其他地区基本没有投资,由此导致资本集中地区和其他地区严重的贫富差距。其中来自中国的投资在老挝的外商直接投资中占有重要地位,且在世界经济复苏缓慢的背景下逆势而上,逐年增加。截至2018年,老挝已成为中国在亚洲对外投资的第二大国家。2019年9月,欧盟和韩国先后提出后续对老挝的援助与投资。

从直接投资的领域来看,老挝吸引外商直接投资的领域主要集中在矿产开发和电力基础设施建设;此外,农业、服务业、手工制作业作为老挝主要的经济部门,也是吸引外商直接投资的重要部门,占外商直接投资额的30%。由图3-11可看出,2005年以来,老挝外商直接投资净流入呈波动性上升趋势。2017年老挝外商直接投资达到35.3亿美元,主要面向电力、燃气、通信及农林渔等行业。2015—2017年,老挝外商直接投资排名靠前的行业主要为批发、零售及住宿、餐饮等行业。投资来源国主要是中国、泰国及越南等国家及地区。

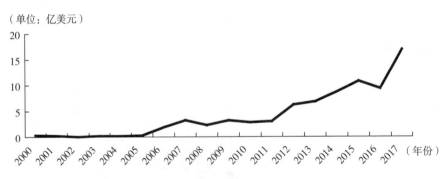

（单位：亿美元）

图3-11　2000—2017年老挝外商直接投资净流入

资料来源:Wind 数据库。

（六）国际收支

老挝经常项目收支长期逆差,特别是2017年,经常账户逆差达到了-22.77亿美元(见表3-8)。未来随着电力等出口增加,逆差将呈现收窄趋势。老挝主要出口产品为铜和咖啡,同时来自泰国的劳工侨汇收入规模较大;但其水电工程等投资品进口需求庞大,约占总进口的1/3,大量工业品同样依赖进口。由此,老挝经常项目长期处于巨幅逆差状态,2000—2018年经常项目平衡与GDP的比重年均高达18.1%,在全球范围内处于极高水平,国际收支平衡主要靠流入水电等行业的外资弥补。随着一批大型水电项目完工及并网发电,老挝对越南、泰国的电力出口将会显著上升,国际铜价回升也有助于其主要的出口商品——铜矿产品提升收入,老挝经常账户逆差状况有望改善,但为发展基础设施而持续进口的资本货物将阻止进口降幅出现明显改善,老挝经常项目赤字与GDP的比例仅实现小幅收窄。老挝国际总储备量(含黄金)处于较低水平,每年在10亿美元左右,2020年为13.98亿美元。随着老挝贸易逆差的持续存在,进口将持续消耗其外汇储备。而老挝的矿产出口因为国际市场需求减小而下降,老挝木材出口近年来被老挝政府暂停,这些主要创汇项目的疲弱,使老挝的外汇储备在一段时间内难以反弹增加。

表3-8 2014—2020年老挝国际收支情况 （单位:亿美元）

年份	2014	2015	2016	2017	2018	2019	2020
经常账户差额	—	-11.93	-12.34	-22.77	-11.78	-9.47	—
总储备(含黄金)	9.8	12.71	8.8	10.54	12.19	10.68	13.98

资料来源:Wind数据库。

总的来看,近年来老挝经济增长有所放缓,其中工业和农业贡献度有所下降,而服务业仍是其经济增长的主要驱动力。消费者价格指数有所上升,但物价总体可控。出口和相关制造业有所改善。中国民营企业的投资、电力出口及中老铁路建设,对老挝经济增长起到一定的支撑作用。

三、双边贸易往来

（一）双边货物贸易

对外经贸政策方面，老挝政府近年来致力于改善外国直接投资和国际贸易的市场环境和便利程度。相关部门陆续颁布《投资促进管理法》《关税法》《企业法》《进出口管理令》《进口关税统一与税率制度商品目录条例》等，旨在改善经贸环境，吸引外国直接投资。对外国投资的市场准入方面，2011 年颁布了《投资促进法实施条例》，2016 年本扬·沃拉吉在 2016 年进行了修订，旨在为投资者扩大特许权范围。

21 世纪以来中老双边贸易保持稳步增长，据中国海关统计，2017 年中老双边贸易额为 30.2 亿美元，同比增长 28.6%，增幅在东盟国家中位居第二。2017 年，老挝前三大进口来源地为泰国（59.1%）、中国（21.5%）和越南（9.8%）；前三大出口目的地为泰国（42.6%）、中国（28.7%）和越南（10.4%）。

2018 年，中国已成为老挝第一大出口国，还是仅次于泰国的第二大进口国，中老经济贸易依存度不断上升。2018 年中老双边贸易额 34.7 亿美元，增长 14.9%。其中，中方出口 14.5 亿美元，增长 2.5%，进口 20.2 亿美元，增长 25.8%。截至 2019 年 5 月，老挝对中国月度贸易顺差为 4000 万美元，有所扩大。

表 3-9　2013—2020 年中国—老挝双边贸易投资统计

年份	2013	2014	2015	2016	2017	2018	2019	2020
中国出口（亿美元）	17.2	18.4	12.3	9.9	14.3	14.5	17.6	14.9
出口增速（%）	84.4	6.8	-33.4	-19.5	44.5	20.2	21.4	-15.3
中国进口（亿美元）	10.1	17.8	15.5	13.6	15.9	20.2	21.6	20.9
进口增速（%）	28.4	76.0	-13	-12.1	17.0	25.5	6.9	-3.2
中国贸易顺差（亿美元）	7.1	0.6	-3.2	-3.7	-1.6	-5.7	-4.0	-6.0
中国对老挝直接投资（百万美元）	781.5	1026.9	517.2	327.6	1220.0	1241.8	1149.1	1454.3

资料来源：中国国家统计局、中国商务部。

表 3-10　2012—2020 年中老贸易统计　　　（单位:亿美元）

年份	贸易总额		中国出口		中国进口	
	金额	同比（%）	金额	同比（%）	金额	同比（%）
2012	17.3	32.8	9.4	96.8	7.9	-4.1
2013	27.4	59.3	17.2	84.2	10.3	29.8
2014	36.1	31.9	18.4	7.1	17.7	73.6
2015	27.8	-23.1	12.3	-33.4	15.5	12.4
2016	23.4	-15.7	9.9	-19.6	13.5	-12.6
2017	30.2	28.6	14.3	44.5	15.9	17.0
2018	34.7	14.9	14.5	2.5	20.2	25.8
2019	39.2	13.0	17.6	21.4	21.6	6.9
2020	35.8	-8.7	14.9	-15.3	20.9	-3.2

资料来源:中国海关。

（单位：万美元）

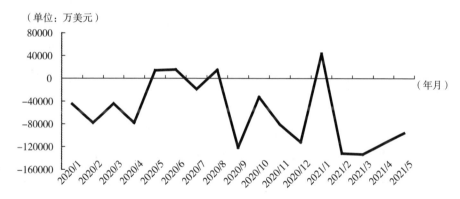

图 3-12　2020 年 1 月—2021 年 5 月老挝对中国月度贸易差额

资料来源:中国海关。

　　云南省是中国对老挝主要贸易省份,滇老贸易额约占中国对老挝贸易额的 30%,但是,老挝并不是云南省最主要贸易伙伴国,尽管滇老在地理位置上直接接壤,云南省对老挝的进出口总量和增幅都不突出。2015—2018 年,云南省对老挝的贸易额分别为 8.82 亿美元、7.23 亿美元、10.1 亿美元和 10.6 亿美元。且增减幅度波动较大,比如,2015 年贸易额同比下降 35.8%,其中,出口额同比下降 64.9%;2016 年出口额同比下降 33.8%;2017 年贸易额同比增长 15.91%。2019 年 1—9 月,滇老贸易额为 8.53 亿美元,同比增长 22.9%。云南省对老挝贸易额占云南省对中国周边七国贸易总额的 5.5%,位列第五。

(二)中国对老挝的劳务输出

据中国商务部统计,2017 年中国企业在老挝新签承包工程合同 159 份,新签合同额 52.11 亿美元,完成营业额 42.29 亿美元;累计派出各类劳务人员 16728 人,年末在老挝劳务人员 19787 人。新签大型工程承包项目包括中国中铁股份有限公司承建的中老铁路磨丁至万象项目;中国机械设备工程股份有限公司承建的老挝南纳恩输变电项目;中国建筑股份有限公司实施的老挝琅勃拉邦海螺水泥项目;中国水利水电十局与中电建十五局联营体承建的老挝东萨宏水电站项目;中国电建成都勘测设计院有限公司以工程总承包(Engineering Procurement Construction,EPC)方式总承包的老挝南普水电站项目;中国航空技术国际控股有限公司以工程总承包方式总承包的老挝 NamDik 一期水电站项目等。截至 2019 年 7 月,中国对老挝工程承包新签合同额达 16.1 亿美元,同比增长 176.8%,增幅位居东盟国家第二。中国对老挝各类劳务人员输出达 26030 人,位于东盟国家第二,全球第七。其中工程承包项下人数达 23319 人,劳务合作项下人数达 2711 人。

表 3-11 2008—2020 年中国对老挝承包劳务情况

年份	承包工程金额 (万美元)	对外承包工程 派出人数(人)	对外劳务合同 派出人数(人)
2008	22530	—	—
2009	41294	—	—
2010	57310	—	—
2011	98918	6531	165
2012	190523	9109	988
2013	196887	11203	313

续表

年份	承包工程金额 （万美元）	对外承包工程 派出人数（人）	对外劳务合同 派出人数（人）
2014	232773	11570	147
2015	321606	11815	459
2016	294729	8747	836
2017	422894	15957	771
2018	526468	15128	592
2019	520725	14512	418
2020	382892	8455	177

资料来源：《中国统计年鉴》，中国商务部。

第三节　缅甸的经贸发展与中缅双边经贸往来

一、国情概况

缅甸联邦共和国，位于亚洲东南部、中南半岛西部，其北部和东北部同中国西藏自治区和云南省接界，东部与老挝和泰国毗邻，西部与印度、孟加拉国接壤。国土面积约 67.85 万平方公里，人口约 5141.9 万。自然条件优越，资源丰富，森林覆盖率约为 50%，是世界上柚木产量最大的国家。全球 95% 的翡翠、树化玉产自缅甸，在世界上享有盛誉。但由于连年内战，加之长期实行军事独裁统治，受到西方国家制裁，缅甸工农业发展缓慢，经济基础极为薄弱。1987 年 12 月被联合国列为世界上最不发达国家之一。

缅甸是一个历史悠久的文明古国，1044 年形成统一国家后，经历了蒲甘、东吁和贡榜三个封建王朝。1824 年至 1948 年一个多世纪时间里缅甸长期作为英国殖民地。直至 1948 年 1 月 4 日缅甸宣布独立，成立缅甸联邦。1962 年至 2010 年的近 50 年间，缅甸均由军事独裁政权控制。2010 年举行多党制全国大选，联邦巩固与发展党赢得大选，缅甸开始步入宪政时期。

2011年以来,缅甸政府积极融入国际社会,在进行民主改革的同时,大力推进经济发展。缅甸开始进入经济快速增长期。2012—2015年的GDP年平均增长率达到7.5%,主要得益于政府在基础设施上的投资、制造业的快速发展和旅游业的异军突起。同时,由于政府进一步加快民主化,美国、欧盟和日本对其的制裁措施逐步减少。缅甸长期政治前景存在不确定性,民主改革停滞或倒退的可能性依然存在。首先,民族问题十分突出,多个民族对联邦政府都有严重的分离主义倾向,政府和民族地方武装组织的全面停火协议尚未达成,和平之路艰难漫长。其次,军方政治影响力仍在议会中继续保持,执政党受限于军方的格局短期内难以改变。

缅甸和西方国家的关系从1948年缅甸独立至今,微妙多变。1988年军政府上台后,欧美国家以缅甸人权状况和民主进程为由对缅甸实施经济制裁和贸易禁运等多项限制。自2008年时任美国总统奥巴马提出重返亚太战略以来,缅甸积极融入东盟,美国和缅甸的关系得到明显改善,高层接触频繁,逐步解除了多项对缅甸的制裁。2011年缅甸从军政向宪政转型后,欧盟为缅甸提供了大量援助,促进缅甸政治经济改革发展。同期中缅合作面临西方较大竞争压力,中国在缅甸计划投资的密松电站、莱比塘铜矿、皎漂港建设等多个大型项目纷纷受挫。2016年民盟上台执政,昂山素季领导的民盟受到西方长期支持,政治理念与西方相似,昂山素季访问美国、日本、印度、英国等国家,加强合作,争取援助和投资,维持与大国的外交平衡,希望通过拓展与其他大国合作来平衡中国影响力,体现了对中国既合作又提防的纠结心态。

2011年中缅建立全面战略合作伙伴关系,各领域友好交流与合作持续加强。缅甸支持并积极参与"一带一路"倡议,也是孟中印缅经济走廊、澜沧江—湄公河合作等区域合作机制的重要成员,还是中国—东盟互联互通的重要参与国。中缅两国在基础设施建设、农业、电力、矿业和旅游业等领域具有较好的互补性和合作前景。2017年中国政府表示愿与缅甸共同探讨建设北起中国云南省,经中缅边境南下至曼德勒,然后再分别向东西延伸到仰光新城和皎漂经济特区的"人"字型中缅经济走廊。缅甸政府对此作出积极回应,表示中缅经济走廊的倡议与缅甸国家发展规划有很多契合之处。希望通过共建解决缅甸面临的交通、电力落后问题。

二、宏观经济态势

(一)经济增长

第二次世界大战前后的缅甸,是亚洲地区最富裕的国家之一,但是其后几十年里无休止的内战以及长期的军事管制导致缅甸经济停滞不前,被联合国列为全球最不发达的国家之一。现在的缅甸是东南亚地区最贫穷的国家,2017 年人均 GDP 在东南亚各国排名最低。2012 年缅甸政治转型进程启动后,经济也渐入自由化轨道,随着西方解除对缅甸的经济制裁,以及缅甸离岸天然气田的发现及开采,大量外资涌入,缅甸经济持续快速增长。如表 3-12 所示,2012/13 财年(2012 年 4 月—2013 年 3 月)至 2018/19 财年(2018 年 4 月—2019 年 3 月),缅甸的名义 GDP、实际 GDP 和人均 GDP 都逐年增加,名义 GDP 由 2012/13 财年的 512592.6 亿缅币增加到 2020/21 财年的 1088524.6 亿缅币,实际 GDP 由 2012/13 财年的 450806.6 亿缅币增加到 2020/21 财年的 815993 亿缅币。

2012/13 财年至 2013/14 财年,GDP 增长率由 7.3%增加到 8.4%,但 2013/14 财年以后,GDP 增长率逐年下降,由 2013/14 财年的 8.4%下降到 2016/17 财年的 5.9%。2016/17 财年因为农业收成不佳,以及投资者对新民选政府政策不确定性的观望导致经济增长率为 5.9%。2017/18 财年,缅甸 GDP 增长率为 6.8%,较 2017 年有所上升。需求侧方面,消费和投资增速均有不同程度的上升,净出口有所下降。在供给侧方面,服务业和工业仍然是拉动 GDP 增速的主要因素,农业、渔业和林业贡献度较上年也有所增加。农业中的农作物及畜牧业和渔业增速均有所上升,其中农作物增速由负转正。工业中除建筑业增速有所下降外,采矿业以及制造业增速略有上升。贸易、交通运输及租赁和其他服务增速均略有上升。2019 年以来受新冠肺炎疫情影响,缅甸经济增长速度显著下滑。缅甸政府致力于经济自由化改革,修订了经济发展战略,尽可能减少国有企业数量,鼓励发展私营经济。缅甸设立的一批经济特区将克服其营商环境不足,发挥低人力成本优势,吸引海外制造业进驻,经济增速有望进一步提升。

表 3-12　2012—2021 年缅甸经济增长数据

年份	名义 GDP (亿缅币)	实际 GDP (亿缅币)	增长率(%)
2012—2013	512592. 6	450806. 6	7. 3
2013—2014	580116. 3	488791. 6	8. 4
2014—2015	652618. 9	527850. 5	8. 0
2015—2016	727140. 2	564762. 3	7. 0
2016—2017	797209. 0	598038. 0	5. 9
2017—2018	912825. 9	638953. 1	6. 8
2018—2019	1040100. 0	677900. 0	6. 2
2019—2020	1140910. 3	906578. 8	1. 7
2020—2021	1088524. 6	815993. 0	−10. 0

资料来源:缅甸计划与财政部下属中央统计局。

　　2000—2007 年,缅甸的人均 GDP 增速均在 10%以上(包括不变价人均 GDP)。2008 年之后人均 GDP 增速下降,但仍然保持较高的水平,2017 年增速为 5.4%。调整后的人均净国民收入从 2000 年的 188 美元增加到 2018 年的 1279 美元(见图 3-13)。目前缅甸仍属低收入发展中国家,发展基础薄弱,市场制度不健全,高通货膨胀、高财政赤字等宏观经济失衡现象突出,中期内其宏观经济实力仍将处于偏低状态。在 2018 年,虽然缅甸具有 6.8%的 GDP 增长率,但其 CPI 增速达到了 6.9%。在未来几年,缅甸将保持高增长率和高通胀率并存的局面。

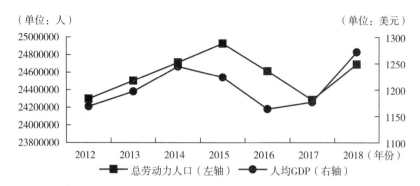

图 3-13 2012—2018 年缅甸人均 GDP 变化情况

资料来源：Wind 数据库。

（二）失业率

缅甸的失业率处于一个较低的水平，2014—2017 年稳定在 0.78% 左右，但 2018 年缅甸失业率较往年有所提高，上升到 1.56%（见图 3-14）。根据国际货币基金组织预测，缅甸人口 2019 年为 5300 万人，2024 年将持续增长到 5470 万人，人口增速分别为 0.4% 和 0.5%。

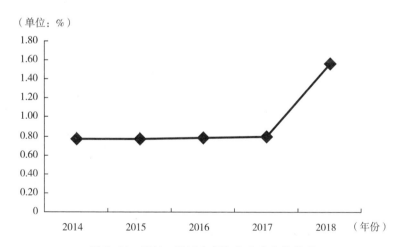

图 3-14 2014—2018 年缅甸失业率变化情况

资料来源：缅甸计划与财政部下属中央统计局。

（三）物价水平

由图3-15可看出，缅甸的物价水平呈波动性变化，受2008年国际金融危机的影响，2008年缅甸的CPI同比增速急剧下降。政府通过货币政策等手段的调整，2009年CPI同比增速开始回升。缅甸过去十年对石油等商品进口高度依赖，带来高通胀，2015年年均通胀达到10%。2016年缅甸通货膨胀率为6.8%，2017年为5.19%，国际货币基金组织预测2019—2022年缅甸通货膨胀率将在5.5%—6.2%。尽管缅甸经济不断发展，工资水平有所提高，但是2017年和2018年的通货膨胀率明显高于东南亚地区3.1%的平均水平。

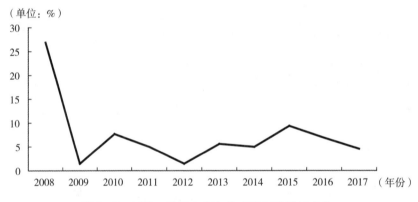

（单位：%）

图3-15　2008—2017年缅甸的CPI同比增速变化

资料来源：缅甸计划与财政部下属中央统计局。

2019年6月，缅甸整体CPI以及核心CPI同比增速分别为9.5%和6.3%，均略有下降，但仍处于2017年中期以来较高水平。食品和非酒精饮料的CPI同比增速为11.6%，较上月有所上升；非食品项同比增速为6.0%，较上月有所下降。2019年6月，缅甸消费者物价指数"篮子"中，通信、服装和鞋类价格同比增速分别为8.8%和10.0%，较5月有所上涨；住房、水电燃料及医疗保健价格同比增速分别为8.3%和4.6%，均有不同程度的上升；家具、家用设备及维修价格同比增速为6.1%，略有下降；教育价格同比增速为4.2%，继续下降；交通运输、休闲和文化价格同比增速分别为 4.1% 和 5.2%,较 5 月均有不同程度的下降;餐厅和酒店价格同比增速基本稳定在 12.9%。

(四)进出口贸易

由图 3-16 可知,2000—2018 年,缅甸的进口额和出口额总体上逐年增加。自 2012 年以来,缅甸的进口额大于出口额,这说明近年来缅甸一直处于贸易逆差状态。中国是缅甸第一大贸易伙伴,缅甸主要向中国出口海产品、农产品和林产品,从中国进口机械设备、个人用品、电子仪器等。

（单位：百万美元）

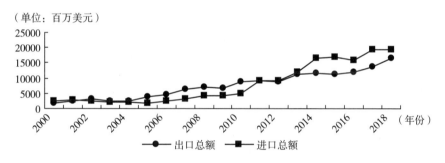

图 3-16　2000—2018 年缅甸进出口贸易情况

资料来源:Wind 数据库。

2019 年 5 月,缅甸月度出口同比增速降至零值;月度进口同比增速由负转正,为 3%。对中国月度出口同比萎缩 3%;从中国月度进口同比增速由负转正,为 11%。2019 年 5 月,月度贸易逆差为 5.20 亿美元,明显扩大。从 3 个月移动平均走势看,月度贸易逆差较前值有所扩大。对发达经济体月度贸易逆差为 1.30 亿美元,明显扩大;对新兴和发展中经济体月度贸易逆差为 3.90 亿美元,有所扩大。

(五)外商直接投资

在外商直接投资方面,由于 1988 年缅甸军政府上台后西方一直对军政府实行政治高压和经济制裁,缅甸属于较为封闭的国家,但国内某些产

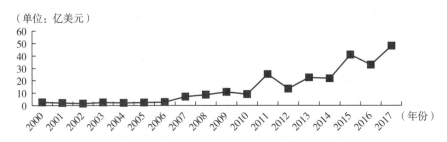

（单位：亿美元）

图3-17　2000—2017年缅甸外商直接投资情况

资料来源：Wind数据库。

业（如玉石等）对外商投资依赖较大。2010年后，随着缅甸民主化的系列举动，美国政府率先提出了对缅的"务实接触"政策，缅甸进一步成为全球贸易和投资的热土。2018年缅甸约80%的外商直接投资总额集中于油气、电力、矿产等资源性行业。尽管解决缅甸国内针对少数民族的武装力量仍需要一些时间，但仰光、曼德勒等主要商业中心会变得更加安全，鼓励了外资对缅甸的进一步投入。由图3-17可以看出，2000—2006年，缅甸的外商直接投资净流入量处于一个比较稳定的低水平状态，但2010年之后，外商直接投资净流入量出现大幅度增加。2019年2月，缅甸外商投资总额为4.5亿美元，其中新加坡投资最多，为1.5亿美元；其次是中国香港，为1.0亿美元。

（六）国际收支

在国际收支方面，如表3-13所示，2014—2017年，缅甸经常账户均为逆差，2017年经常账户逆差由2016年的-17.61亿美元扩大到2017年的-45.04亿美元。缅甸大规模经常项目逆差状态中期内难以收窄。2012年以来伴随外资大量涌入缅甸基础设施等行业，机械设备进口需求大幅扩张，缅甸经常项目逆差水平显著扩大。2018年该指标为7.2%，较2012年扩大约5.1个百分点，主要受商品贸易逆差增加所致。2019—2022年，预计缅甸经常项目逆差水平将逐步扩大至7.9%左右，主要是由于外商投资的基础设施项目推动了对进口机械设备、原材料的需求，预期天然气出口收入和旅游业收入增长不足以抵消以上进口开支的扩大,国际收支平衡将主要依靠外商直接投资和外援流入弥补。

多年军政府统治且孤立于全球市场,缅甸尚未获得标普、惠誉和穆迪等国际机构的信用评级。军政府统治时期,缅甸与国际资本市场完全隔绝。新政府上台后,缅甸中央银行在2015年7月与花旗银行和渣打银行签署主权信用评级咨询授权协议。一旦获得信用级别,缅甸就可向国际投资者出售债券,缓解经常账户赤字。但是截至2018年8月,标普、惠誉和穆迪等金融机构均未对缅甸进行信用评级。2018年第四季度,缅甸经常账户逆差占GDP的比重为0.8%,较第三季度有所减少。金融账户顺差占GDP的比重为0.7%,较第三季度由逆差转为顺差。经常账户中,货物逆差占GDP比重较第三季度略有减少,服务业顺差较第三季度有所上升。服务业整体顺差占GDP比重有所上升,主要归因于旅游和制造服务顺差的增加以及交通运输逆差的减少。主要收入逆差占GDP比重较第三季度有所减少,主要归因于投资收益逆差的减少。金融账户顺差主要归因于直接投资逆差的减少和官方储备资产的增加。总储备量(含黄金)处于较低水平,每年在50亿美元左右。2019年3月,官方外汇储备为54.1亿美元,较2月略有减少;官方外汇储备相当于3.5个进口月数,较2月略有上升。2020年官方外汇储备增加到76.70亿美元。

表3-13 2014—2020年缅甸国际收支情况   (单位:亿美元)

年份	2014	2015	2016	2017	2018	2019	2020
经常账户差额	−21.29	−28.38	−17.61	−45.04	25.61	0.68	—
总储备(含黄金)	45.09	45.99	48.86	52.14	56.46	58.24	76.70

资料来源:Wind数据库。

总的来看,当前缅甸经济保持平稳增长,服务业和工业仍是主要的经济增长动力。2019年6月的CPI同比增速有所回落,在央行的货币政策作用下通胀的上升空间有限。近期缅甸贸易逆差有所扩大,吸引外商投资力度也有待提高。

三、双边贸易往来

（一）双边货物贸易

缅甸的主要贸易伙伴为亚洲国家和地区,与邻国的贸易占缅甸外贸总额的 90%。缅甸中央统计局数据显示,中国为缅甸第一大贸易伙伴、第一大出口市场和第一大进口来源地。据中国商务部统计,2016/17 财年缅中双边贸易额为 108 亿美元,2017/18 财年为 117.8 亿美元,2018/19 财年前 4 个月,缅甸对华贸易总额为 37.4 亿美元,其中对华出口 16 亿美元,进口 21.3 亿美元。中国对缅甸主要出口成套设备和机电产品、纺织品、摩托车配件和化工产品等,从缅甸主要进口原木、锯材、农产品和矿产品等。

表 3-14　2013—2020 年中国—缅甸双边贸易投资

年份	2013	2014	2015	2016	2017	2018	2019	2020
中国出口（亿美元）	73.4	93.7	96.5	81.9	90.1	105.5	123.1	125.5
出口增速（%）	29.3	27.6	3.0	-15.2	10.0	17.9	16.7	1.9
中国进口（亿美元）	28.6	156.0	54.5	41.0	45.3	46.8	63.9	63.5
进口增速（%）	120.1	446.1	-65.1	-24.8	10.5	3.3	36.5	-0.6
中国贸易顺差（亿美元）	44.8	-62.3	42.0	40.9	44.8	58.7	59.2	62.0
中国对缅甸直接投资（百万美元）	475.3	343.1	331.7	287.7	—	-197.2	-41.9	250.8

资料来源:中国国家统计局、中国商务部。

缅甸是云南省最大贸易伙伴国,2015—2018 年滇缅贸易额持续保持增长势头,分别为 58.42 亿美元、60.64 亿美元、63.11 亿美元和 65.9 亿美元。2019 年 1—6 月,滇缅贸易额达 41.64 亿美元,同比增长 11.08%,占云南省对中国周边七国贸易总额的 38.4%,位列第一。

（二）中国对缅甸的劳务输出

中国在缅甸劳务人员多为承包工程和境外投资所带动的劳务输出以及中资企业长期派驻缅甸合作企业的管理和技术人员。据中国商务部统计,2017 年中国企业在缅甸新签承包工程合同 142 份,新签合同额 19.89亿美元,完成营业额 16.14 亿美元;累计派出各类劳务人员 2343 人,年末在缅甸劳务人员 4682 人。在缅甸进行投资合作的中资企业主要有:中石油东南亚管道公司(中缅油气管道项目)、中石化(缅甸油气区块勘探项目)、中国电力投资公司(伊江上游水电开发项目)、大唐(云南)水电联合开发有限公司(太平江一期、育瓦迪水电开发项目)、云南省联合电力(瑞丽江一级水电开发项目)、汉能集团(滚弄电站项目)、长江三峡集团(孟东水电项目)、中国水电建设集团(哈吉水电站项目、勐瓦水电站承包工程项目)、中色镍业(达贡山镍矿项目)、北方工业(蒙育瓦铜矿项目)、中国机械进出口总公司(缅甸车头车厢厂承包工程项目)、中工国际(孟邦轮胎厂改造项目、浮法玻璃项目、桥梁项目、承包工程项目)、葛洲坝集团(其培电站、板其公路承包工程项目)、云南省能源投资集团联合外经(仰光达吉达 106MW 天然气联合循环电站)、中国港湾(木姐—提坚—曼德勒高速公路、内比都—皎漂高速公路)、中国交通建设集团(仰光新城开发)、泰豪国际(皎色 135MW 燃气电站)、云南省投资建设集团(仰光新会展中心)、中国冶金科工集团有限公司承建缅甸亚太水沟谷经济特区项目(一期);中国电建集团昆明勘测设计研究院有限公司承建缅甸曼德勒中心车站 EPC 合同等。

表 3-15　2008—2020 年中国对缅甸承包劳务情况

年份	承包工程金额 （万美元）	对外承包工程 派出人数（人）	对外劳务合同 派出人数（人）
2008	68278	—	—
2009	83030	—	—
2010	133316		

续表

年份	承包工程金额 （万美元）	对外承包工程 派出人数（人）	对外劳务合同 派出人数（人）
2011	144684	6612	436
2012	219811	7290	177
2013	126126	2373	502
2014	81856	2988	635
2015	189471	4131	485
2016	191713	3639	765
2017	161406	2143	200
2018	116942	2093	144
2019	186295	3674	387
2020	186185	744	42

资料来源：中国商务部。

第四节　柬埔寨的经贸发展与中柬双边经贸往来

一、国情概况

柬埔寨王国,旧称高棉,位于中南半岛,西部及西北部与泰国接壤,东北部与老挝交界,东部及东南部与越南毗邻。面积约 18 万平方公里。人口约 1500 万,高棉族占总人口的 80%。华人华侨约 100 万。柬埔寨自然资源丰富,中部为广阔而富庶的平原,占全国面积 3/4 以上,是世界主要稻米出产国。森林覆盖率 61.4%。金、铜、铁、锌、铅、蓝宝石、红宝石等多种矿产资源储量丰富。特别是近年来,柬埔寨接连发现储量可观的矿藏。公元 1 世纪建立了扶南王国,5 世纪末到 6 世纪初因统治者内部纷争,扶南王国开始衰落,于 7 世纪初被真腊所兼并。16 世纪末叶,真腊改称柬埔寨。此后,柬埔寨处于完全衰落时期,先后沦为法国和日本的殖民地。经过国内人民的长期斗争,柬埔寨于 1953 年 11 月 9 日宣布独立。但在 20 世纪 70 年代至 90 年代初一直内战不断,1993 年 11 月 2 日,柬埔寨王国政府正式成立。国家实行君主立宪制、多党制和自由市场经济,立法、行政、司法三权分立。现任首相洪森领导的执政党人民党为主要政党。人民党主张对内维护政局稳定,致力于经济发展和脱贫,建立民主法治国家。对外奉行独立和平、中立和不结盟政策,支持建立国际政治经济新秩序,主张加强南南合作、缩小贫富差距及加强区域合作,维护地区和平与繁荣。

俄埔寨政治及社会仍存在不稳定因素。经济结构转型、腐败问题、民众收入水平的提高、环境污染、社会治安以及领土安全等都是考验人民党执政能力的重大问题。

1999 年俄埔寨加入东盟,2001 年开始市场经济体制改革,2004 年俄埔寨加入世贸组织。国家实行高度自由、对外开放的自由市场经济政策,力推民营化与贸易自由化。

农业和旅游业是两大支柱产业。俄埔寨农业发展优势突出,是全球第 5 大稻米生产国,有着土地资源丰富、自然灾害少、劳动力成本低等多项有利条件。人均耕地面积 6 亩多(世界人均耕地面积 4 亩,中国人均耕地面积 1.2 亩),可利用耕地约 670 万公顷,耕种率不足 40%,尚有 400 万公顷有待开发。但是,俄埔寨农业发展也面临着技术落后、基础设施严重不足、产品附加值不高等突出问题。旅游业占 GDP 的比重超过 10%,由旅游业带动的相关产业对 GDP 贡献率近 40%,是亚洲地区旅游业占 GDP 比重最高的国家之一。

中俄两国有着悠久的传统友谊,双方高层交往不断。1958 年 7 月 19日两国正式建交。长期以来,中国几代领导人与前国王西哈努克建立了深厚友谊,为两国关系的长期稳定发展奠定了坚实基础。2010 年 12 月,洪森首相访华,两国宣布建立全面战略合作伙伴关系。两国在政党、议会、军事、文化、教育等领域交往与合作密切。双方已签署《中俄文化合作协定》《中俄互免持外交、公务护照人员签证协定》以及文物保护、旅游、警务、体育、农业、水利、建设、国土资源管理等领域的合作谅解备忘录。

中俄经贸往来密切。中国是俄埔寨的第一大贸易伙伴国和最大外资来源国。双方共同推动"一带一路"框架下的深化合作,这既能推动中国—中南半岛经济走廊的建设,也为"21世纪海上丝绸之路"向印度洋、南太平洋方向延伸提供了重要支撑。同时,柬埔寨在基础设施建设等多个领域的发展"短板"恰好与"一带一路"机遇相契合,两国在农田水利、交通通信、能源运输以及产业转型升级等领域具有广泛合作空间。

二、宏观经济态势

(一)经济增长

柬埔寨经济增速较高,是近年来亚洲发展中国家经济增速最快的国家之一。柬埔寨经济的快速增长主要得益于制衣制鞋业出口、房地产建筑业、服务业和农业的增长以及政府支出的增加。由表3-16可知,2012—2018年柬埔寨GDP总量一直呈递增趋势,由2012年的141亿美元增加到2018年的246亿美元,6年GDP总量增加105亿美元。特别是2017—2018年增幅最大,1年增加了24亿美元;2012—2018年的人均GDP也逐年增加,由2012年的950.9美元增加到2018年的1512.1美元,平均每年增加93.5美元。尽管如此,柬埔寨仍处于相对贫困水平,2018年人均GDP为1512.1美元,远低于世界银行当年发布的中等偏下收入国家标准(3895美元),未来发展前景可期。2012—2018年,柬埔寨每年的GDP增长率都超过7%,连续保持快速发展。2018年柬埔寨GDP增速约为7.52%,较2017年增加0.5个百分点。需求侧方面,净出口增速再次呈现正增长,而消费和投资增速略有下降。按需求侧计算,2017年度GDP增速,消费、投资和出口增速均小幅下降。从供给侧来看,2017年度GDP增速中,农业、渔业和林业增速小幅上升、工业增速小幅下降,服务业增速保持平稳。

表3-16　2012—2020年柬埔寨经济增长数据

年份	GDP(亿美元)	人均GDP(美元)	增长率(%)
2012	141	950.9	7.31

续表

年份	GDP（亿美元）	人均 GDP（美元）	增长率（%）
2013	152	1013.4	7.36
2014	167	1093.5	7.14
2015	180	1162.9	7.04
2016	200	1269.6	7.03
2017	222	1385.3	7.02
2018	246	1512.1	7.52
2019	271	1643.1	7.05
2020	253	1512.7	-3.14

资料来源：Wind 数据库。

（二）失业率

柬埔寨的失业率总体偏低,2014—2017 年维持在 0.20% 左右。2013 年失业率最高,为 0.30%,2014 年和 2015 年失业率最低,为 0.18%,2017 年为 0.22%,2019 年的失业率最高,为 0.68%,但仍低于 1%（见图 3-18）。较低的失业率为柬埔寨经济增长提供了保障。

（单位：%）

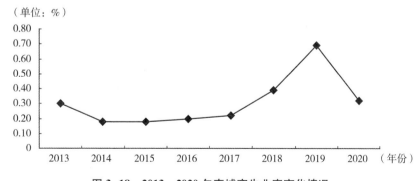

图 3-18　2013—2020 年柬埔寨失业率变化情况

资料来源：Wind 数据库。

（三）物价水平

柬埔寨的通货膨胀温和可控,未来继续保持低位运行。由图 3-19 可看出,2009—2017 年,柬埔寨的 CPI 同比增速比较稳定,物价水平较低。2013—2017 年,柬埔寨通货膨胀率保持在 1.0%—6.0% 区间,最高为 2011 年的 5.5%,平均通胀率为 3.3%,处于中等水平,相对温和。由于食品价格小幅上涨,2018 年上半年通货膨胀率平均为 2.4%,低于 2017 年同期的 3.4%,2018 年 10 月,柬埔寨整体 CPI 以及核心 CPI 同比增速均上升。2019 年 2 月,柬埔寨消费者物价指数月度同比增速贡献较大的是食品和非酒精饮料以及其他。

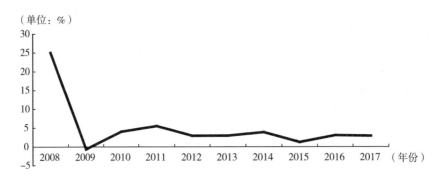

图 3-19　2008—2017 年柬埔寨的 CPI 同比增速变化

资料来源:Wind 数据库。

（四）进出口贸易

2000—2018 年,柬埔寨出口总额逐年有所增长,主要得益于成农业、农业和工业产品,出口市场已增至 147 个国家。柬埔寨的进口则较出口更多,近年来呈现贸易逆差(见图 3-20)。2018 年,柬埔寨进出口总额达 249.85 亿美元,其中出口额 112.14 亿美元,进口额 137.71 亿美元,贸易逆差 25.57 亿美元,比 2017 年的 22.42 亿美元同比增长 4.05%。2019 年 2 月,柬埔寨月度贸易顺差为 0.516 亿美元。柬埔寨月度出口增速为 9%,较 1 月略微下降。月度进口增速为-25%,较 1 月快速下降。

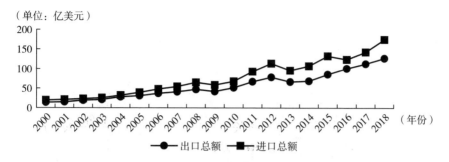

图 3-20　2000—2018 年柬埔寨进出口贸易情况

资料来源：Wind 数据库。

2019 年前五个月商品出口同比增长 14%，这主要是由于服装业和旅游业的强劲需求，特别是来自美国。在服装业适度回升以及其他商品（如自行车）出口量增加的带动下，出口会继续增长。此外，进口的增长继续超过出口的增长，从而导致较大的商品贸易失衡。

（五）外商直接投资

柬埔寨快速增长的经济吸引了外商直接投资。由图 3-21 可以看出，2000—2018 年，柬埔寨的外商直接投资净流入量逐年增加，特别是2009 年以后，每年的外商直接投资净流入量大幅度增加。2011 年以来，中国一直是柬埔寨最大外资来源国。据柬埔寨发展理事会（Council for the Development of Cambodian，CDC）公布的数据显示，2017 年，中国对柬埔寨投资额达到了 14.31 亿美元，排名第一，投资多是水力发电及休闲地开发等大型项目。在中国的援建之下，柬埔寨的公共设施建设得到了快速发展，居民生活质量得到了很大改善。

（六）国际收支

在国际收支方面，如表 3-17 所示，2013—2016 年，柬埔寨经常账户均为逆差。2016 年经常账户逆差相比 2015 年的−16.92 亿美元扩大到−17.75亿美元。总储备量（含黄金）处于较低水平，但逐年增加。2020 年达到

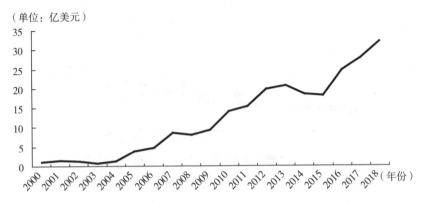

（单位：亿美元）

图 3-21 2000—2018 年柬埔寨外商直接投资净流入量

资料来源：Wind 数据库。

213. 28 亿美元。宏观经济稳定,外汇储备稳步增长,未来仍具备较大经济发展和改善空间。据亚洲开发银行报告显示,2018 年上半年,由于外商直接投资的强劲流入,柬埔寨整体支付余额保持盈余,外汇储备增加。由于国外游客的到来,特别是来自中国游客的增加,服务账户的盈余将不断增加。但服务账户盈余的预期扩大将不足以抵消贸易账户的短缺,预计在2019—2023 年度,经常账户赤字将平均相当于 GDP 的 10.6%。

表 3-17　2013—2020 年柬埔寨国际收支情况　（单位：亿美元）

年份	2013	2014	2015	2016	2017	2018	2019	2020
经常账户差额	-19.84	-16.40	-16.92	-17.75	-18.07	-28.96	-40.65	-30.76
总储备（含黄金）	49.98	61.08	73.07	88.52	117.80	146.31	187.71	213.28

资料来源：Wind 数据库。

　　总的来看,柬埔寨经济、就业相对稳定,在 2018 年全球经济增速减缓的大环境下 GDP 增速创 5 年来新高,展示出较强的经济增长动力。受中美贸易摩擦影响,估计中国等向柬埔寨转移的产业有加速趋势,在一定程度上为柬埔寨的经济发展带来了新的契机。2019 年以来,柬埔寨向中国出口的农产品及橡胶等经济作物增长强劲,柬埔寨经济将继续保持强劲的增长势头。

三、双边贸易往来

（一）双边货物贸易

柬埔寨自成为东盟成员和加入 WTO 后,经济发展较快,进出口贸易连年增长。根据柬埔寨商业部统计,柬埔寨主要出口市场为美国、英国、德国、日本、加拿大等;主要进口来源地为中国、泰国、越南等。中柬两国自 1958 年 7 月建交以来,双边经贸关系持续发展,尤其是 1993 年柬埔寨王国政府成立后,两国经贸合作关系得到全面恢复和发展。1996 年 7 月,两国政府签署了《中柬贸易协定》及《中华人民共和国政府和柬埔寨王国政府关于促进和保护投资协定》。中国自 2016 年以来一直是柬埔寨最大的贸易伙伴。自 1958 年 7 月 19 日正式建交以来,中柬双边贸易逐步扩大。2016 年,中国是柬埔寨大米的最大进口国。在 2016 年柬埔寨大米出口遇挫、农民生活水平受到威胁的情况下,中国积极增加柬埔寨大米进口,缓解了其农业领域的燃眉之急。中国也是柬埔寨最大的客源国,2018—2020 年,到柬埔寨旅游的国际游客中,中国游客排名第一。柬埔寨旅游部发布报告称,2017 年共有约 120 万名中国游客赴柬旅游,占外国游客总数的 21%,同比大幅增长 46%,首次超过越南,成为柬埔寨第一大游客来源国。截至 2019 年,柬埔寨已建设一系列由中国支持的基础设施项目,并将在 2019—2023 年继续刺激资本和中间产品进口需求。

近年来,中柬双边贸易呈持续增长态势。2017 年中柬双边贸易额 57.91 亿美元,增长 21.7%。其中,中国对柬出口 47.8 亿美元,增长 21.7%;自柬进口 10.1 亿美元,增长 21.3%。

表 3-18　2013—2020 年中国—柬埔寨双边贸易投资

年份	2013	2014	2015	2016	2017	2018	2019	2020
中国出口（亿美元）	34.1	32.7	37.6	39.3	47.8	60.1	79.8	80.5
出口增速（%）	25.9	-4.0	14.9	4.4	21.7	25.7	32.8	0.9
中国进口（亿美元）	3.6	4.8	6.7	8.3	10.1	13.8	14.4	15.0
进口增速（%）	68.9	32.8	38.0	24.6	21.3	36.6	4.3	4.2

续表

年份	2013	2014	2015	2016	2017	2018	2019	2020
中国贸易顺差(亿美元)	30.5	27.9	31.0	31.0	37.8	46.3	65.4	65.5
中国对柬埔寨直接投资(百万美元)	499.3	438.3	419.7	625.7	744.2	778.3	746.3	956.4

资料来源:中国国家统计局、中国商务部。

云南省对柬埔寨贸易量较小,且年度波动较大。2015年为0.75亿美元,同比增长433.6%;2016年为0.50亿美元,同比下降33.1%;2017年为0.61亿美元,同比增长23%;2018年为0.42亿美元,同比下降30.8%。2019年1—6月云南省对柬埔寨贸易额为0.1958亿美元,同比下降28%,占云南省对中国周边七国贸易总额的0.2%,位列第六。云南省出口柬埔寨的商品主要为各类钢铁型材、变压器、水轮机、润滑油等机电产品,也包括少量莴苣、西蓝花、菠菜、辣椒等蔬菜以及鲜切花等。

(二)中国对柬埔寨的劳务输出

据中国商务部统计,2020年中国企业在柬埔寨新签合同额66.22亿美元,完成营业额34.88亿美元;2017年累计派出各类劳务人员2604人,年末在柬埔寨劳务人员5877人。新签大型工程承包项目包括神州长城国际工程有限公司承建柬埔寨每年500万吨炼油厂项目一期工程总承包项目;上海建工集团股份有限公司承建金边三环公路项目;中国重型机械有限公司承建柬埔寨国家电网230kV输变电二期项目等。中国企业在柬实施的承包工程涉及柬埔寨社会各领域,对柬埔寨经济建设和发展发挥积极的推动和促进作用。

表3-19 2013—2020年中国在柬埔寨经济合作情况

年份	对外承包工程		对外劳务合作	
	合同额(万美元)	营业额(万美元)	当年派出人数(人)	年末在外人数(人)
2013	110865	143077	5810	7125

年份	对外承包工程		对外劳务合作	
	合同额（万美元）	营业额（万美元）	当年派出人数（人）	年末在外人数（人）
2014	141059	96533	4872	7108
2015	141819	121396	4546	7884
2016	213348	165598	3871	6744
2017	330058	176373	2604	5877
2018	288064	180102	225	1874
2019	557610	277501	475	1933
2020	662194	348846	45	240

资料来源：中国商务部。

第五节　泰国的经贸发展与中泰双边经贸往来

一、国情概况

泰国位于东南亚中南半岛中部，西北、东北、东南分别与缅甸、老挝和柬埔寨接壤，南边狭长的半岛与马来西亚相连。自然资源丰富，可耕地面积达50%，土地肥沃，雨量充沛。农产品出口是外汇收入的主要来源。人口约6700万，其中75%为泰人，14%为华人，94%的人信仰佛教。泰国古称暹罗，历史悠久，距今已有700多年的历史和文化，在公元1238年形成较为统一的国家。自1932年废除君主专制政体，建立君主立宪政体以来，军人政权和民选政府交替执政，是世界上政治动荡和政权变更最频繁的国家之一。

泰国军事力量在东南亚较强，是美国的缔约盟国，领土与主权安全局势较好，只是与柬埔寨之间的领土和海域争端尚未完全解决。泰国北部与缅甸、老挝接壤，是"金三角"的重要组成部分，毒品犯罪在泰国较为猖獗，同时"金三角"也是人口贩卖的重灾区。

泰国是亚洲重要经济体，东盟创始国之一，是中等收入国家，经济总量居东南亚第二,仅次于印度尼西亚,但是人均 GDP 在东南亚居中游位置,排在新加坡、文莱和马来西亚之后。2006 年以来陷入长期的政治动荡,经济发展受到严重影响,从 2013 年年底开始,泰国经济出现衰退,2014 年经济增速下降至 1.0%,2015 年以来,"泰国 4.0"战略和"东部经济走廊"规划助推经济复苏,经济增长回升至 4.0%左右。泰国奉行独立自主的外交政策和全方位外交方针,重视周边外交,积极发展睦邻友好关系,维系大国平衡。中泰关系保持健康稳定发展。1975 年 7 月 1 日中泰建交,2012 年 4月,两国签署《中泰经贸合作五年发展规划》,建立全面战略合作伙伴关系。2013 年 10 月,两国政府发表《中泰关系发展远景规划》。

泰国是"一带一路"倡议的重要合作伙伴,也是亚洲基础设施投资银行首批创始成员。泰国"东部经济走廊"与"一带一路"倡议具有高度契合性,此外,泰国提出的构建以创新驱动为主线的经济发展战略与"一带一路"发展理念和目标相一致。泰国在东南亚乃至发展中国家中属经济增长较快且相对稳定的国家,工业基础设施相对完善,劳动力素质较高。中泰两国在基础设施建设、高科技产业、智能城市建设、农产品深加工、新能源汽车产业和旅游业等领域具有较好的互补性和合作前景。

二、宏观经济态势

(一)经济增长

20 世纪 80 年代起,泰国积极调整工业结构,引进技术密集型和附加值高的中轻型工业,寻求适合泰国的工业发展模式,取得良好效果。电子工业等制造业发展迅速,经济持续增长,成为亚洲"四小虎"之一。由表3-20 可知,2012—2018 年,泰国的 GDP 总量呈波动性增长,2014 年和2015 年经济增长处于低迷时期,GDP 总量分别只有 4073 亿美元和 4013亿美元,2016 年经济开始复苏,到 2018 年 GDP 总量达到了 5050 亿美元,GDP 总量首次突破了 5000 亿美元,在东南亚六国中排名第二,位居全球前 30 名。随着国内消费者信心恢复及出口持续增长,泰国 2018 年上半年私营企业消费、出口,以及投资都高于预期,制造业也释放出积极信号,制造业扩张为经济带来更多利好,除了出口和旅游两大核心动力之外,经济增长还得到多方面支持。

泰国的人均 GDP 由 2012 年的 5860.6 美元增加到 2018 年的 7273.6 美元。泰国经济出口依赖性较强,出口总额约占泰国国内生产总值的 2/3,受到世界经济乏力以及泰铢币值波动的影响,近年来泰国 GDP 虽然保持增长,但是增速波动较大。GDP 增速由 2012 年 7.24%下降到 2014 年的 0.98%,2015 年开始上升,2018 年达到了 4.13%,增幅较 2017 年提高了 0.11 个百分点。2019 年经济小幅增长,但 2020 年受疫情影响经济变为负增长。国际货币基金组织预测在 2018—2022 年,泰国经济将保持年平均 3.7%的中等增长速度。

表 3-20　2012—2020 年泰国经济增长数据

年份	GDP(亿美元)	人均 GDP(美元)	增长率(%)
2012	3976	5860.6	7.24
2013	4203	6168.3	2.60
2014	4073	5951.9	0.98
2015	4013	5840.1	3.13
2016	4124	5978.6	3.36
2017	4553	6578.2	4.02
2018	5050	7273.6	4.13
2019	5443	7817.0	2.27
2020	5018	7189.0	-6.09

资料来源:Wind 数据库。

(二)失业率

2014—2017 年,泰国的失业率逐年上升,由 2014 年的 0.58%上升到

2017 年的 1.08%。但失业率总体偏低,2014—2016 年的失业率都低于 1%,2017 年只有 1.08%。2018 年 5 月泰国的失业率为 1.2%,在全球失业率较低国家排名中,泰国排名第四。2019 年 6 月,泰国失业率为 0.9%,较上月下降 0.2 个百分点;劳动参与率为 68.6%,较上月上升 0.7 个百分点。失业人数为 363 万人,较上月减少 63 万人。失业人数同比下降 15%,较上月减少 21 个百分点。

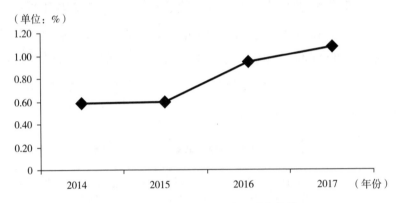

（单位：%）

图 3-22　2014—2017 年泰国失业率变化情况

资料来源:Wind 数据库。

（三）物价水平

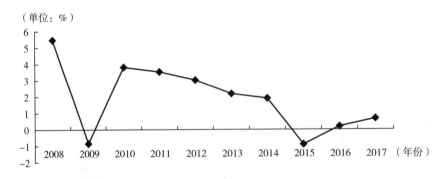

（单位：%）

图 3-23　2008—2017 年泰国的 CPI 同比增速变化

资料来源:Wind 数据库。

泰国通货膨胀长期低于世界平均水平,但随着全球原油价格上涨抬高了运输等燃料消耗部门的价格,以及国内需求不断扩大,通货膨胀将会上升。但是新鲜食品价格增长低于预期,通货膨胀上升速度缓慢。如图3-23所示,近年来泰国CPI同比增速低于3%。2018年全年CPI增长率为1.07%,高于2017年的0.66%,2016年的0.19%和2015年的-0.9%。2019年7月,泰国整体CPI同比增速为1.0%,较上月上升0.1个百分点;核心CPI同比增速较上月微降至0.4%,处于较低水平。

（四）进出口贸易

如图3-24所示,2015—2018年,泰国的进出口总额呈波动性变化。受中美贸易争端和全球经济放缓因素影响,2018年全年泰国出口仅增长6.7%,货物对外贸易总额约为5020亿美元,出口额约为2520亿美元,占全球出口贸易额的1.3%,位居全球第24;而泰国进口额约为2500亿美元,占全球进口贸易额的1.3%,位居全球第21。总体来看,泰国贸易额全球排名相对靠前,其在全球对外贸易中扮演着重要角色。

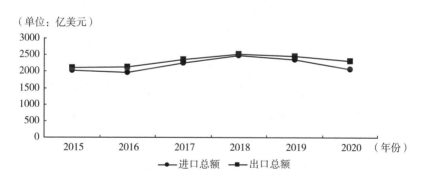

（单位：亿美元）

图3-24　2015—2020年泰国进出口贸易的变化情况

资料来源:Wind数据库。

2013年开始,中国超越日本,成为泰国第一大贸易伙伴,此后中泰双边贸易额整体有明显增长。2018年,尽管中泰贸易额增速有所回落,但依然保持了7.8%的增速,贸易额再次刷新历史纪录。泰国对中国一直保持贸易逆差态势,且贸易逆差呈扩大趋势。从泰国对中国出口的产品情况来看,塑料橡胶、机电产品和植物产品是泰国对中国出口的前三大类重要商品,2018 年的出口额分别为 81.3 亿美元、66.8 亿美元和 32.8 亿美元,其中塑料橡胶出口下降 6.1%,机电产品出口增长 0.6%,植物产品增长 12.7%,分别占泰国对中国出口总额的 27.4%、22.5%和 11%。此外,化工产品、矿产品、木及制品等也是泰国对中国出口的重要商品。从泰国自中国进口的主要商品来看,机电产品占据泰国自中国进口总额的半壁江山,2018 年进口 235.7 亿美元,增长 12.9%,占泰国自中国进口总额的 46.9%。金属制品、化工产品分别位居进口第二、第三;此外,泰国在塑料橡胶、纺织品及原料、运输设备等产品上,对中国的需求也相对旺盛。

(五)外商直接投资

泰国经济自身生长动力较强,对投资依赖较小。泰国外商投资来源排名前四的是日本、新加坡、中国、荷兰。泰国最受外国投资者欢迎的行业:汽车及零部件、电子和电器、石油和化工产品、农业、旅游业。2002—2008 年,泰国的外商直接投资净流入量逐年上升,受 2008 年国际金融危机的影响,2009 年有所下降,2010—2018 年外商直接投资净流入量呈波动性变化(见图 3-25)。2017 年为了吸引更多外国人才和高新技术,泰国政府推出了新的数字经济战略"泰国 4.0",支持基础设施建设、电动汽车及零部件、航空、医疗设备和药品、可再生能源等行业发展,以及促进泰国东部经济走廊发展计划(Eastern Economic Corridor,EEC)。2019 年,外国企业大型投资在泰国出现减少,但外商直接投资总额仍处于较高水平。中国是泰国第二大投资国,仅次于日本。中国对泰国投资平均占中国在亚洲投资的 2.5%—3%。

(六)国际收支

在国际收支方面,如表 3-21 所示,2014—2016 年,泰国经常账户差额逐年递增,由 2014 年的 152.24 亿美元增加到 2016 年的 482.37 亿美

（单位：人）

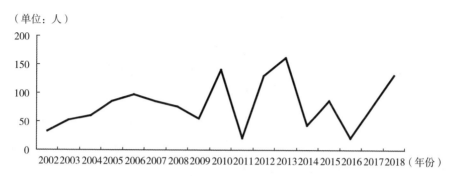

图 3-25　2002—2018 年泰国外商直接投资净流入量

资料来源：Wind 数据库。

元,但 2017 年相对于 2016 年下降了 1.11 亿美元,为 481.26 亿美元。由于宏观经济稳定,总储备量（含黄金）2014—2018 年也逐年增加,2020 年为 2581.04 亿美元。外汇储备由 2014 年的 1490.64 亿美元增加到 2020年的 2460.34 亿美元。

表 3-21　2014—2020 年泰国国际收支情况　（单位：亿美元）

年份	2014	2015	2016	2017	2018	2019	2020
经常账户差额	152.24	321.13	482.37	481.26	284.23	382.06	162.98
总储备（含黄金）	1571.63	1564.60	1717.72	2025.38	2056.41	2243.56	2581.04
外汇储备	1490.64	1492.91	1641.48	1940.48	1970.30	2145.73	2460.34

资料来源：Wind 数据库。

总的来看,2019 年第一季度泰国 GDP 增速不及预期,显示经济处于一定的下行趋势,主要原因来自大选的不确定性影响了民间投资的积极性,进而导致投资下滑。6 月进出口同比增速均有萎缩,但贸易连续两个月出现顺差。CPI 同比增速略有上升,核心 CPI 增速仍维持在较低水平,为泰国货币政策提供了一定的调控空间。从长期来看,泰铢对人民币、美元等主要货币处于升值趋势中,反映了泰国市场活跃度上升,整体经济往好的方向发展。

三、双边贸易往来

（一）双边货物贸易

泰国是世界贸易组织成员，并通过东盟与中国、韩国、日本、印度、澳大利亚和新西兰等国签订了自贸区协议。

泰国的主要贸易伙伴为中国、日本、美国、东盟、欧盟等。1978 年以来，中泰两国政府间先后签订了《贸易协定》《关于成立中泰经济联合合作委员会协定》《关于促进保护投资的协定》《关于避免双重征税的协定》《中泰两国政府关于成立贸易、投资和经济合作联合委员会的协定》，涉及经贸、农产品、防洪抗旱、铁路发展、自然资源保护等领域的七项双边合作文件、《中泰农产品贸易合作谅解备忘录》以及《关于泰国输华冷冻禽肉及其副产品的检验检疫和兽医卫生要求协定书》。

2013 年开始，中国超越日本，成为泰国第一大贸易伙伴，此后中泰双边贸易额有明显增长。2017 年中泰贸易总额 802.9 亿美元，同比增长6.0%，其中，中国向泰国出口 387.1 亿美元，同比上升 4.1%，中国从泰国进口 415.8 亿美元，同比上升 7.9%，中方贸易逆差 28.7 亿美元。2018年，尽管中泰贸易额增速有所回落，但依然保持了 7.8%的增速，贸易额再次刷新历史纪录。

中国对泰国出口商品主要类别包括：（1）电气设备、音响设备、电视设备等；（2）锅炉等整机及零部件；（3）钢材；（4）塑料及制品；（5）光学、医学或外科仪器等；（6）车辆或零部件；（7）化工制品；（8）有机化学品；（9）钢铁制品；（10）家具及家居用品。

中国从泰国进口商品主要类别包括：（1）电气设备、音响设备、电视设备等；（2）锅炉等整机及零部件；（3）橡胶及制品；（4）塑料及制品；（5）光学、医学或外科仪器等；（6）木材、木制品及木炭；（7）有机化学品；（8）矿物燃料、石油、矿物蜡等；（9）食用水果和坚果，柑橘类水果或瓜类；（10）车辆或零部件。

表 3-22　2013—2020 年中国—泰国双边贸易投资

年份	2013	2014	2015	2016	2017	2018	2019	2020
中国出口（亿美元）	327.2	342.9	382.9	372.0	387.1	505.1	455.8	428.8
出口增速（%）	4.9	4.8	11.7	-2.9	4.1	10.8	6.3	11.3
中国进口（亿美元）	385.2	383.3	371.7	385.3	415.8	481.4	461.6	446.3
进口增速（%）	-0.1	-0.5	-3.0	3.7	7.9	4.3	3.4	7.3
中国贸易顺差（亿美元）	-58.0	-40.4	11.2	-13.4	-28.7	23.7	-5.8	-17.5
中国对泰国直接投资（百万美元）	755.2	839.5	407.2	1121.7	500.0	1882.9	1371.9	737.3

资料来源：中国国家统计局、中国商务部。

中国是泰国的第一大贸易伙伴国，云南省虽与泰国相邻，但泰国还不是云南省的主要贸易伙伴，云南省对泰国贸易额不足中国对泰国贸易总额的 2%。

2015 年云南省对泰国贸易额为 16.88 亿美元，同比增长 57.4%；2016 年为 11.44 亿美元，同比下降 32.2%；2018 年为 10.33 亿美元，同比增长 5.10%；2019 年 1—6 月为 6.64 亿美元，同比增长 67.3%，占云南省对中国周边七国贸易总额的 6.1%，位列第四。

（二）中国对泰国的劳务输出

受政局动荡影响，2014 年中国企业在泰国开展业务步伐放缓。2015 年至 2017 年，泰国政局趋稳，政府实施一系列经济刺激措施，基础设施建设需求增大，与此同时中国企业加大市场开拓力度，取得明显成效，新签合同额和完成营业额均取得大幅增长。

据中国商务部统计，2017 年中国企业在泰国承包工程额 33.84 亿美元；当年派出各类劳务人员 1689 人，年末在泰国劳务人员 3405 人。2017 年新签大型工程承包项目包括中国能源建设股份有限公司承建的泰国 Agro-Solar5MW 光伏项目群；中国铁建国际集团有限公司承建的泰国曼谷 The One 公寓项目；中铁十局集团有限公司承建的大湄公河次区域高速公路扩建项目二阶段等。中国企业在泰国的重要业务领域为通信工程、电力工程和城市轨道交通建设,包括华为、中兴、中国建筑、中国电建、中国港湾等多家企业在泰国承包工程市场占有一席之地。

表3-23 2008—2020年中国对泰国承包劳务情况统计

年份	承包工程金额 (万美元)	对外承包工程 派出人数(人)	对外劳务合同 派出人数(人)
2008	48238	—	—
2009	52682	—	—
2010	46165	—	—
2011	66845	698	503
2012	107853	1984	514
2013	131931	1561	424
2014	183624	2411	119
2015	281007	2257	290
2016	293579	1810	675
2017	338380	1026	663
2018	335596	1829	507
2019	287001	2781	643
2020	263427	383	832

资料来源:中国商务部。

第六节 印度的经贸发展与中印双边经贸往来

一、国情概况

印度共和国(以下简称印度)地处南亚次大陆,东濒孟加拉湾,北抵喜马拉雅山,西面阿拉伯海,南临印度洋,分别与中国、尼泊尔、不丹、孟加拉国、缅甸、巴基斯坦、斯里兰卡接壤或相邻。印度国土总面积约298万平方公里(不包括中印边境印占区和克什米尔印度实际控制区等),面积居世界第 7 位；人口 13.24 亿，居世界第 2 位。印度语言繁多，被百万以上人口作为母语使用的语言就有 30 多种。印度宗教繁杂，世界各大宗教在印度都有信徒，其中印度教教徒和穆斯林分别占总人口的 80.5% 和 13.4%，余为锡克教、佛教、看那教、拜火教、巴哈伊教、基督教等宗教的信徒。

1947 年印度独立以后成为一个议会制民主国家。在过去的 70 多年间，印度经历十多次大选，每一次都保证了国家政权的平稳过渡，体现了该制度在印度社会的适应性，以及社会矛盾的调节能力。在经济上，20 世纪 80 年代以前印度一直实行政府管制下的混合经济模式，建立起一套比较完整的工业体系和国民经济体系，形成了自我发展的能力，但因缺乏竞争机制，导致生产效率低下，经济增长缓慢。自 1951 年至 1977 年国民经济平均年增长率为 3.65%，1978 年至 1979 年国民生产总值为 1071 亿美元，人均 166.9 美元。印度被列为世界最贫困的国家之一。随着周边国家经济的快速发展，印度于 20 世纪 90 年代初期拉开了经济改革的大幕，提倡自由化、市场化、全球化和私有化，鼓励竞争，扩大开放，使印度经济年均增长 5%—7%，经济实力明显增强，特别是在信息产业方面异军突起，成为世界软件开发中心。

2014 年莫迪成为印度第 15 任总理，他推出一系列振兴经济、改革政府的政策措施，进一步加快了改革的步伐。除了继续推进市场化、全球化改革外，莫迪政府还提出了庞大的"供给侧"改革计划，主要内容包括"印度制造"计划、"数字印度"计划和"民生保障"计划，并出台了相应的配套措施。莫迪政府的发展战略转型取得了显著成效，2015 年和 2016 年，印度经济增长率分别高达 8.0% 和 8.17%，连续两年成为全球增长最快的大型经济体。尽管莫迪政府的经济改革依然存在不少问题，如过于偏重GDP 绩效、轻视民生及基础教育，以及行政能力不足等，近年来印度经济的大幅增长，依然给印度社会以极大的振奋，国际社会也普遍持乐观态度。印度的大国心态不断强化。

中印关系进程比较曲折。中华人民共和国成立后，两国建立了外交关系。然而,由于历史遗留的问题,中印在边界领土上存在众多纠纷影响了两国在经济等方面更加深入的合作。1976年中印双方恢复互派大使后,两国关系逐步改善。自1988年印度总理拉吉夫·甘地访华后,印度国家领导人相继访问中国,中国国家领导人也多次访问印度。

印度是南亚地区的重要国家,对于"一带一路"倡议能否顺利在南亚地区落地生根有着至关重要的意义。中国一直将印度视为"一带一路"沿线的重要合作伙伴,但印度政府没有公开表态支持共建"一带一路"倡议,也未参加"一带一路"国际合作高峰论坛。而2017年中印边境对峙更加导致中印关系日趋复杂,牵动着亚洲乃至世界的经济发展格局。随着加入"一带一路"倡议的国家和组织不断增多,印度成为少数游离于"一带一路"之外且仍然保持疑虑与警惕的国家之一。

虽然迄今印度政府对于"一带一路"倡议的官方立场未有松动,但是也看到了"一带一路"给印度经济发展带来的良机,尽可能地利用相关基建资金,最突出的表现是参与亚洲基础设施投资银行的筹建。亚投行于2016年1月成立,截至2018年5月已经向各成员提供累计超过40亿美元贷款,其中12亿美元落地印度,贷款占比接近30%,成为贷款占比最大国。

二、宏观经济态势

(一)经济增长

印度是全球成长最快的新兴经济体之一、世界十大经济体之一。由表3-24可知,2012—2018年,印度的GDP总量逐年增加,GDP总量由2012年18276亿美元增加到2018年的27263亿美元。2014年GDP总量首次超过20000亿美元,2016年印度经济总量首次超过英国,按GDP总量衡量已经成为世界第六大经济体。

表 3-24　2012—2020 年印度经济增长数据

年份	GDP（亿美元）	人均 GDP（美元）	增长率（%）
2012	18276	1443.9	5.46
2013	18567	1449.6	6.39
2014	20391	1573.9	7.41
2015	21036	1605.6	8.00
2016	22904	1729.3	8.17
2017	26526	1981.5	7.17
2018	27263	2015.6	6.98
2019	28705	2100.8	4.04
2020	26230	1900.7	-7.96

资料来源：Wind 数据库。

在人均 GDP 方面，虽然也逐年稳步上升，由 2012 年的 1443.9 美元增加到 2018 年的 2015.6 美元。但人均 GDP 与菲律宾、马来西亚、泰国、越南等东南亚国家相比并不高，处于较低水平（见图 3-26），主要源于印度有超过 13 亿的庞大人口。印度面对的经济问题来自庞大并持续增长的人口以及贫富悬殊。

在 GDP 增速方面，印度 2014 年的 GDP 增速达 7.41%，超越中国成为世界主要经济体中成长最快的经济体。印度经济发展在 2016 年曾如一匹黑马在整体低迷的世界经济增速中领跑全球（GDP 增速为 8.17%），然而进入 2017 年印度经济发展整体疲弱。莫迪政府颁布的废钞令与商品服务税（Gode and Service Tax，GTX）改革使印度度过短暂经济阵痛，在 2018 年后经济再度上升，增速快于世界大部分经济体。

（二）失业率

自 2013 年以来，虽然印度每年的经济增长速度都超过了 6%，但印度的失业率居高不下。根据印度经济监控中心数据，2017 年印度的失业率

（单位：美元）

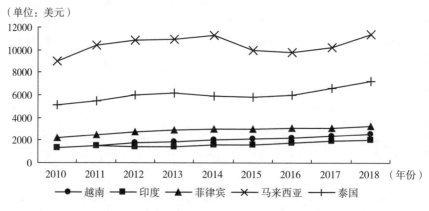

图 3-26　2010—2018 年东南亚五国人均 GDP 对比

资料来源：Wind 数据库。

为 6.1%，2018 年 10 月失业率上升到 6.9%，创两年来新高。更为糟糕的是，劳动参与率（衡量成年人愿意参与工作的比例）下降到 42.4%，创 2016 年以来的新低。自废除旧币以来，印度劳动参与率急剧下降，从 47%—48% 持续下降，目前尚未得到恢复。2018 年 10 月，印度就业人数为 3.97 亿人，与 2017 年同期的 4.07 亿人相比，下降 2.4%。2018 年 10 月，印度有 2950 万人正在积极找工作，与 2017 年 7 月相比，几乎翻了一倍。

（三）物价水平

由图 3-27 可知，2012 年和 2013 年印度的通货膨胀率很高，分别为 9.31% 和 10.91%，但 2013—2017 年印度的通货膨胀率呈下降趋势，由 2013 年的 10.91% 下降到 2017 年的 2.49%，2018 年通货膨胀率上升到 4.86%。2019 年上半年印度通货膨胀率为 3.18%，生产者价格指数为 122，进口价格指数为 573，出口价格指数为 376。

（四）进出口贸易

2018 年印度出口总额达到 3250.46 亿美元，而进口总额为 5131.48

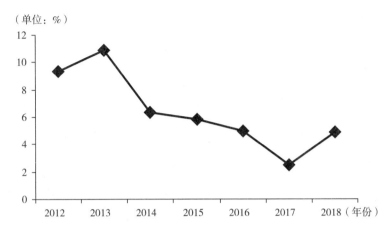

图 3-27 2012—2018 年印度通货膨胀率(CPI 增长率)变化情况

资料来源:Wind 数据库。

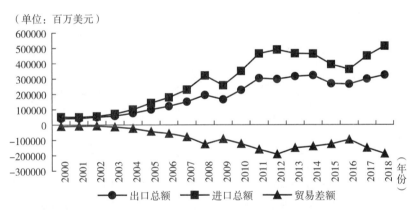

图 3-28 2000—2018 年印度的进出口总额与贸易差额变化情况

资料来源:Wind 数据库。

亿美元。贸易差额常年为负,且呈上升趋势,在 2018 年差额达到 1881.02 亿美元(见图 3-28)。同时,据印度方面统计,2017 年印度与中国双边货物进出口额为 845.4 亿美元,其中印度对中国出口 124.8 亿美元,从中国进口 720.5 亿美元,印度贸易逆差 595.7 亿美元。2019 年前 6 个月,印度进出口总额为 4156.0 亿美元,同比增长 0.6%。其中,印度出口商品 1668.7 亿美元,增长 2.5%;进口商品为 2491.2 亿美元,下降 0.7%。就出口产品价值而言,宝石和珠宝长期以来一直处于领先地位,其次是成衣以及皮革和皮革制品。而 21 世纪以来,工程产品已成为主要的出口产品。印度进口商品高度多样化,包括石油和石油产品,贵金属以及化学和化学产品。

(五)外商直接投资

由图 3-29 可看出,2004—2017 年,印度的外商直接投资总流入量与净值总体上呈逐年递增趋势。印度工业和内部贸易促进部(Department for Promotion of Industry and Internal Trade,DPIIT)2018—2019 年度报告显示,在过去的五年里,印度共吸收外商直接投资 2860 亿美元。在 2018 年,印度吸引的外商直接投资达到 643.7 亿美元,创历史新高。

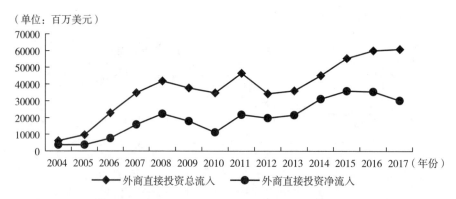

（单位：百万美元）

外商直接投资总流入　　外商直接投资净流入

图 3-29　2004—2017 年印度外商直接投资总流入与净值变化情况

资料来源:Wind 数据库。

(六)国际收支

在国际收支方面,如表 3-25 所示,2014—2017 年,印度经常账户处于逆差状态,经常账户逆差由 2014 年的-273.14 亿美元下降到 2016 年的-121.14 亿美元,逆差的幅度正在减小。但 2017 年呈扩大趋势,相比于 2016 年,2017 年的经常账户逆差扩大了 260.54 亿美元。总储备量(不含黄金)逐年增加,由 2014 年的 3034.55 亿美元增加到 2017 年的

3893.50 亿美元,但 2018 年下降为 3744.25 亿美元,2020 年又增加到 5902.27 亿美元。

表 3-25　2014—2020 年印度国际收支情况　　（单位:亿美元）

年份	2014	2015	2016	2017	2018	2019	2020
经常账户差额	−273.14	−224.57	−121.14	−381.68	−655.99	−297.63	330.07
总储备(不含黄金)	3034.55	3343.11	3411.45	3893.50	3744.25	4643.70	5902.27

资料来源:Wind 数据库。

印度的外汇储备,近年来波动较大(见图 3-30)。2018 年外汇储备净额为 33.39 亿美元,占国内生产总值百分比达 14.59%。2019 年 4 月,印度央行宣布总储备多元化,增加 190 万盎司的黄金储备,并向全球各经济体提供贷款支持,这也创下了印度央行黄金储备量的最高纪录。印度央行的举措代表了一些发展中国家要降低国家外汇储备中美元占比的诉求。

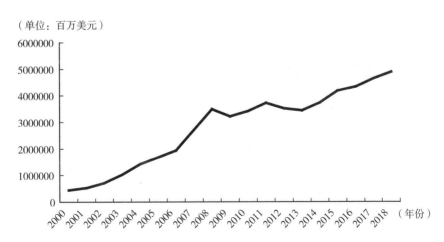

（单位：百万美元）

图 3-30　2000—2018 年印度外汇储备变化情况

资料来源:Wind 数据库。

三、双边贸易往来

(一)双边货物贸易

2020年,中国是印度第一大贸易伙伴,印度是中国在南亚最大的贸易伙伴。中国是印度排名第三位的出口目的地和第一大进口来源地。中国是印度第一大逆差来源国。近年来,双边经贸合作快速发展,贸易额不断刷新纪录。双边贸易从2000年的29亿美元增长至2017年的844.1亿美元,17年间增长了29倍。其中,中国出口680.6亿美元,同比增长16.5%,中国进口163.4亿美元,同比增长38.9%。

中国对印度出口商品主要类别包括:电机、电气、音像设备及其零附件,锅炉、机械器具及零件,有机化学品,肥料、贵金属及制品,钢铁及其制品,塑料及其制品等。中国从印度进口商品主要类别包括:金属及制品,矿产品,珠宝、化工产品,纺织品及原料,塑料橡胶,植物产品等。

表3-26　2013—2020年中印贸易统计　　(单位:亿美元)

年份	进出口总额		中国出口		中国进口		贸易顺差	
	金额	增长(%)	金额	增长(%)	金额	增长(%)	金额	增长(%)
2013	654.7	-1.50	484.4	1.60	170.3	-9.40	314.1	8.80
2014	705.9	7.90	542.2	12.00	163.7	-3.50	378.5	20.50
2015	716.2	1.50	582.4	7.40	133.8	-18.20	448.6	18.50
2016	711.8	-0.70	594.3	2.00	117.5	-12.30	476.8	6.30
2017	844.1	20.30	680.6	16.50	163.4	38.90	517.2	8.50
2018	955.1	13.18	766.7	12.68	188.3	15.17	578.4	11.90
2019	928.1	2.83	748.3	-2.40	179.9	-4.46	568.4	-1.76
2020	877.0	-5.50	667.2	-10.80	209.8	16.60	457.4	-19.50

资料来源:中国海关。

据印度商业信息署与印度商务部统计,2019年1—5月,印度与中国双边货物进出口额为349.9亿美元,下降6.6%。其中,印度对中国出口71.9亿美元,增长9.4%,占印度出口总额的5.1%,增加0.2个百分点;

印度自中国进口 278.0 亿美元,下降 10.0%,占印度进口总额的 13.3%,下降 1.7 个百分点。印方贸易逆差 206.1 亿美元,下降 15.2%。

印度是云南省的主要贸易伙伴国,2010 年云南省对印度贸易额达到 6.78 亿美元的历史新高,之后十年滇印贸易保持小幅波动(见表 3-27)。2017 年云南省对印度贸易额为 4.38 亿美元,2018 年为 7.29 亿美元,同比增长 66.4%。2019 年 1—6 月,云南省对印度贸易额为 2.02 亿美元,同比下降 1.4%,占云南省对中国周边七国贸易总额的 31.9%,位列第二。2019 年全年云南省对印度贸易额为 7.09 亿美元,下降约 3%。

表 3-27 2010—2019 年云南省对印度的进出口额 (单位:亿美元)

年份	2010	2011	2012	2013	2014	2015	2016	2017	2018	2019
出口值	5.16	6.94	4.26	5.23	5.06	7.15	3.49	3.82	6.90	6.64
进口值	1.62	1.48	0.35	0.41	0.16	0.13	0.25	0.56	0.39	0.45
进出口总值	6.78	8.41	4.61	5.64	5.22	7.64	3.74	4.38	7.29	7.09

资料来源:中国海关。

(二)中国对印度的劳务输出

据中国商务部统计,2017 年中国企业在印度新签承包工程合同 897 份,新签合同额 25.76 亿美元,完成营业额 24.65 亿美元;累计派出各类劳务人员 828 人,年末在印度劳务人员 1444 人。新签大型工程承包项目包括华为技术有限公司承建印度电信;中国港湾工程有限责任公司承建印度比哈尔邦混合年金高速公路;哈尔滨空调股份有限公司承建北卡朗帕拉 3×660MW 火力发电站项目等。

第七节 孟加拉国的经贸发展与中孟双边经贸往来

一、国情概况

孟加拉人民共和国面积 14.76 万平方公里,位于南亚次大陆东北部的恒河和布拉马普特拉河冲积而成的三角洲上。东、西、北三面与印度毗邻，东南与缅甸接壤，南临孟加拉湾。海岸线长 550 公里。全境 85% 的地区为平原。是连接中国、印度和东盟三大经济体的枢纽位置，地理区位优势明显。人口约 1.63 亿，是世界人口密度最高的国家。孟加拉族占 98%，另有 20 多个少数民族。伊斯兰教为国教，穆斯林占总人口的 86.6%。

孟加拉族是南亚次大陆古老民族之一。孟加拉国在 16 世纪时已发展成次大陆上人口最稠密、经济最发达、文化昌盛的地区。18 世纪中叶成为英国对印度进行殖民统治的中心。19 世纪后半叶成为英属印度的一个省。1947 年孟加拉国划归巴基斯坦（称东巴）。1971 年 3 月 26 日东巴宣布独立，1972 年 1 月 10 日正式成立孟加拉人民共和国。

残酷的战争和大规模饥荒使大批民众流离失所，生活贫苦不堪，1975年，联合国将孟加拉国列入最不发达国家名单。2018 年 3 月，联合国发展政策委员会宣布，孟加拉国已顺利通过 2018 年评审，可以从"最不发达国家"进入发展中国家行列。如果 2021 年能通过第二次审议，孟加拉国将于 2024 年从"最不发达国家"名单上正式"毕业"。

20 世纪 70 年代末 80 年代初，孟加拉国政府开始经济改革，致力于将仅以农业为支撑的内向型经济转变为多产业发展的外向型经济体。近年来，孟加拉国政治趋于稳定，政府加快了市场化与自由化改革步伐，加速融入全球化，积极改善投资环境、创建出口加工区以吸引外国投资，并推进本国工业化和城市化进程。

孟加拉国经济增长和减贫成效显著。自 2005 年开始，GDP 增长率长期保持在 6% 以上，2017 年，孟加拉国人均收入为 1610 美元，贫困率由建国之初的 74% 下降到了如今的 23.5%，国内卫生、教育、医疗水平显著提高，据联合国《人类发展报告》显示，孟加拉国人类发展指数由 1975 年的 0.347 上升到 2017 年的 0.579，进步明显。凭借丰富廉价的劳动力优势，成衣制造业异军突起，服务业对国民经济贡献率不断提高。

孟加拉国与 130 多个国家和地区有贸易关系，主要出口产品包括：黄麻及其制品、皮革、茶叶、水产、服装等。主要进口商品为生产资料、纺织品、石油及石油相关产品、钢铁等基础金属、食用油、棉花等。

国际援助是孟加拉国投资发展的主要资金来源。日本、美国、加拿大和世界银行、亚洲开发银行等国际机构是援助的主要提供者。

中国和孟加拉国毗邻而居,都是人口大国,国情民情相似,发展目标契合,双方经济互补性强,合作潜力巨大。中国已经成为孟加拉国第一大贸易伙伴,孟加拉国则是中国在南亚第三大贸易伙伴和第三大工程承包市场。2018 年中孟双边贸易总额为 187.4 亿美元,同比增长 6.8%,其中出口 177.5 亿美元,同比增长 17%,进口 9.9 亿美元,同比增长 12.5%,中国对孟顺差 167.6 亿。

作为孟中印缅经济走廊的重要一方,孟加拉国是中国在南亚地区推进"一带一路"倡议的节点国家,也是南亚地区第一个与中国签署政府间"一带一路"合作文件的国家。中孟在"一带一路"框架下实现互利共赢,最突出表现在产业转移与基础设施合作上。孟加拉国劳动力资源丰富,享有诸多市场的贸易优惠待遇,可以成为中国制造业企业向外转移的理想之地。同时,孟加拉国期望完善国内基础设施水平,并充分利用地理优势,将自身打造为国际交通枢纽;中方则在交通、电力、能源、通信工程、机械和船舶海洋等领域拥有显著优势,双方在基础设施建设领域合作前景广阔。

二、宏观经济态势

(一)经济增长

近年来,孟加拉国经济出现快速增长。由表 3-28 可知,孟加拉国的 GDP 总量逐年增加,由 2012 年的 1334 亿美元增加到 2020 年的 3242 亿美元,平均每年增加 238.5 亿美元。人均 GDP 总量偏低,但每年稳定增长,由 2012 年的 883.1 美元增加到 2020 年的 1968.8 美元。GDP 增长率每年都在 6%以上,特别是 2016 年以来,每年的增长率都在 7%以上,2018

年为 7.86%。2019 年达到了 38.15%。高经济增长率得益于孟加拉国强劲的出口、侨汇收入和生产加工制造业发展。

表 3-28　2012—2020 年孟加拉国经济增长数据

年份	GDP（亿美元）	人均 GDP（美元）	增长率（%）
2012	1334	883.1	6.52
2013	1500	981.8	6.01
2014	1729	1118.8	6.06
2015	1951	1248.5	6.55
2016	2214	1401.6	7.11
2017	2497	1564.0	7.28
2018	2740	1698.3	7.86
2019	3026	1855.7	8.15
2020	3242	1968.8	2.38

资料来源：Wind 数据库。

（二）失业率

2014—2018 年，孟加拉国的失业率比较稳定，维持在 4.2% 左右。2015 年失业率最低，为 4.1%，2014 年、2016 年和 2017 年的失业率都为 4.2%，2018 年上升为 4.3%（见图 3-31）。孟加拉国的青年失业率居亚太国家最高。据国际劳工组织（International Labour Organization, ILO）发布的 2018 年亚太国家就业和社会展望报告，2010—2017 年孟加拉国青年失业率上升 6.4%，为亚太各国最高，其次为巴基斯坦（5.3%）和越南（3.7%）。

（三）物价水平

孟加拉国的通货膨胀率如图 3-32 所示，总体上呈下降趋势，由 2013 年的 7.5% 下降到 2016 年的 5.4%，2017 年上升到 5.8%，但 2018 年下降为 5.35%。

图 3-31 2012—2020 年孟加拉国的失业率情况

资料来源:Wind 数据库。

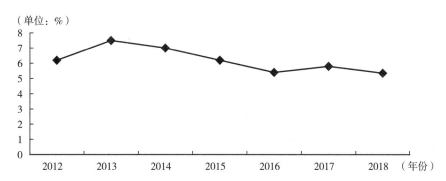

图 3-32 2012—2018 年孟加拉国通货膨胀率(CPI 增长率)变化情况

资料来源:Wind 数据库。

(四)进出口贸易

如图 3-33 所示,孟加拉国的进口额和出口额都逐年增加,进口额从 2012 年的 341.73 亿美元增加到 2018 年的 615 亿美元。2017 年,进口额首次突破 500 亿美元,达 528.36 亿美元,同比增加 16.4%,其中石化产品进口同比增长 32.7%,受洪灾影响谷物进口同比增长了 23 倍。出口额从 2012 年的 251.27 亿美元增加到 2018 年的 392.52 亿美元,6 年间增加了 141.25 亿美元。虽然孟加拉国的进出口总额稳步增加,但其进出口贸易一直处于逆差状态,并且逆差额呈逐年扩大趋势。

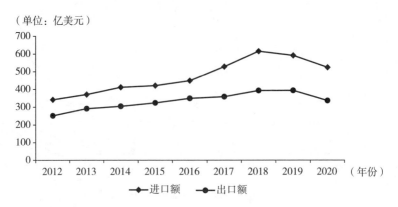

（单位：亿美元）

图 3-33　2012—2020 年孟加拉国的进出口额

资料来源：中经网数据库。

（五）外商直接投资

孟加拉国的外商直接投资净流入量总体上呈波动性递增趋势,由2012 年的 12.93 亿美元增加到 2018 年的 36.13 亿美元,6 年间共增加23.2 亿美元。尤其是 2017 年至 2018 年,外商直接投资净流入量由21.53 亿美元增加到 36.13 亿美元,吸引外商直接投资数额创新高,增幅为 67.89%(见图 3-34)。然而孟加拉国的外商直接投资仍处于较低水平,GDP 占比不足 2%。加之孟加拉国因为政府管理效能较弱,在世界银行针对 190 个国家的投资营商环境排行榜中仅居第 168 位,在未来几年吸引外商直接投资的能力可能有限,政府需采取措施进一步改善营商环境。

（六）国际收支

如表 3-29 所示,孟加拉国的经常账户差额波动幅度较大,由 2015 年的 25.80 亿美元急剧下降到 2016 年的 9.31 亿美元,2017 年出现经常账户逆差。2014—2017 年,总储备量(含黄金)逐年增加,由 2014 年的223.20 亿美元增加到 2017 年的 334.31 亿美元。但 2018 年的总储备量(含黄金)只有 320.28 亿美元,相对于 2017 年减少了 14.03 亿美元。截

（单位：亿美元）

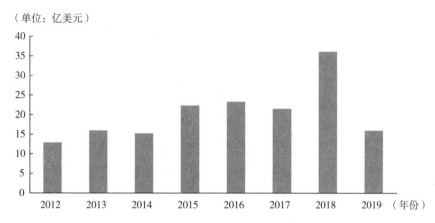

图 3-34 2012—2019 年孟加拉国的外商直接投资净流入量

资料来源：中经网数据库。

至 2018 年 12 月 30 日，外汇储备为 320.2 亿美元。国际援助是孟加拉国外汇储备的重要来源，也是孟加拉国投资发展项目的主要资金来源。日本、美国、加拿大和世界银行、亚洲开发银行等国际机构是主要提供者。

表 3-29 2014—2020 年孟加拉国国际收支情况 （单位：亿美元）

年份	2014	2015	2016	2017	2018	2019	2020
经常账户差额	7.56	25.80	9.31	-63.65	-70.95	-29.49	10.82
总储备（含黄金）	223.20	274.93	322.84	334.31	320.28	326.97	431.72

资料来源：中经网数据库。

三、双边贸易往来

（一）双边货物贸易

自 1975 年中孟建交以来，在双方的共同努力下，中孟经贸关系取得长足发展，两国间投资合作稳定增长，双边贸易额稳步攀升。据中国商务部统计，2017 年中孟两国进出口总额 160.4 亿美元，同比增长 5.8%。其中，中国对孟加拉国出口 151.7 亿美元，同比增长 6.1%；进口 8.7 亿美元，同比增长 0.6%。

表3-30　2013—2020年中孟两国贸易统计　　（单位：亿美元）

年份	2013	2014	2015	2016	2017	2018	2019	2020
中方对孟出口	97.06	117.84	139.01	143.00	151.70	177.53	173.53	150.80
中方从孟进口	6.02	7.62	8.06	8.70	8.70	9.84	10.37	8.00

资料来源：中国海关、中国商务部。

中国对孟加拉国出口商品主要类别包括：（1）棉花；（2）锅炉、机械器具及零件；（3）电机、电气、音像设备及其零附件；（4）化学纤维短纤；（5）矿物燃料、矿物油及其产品、沥青等；（6）针织物及钩编织物；（7）化学纤维长丝；（8）机动车；（9）塑料及其制品；（10）钢铁制品。中国从孟加拉国进口商品主要类别包括：（1）非针织或非钩编的服装及衣着附件；（2）针织或钩编的服装及衣着附件；（3）其他植物纤维；纸纱线及其机织物；（4）鱼及其他水生无脊椎动物；（5）其他纺织制品、成套物品、旧纺织品；（6）生皮（毛皮除外）及皮革；（7）塑料及其制品；（8）光学、照相、医疗等设备及零附件；（9）鞋靴、护腿和类似品及其零件；（10）油籽、子仁、工业或药用植物、饲料。

在中国周边七国中，云南省对孟加拉国的贸易额最小，2017年云南省对孟加拉国贸易额为0.568亿美元。2018年快速增长为1.48亿美元，增长160.5%。2019年1—6月，云南省对孟加拉国贸易额出现下滑，为0.1268亿美元，同比下降48.7%。占云南省对中国周边七国贸易总额的0.1%，位列第七。

（二）中国对孟加拉国的劳务输出

据中国商务部统计，2017年中国企业在孟加拉国新签承包工程合同201份，新签合同额104.21亿美元，完成营业额31.47亿美元；累计派出各类劳务人员5072人，年末在孟加拉国劳务人员8197人。新签大型工程承包项目包括中国机械进出口（集团）有限公司承建孟加拉国达卡至阿苏利亚高架高速公路项目；中国土木工程集团有限公司承建孟加拉国卓伊德普尔至伊舒尔迪复线铁路项目;江苏永鼎股份有限公司承建孟加拉国国家电网公司升级改造项目等。中资企业在孟加拉国工程承包呈现以下特点:一是工程项目主要集中在基础设施领域,例如电力、河道疏浚、水厂等领域;二是企业积极尝试以融资方式承揽项目。

第八节　中国周边七国经济增长与双边经贸比较

一、中国周边七国经济增长情况的比较

从经济总量来看,在七个国家中,印度的 GDP 总量远远超过其他 6 个国家,位居第一。GDP 总量排第二的是泰国,孟加拉国和越南居中,排在最后三位的是老挝、柬埔寨和缅甸。2015 年,印度的 GDP 总量 21036 亿美元,分别是老挝、柬埔寨和缅甸的 146.08 倍、116.87 倍和 35.24 倍,是这三个国家 GDP 总量和的 22.84 倍。到 2018 年,印度的 GDP 总量 27263 亿美元,分别是老挝、柬埔寨和缅甸的 148.17 倍、110.83 倍和 38.29 倍,是这三个国家 GDP 总量和的 23.87 倍。老挝、柬埔寨和缅甸三个国家的 GDP 总量较低,特别是老挝和柬埔寨,2018 年的 GDP 总量分别只有 184 亿美元和 246 亿美元。2015—2018 年,泰国每年的 GDP 总量都高于 4000 亿美元,2018 年达到了 5050 亿美元。对于孟加拉国和越南,虽然在这七个国家中 GDP 总量排第三位和第四位,但两个国家的 GDP 总量整体上还是偏低,2018 年分别只有 2740 亿美元和 2425 亿美元(见图 3-35)。

从人均 GDP 来看,泰国的人均 GDP 最高,2015—2018 年每年都在 5800 美元以上;越南和老挝居中,4 年都在 2000 美元以上。人均 GDP 在 2000 美元以下有 4 个国家:缅甸、柬埔寨、孟加拉国和印度。在七个国家中,缅甸的人均 GDP 在 4 年中都是最低的,2018 年只有 1326 美元;其次是柬埔寨,2018 年为 1512.1 美元。印度虽然在七个国家中的 GDP 总量最高,但由于其较多的人口数量,印度的人均 GDP 在七个国家中排第 4 位,远低于泰国。2015 年和 2018 年印度的人均 GDP 比泰国分别低 4234.5 美元和

（单位：亿美元）

	越南	老挝	缅甸	柬埔寨	泰国	印度	孟加拉国
2015年	1906	144	597	180	4013	21036	1951
2016年	2046	159	633	200	4124	22904	2214
2017年	2276	171	667	222	4553	26526	2497
2018年	2425	184	712	246	5050	27263	2740

图 3-35 2015—2018 年中国周边七国的 GDP 总量比较

资料来源：Wind 数据库。

5258 美元,差距逐年加大。由图 3-36 可知,老挝的 GDP 总量在七个国家排最后一位,但人均 GDP 排第二位。虽然越南的 GDP 总量远大于老挝,但两国的人均 GDP 很接近,并且老挝的人均 GDP 高于越南。2015 年和 2018 年老挝的人均 GDP 比越南分别高出 112 美元和 180 美元。总体来看,除泰国外,其他六个国家的人均 GDP 差距不是很大(见图 3-36)。

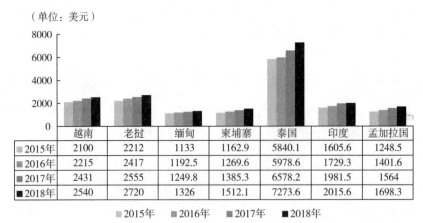

（单位：美元）

	越南	老挝	缅甸	柬埔寨	泰国	印度	孟加拉国
2015年	2100	2212	1133	1162.9	5840.1	1605.6	1248.5
2016年	2215	2417	1192.5	1269.6	5978.6	1729.3	1401.6
2017年	2431	2555	1249.8	1385.3	6578.2	1981.5	1564
2018年	2540	2720	1326	1512.1	7273.6	2015.6	1698.3

图 3-36 2015—2018 年中国周边七国的人均 GDP 比较

资料来源：Wind 数据库。

二、云南省与中国周边七国双边贸易情况比较

由图 3-37 可知,2015—2018 年,云南省与七个国家的贸易额差距较

大。在七个国家中,云南省与缅甸的贸易额最大。2015 年,滇缅贸易总额为 58.42 亿美元。其中,云南省出口 25.02 亿美元,进口 33.40 亿美元。云南省对缅甸呈贸易逆差,逆差额为 8.38 亿美元。2016 年,滇缅贸易总额为 60.64 亿美元。其中,云南省出口 24.88 亿美元,进口 35.76 亿美元,贸易逆差额为 10.88 亿美元。2018 年,云南省与缅甸的贸易总额达 65.9 亿美元,同比增长 4.42%,占中缅双边贸易总额的 43.2%。云南省与越南的贸易额在七个国家中排第二位。2015 年,滇越贸易总额为 23.26 亿美元。其中,云南省出口 15.61 亿美元,进口 7.65 亿美元。2016 年,滇越贸易额为 26.82 亿美元,同比增长 15%。其中,云南省出口 13.90 亿美元,同比下降 10.9%,进口 12.92 亿美元,同比增长 67.5%,滇越贸易呈顺差状态。2018 年,云南省与越南的贸易额为 41.54 亿美元,同比增长 13.90%。

云南省与泰国的贸易额在七个国家中排第三位。2015 年,滇泰贸易进出口总额为 16.88 亿美元。其中,云南省出口 14.99 亿美元,进口 1.89 亿美元。2016 年,滇泰贸易总额为 11.44 亿美元,同比下降 32.2%。其中,云南省出口 10.09 亿美元,同比下降 32.7%,云南省进口 1.35 亿美元,同比下降 28.4%。容易看出,云南省与泰国的贸易呈顺差。2018 年,云南与泰国的贸易额为 10.33 亿美元,同比增长 5.19%。

云南省与老挝的贸易额在七个国家中排第四位。2015 年,云南省与老挝的贸易额为 8.82 亿美元。其中,云南省出口 3.18 亿美元,进口 5.64 亿美元,贸易呈逆差,逆差额为 2.46 亿美元。2016 年贸易额为 7.23 亿美元,同比下降 18.0%。其中,云南省出口 2.10 亿美元,同比下降 33.8%,云南省进口 5.13 亿美元,同比增长 9.6%,贸易逆差额为 3.03 亿美元。2018 年,云南省对老挝贸易完成 10.6 亿美元,同比增长 5.0%。

云南省与印度的贸易额在七个国家中排第五位。2017 年云南省对印度进出口总额为 4.38 亿美元。2018 年为 7.29 亿美元,同比增长 66.4%。

云南省与孟加拉国的贸易额在七个国家中排倒数第二位。2017 年云南省对孟加拉国进出口总额为 0.568 亿美元,2018 年为 1.55 亿美元,同比增长 172.90%。其中,2018 年云南省对孟加拉国出口总额 1.48 亿美元,进口额为0.07亿美元,贸易顺差额为1.41亿美元。

云南省与柬埔寨的贸易额在七个国家中是最小的,每年的贸易额都低于0.8亿美元。2015年,云南省与柬埔寨的贸易额为0.7476亿美元。其中,云南省出口0.7458亿美元,云南省进口0.0018万美元,贸易顺差额为0.744亿美元。2016年,云南省与柬埔寨的贸易额为0.5004亿美元,同比下降33.1%,全部为云南省出口。2018年,云南省与柬埔寨的贸易额为0.4236亿美元,同比下降30.8%。云南省出口柬埔寨的商品主要为各类钢铁型材、变压器、水轮机、润滑油等机电产品,也包括少量莴苣、西蓝花、菠菜、辣椒等蔬菜,以及鲜切花等。

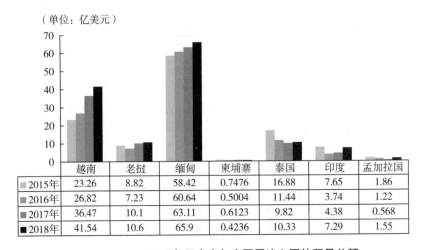

（单位：亿美元）

	越南	老挝	缅甸	柬埔寨	泰国	印度	孟加拉国
2015年	23.26	8.82	58.42	0.7476	16.88	7.65	1.86
2016年	26.82	7.23	60.64	0.5004	11.44	3.74	1.22
2017年	36.47	10.1	63.11	0.6123	9.82	4.38	0.568
2018年	41.54	10.6	65.9	0.4236	10.33	7.29	1.55

图3-37 2015—2018年云南省与中国周边七国的贸易总额

资料来源:Wind数据库。

2019年1—6月,云南省与缅甸的贸易额为41.64亿美元,同比增长11.08%,位居七个国家首位。其中,云南省对缅甸的出口量是16.683亿美元,进口量是24.957亿美元,贸易逆差额为8.274亿美元。其次是越南,云南省与越南的贸易额为19.331亿美元,其中,云南省对越南的出口量为10.104亿美元,进口量为9.227亿美元,贸易顺差额为0.877亿美元。贸易额排最后两位的是孟加拉国和柬埔寨,分别只有0.1268亿美元和0.1958亿美元(见图3-38和图3-39)。

（单位：亿美元）

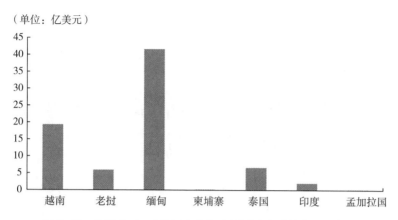

图 3-38 2019 年 1—6 月云南省与中国周边七国的贸易总额

资料来源：Wind 数据库。

2019 年 1—6 月，云南省与缅甸、老挝和泰国三国的贸易呈逆差，逆差额分别为-8.274 亿美元、-2.017 亿美元和-1.411 亿美元。云南省与印度、越南和孟加拉国三国的贸易呈顺差，顺差额分别为 1.509 亿美元、0.877 亿美元和 0.061 亿美元。对于柬埔寨国家，云南省对其以出口为主，进口很少（见图 3-39）。

（单位：亿美元）

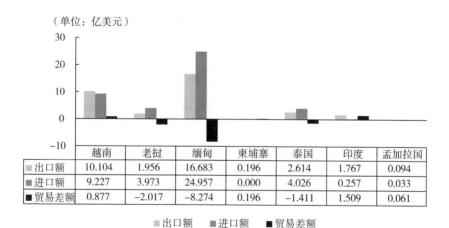

	越南	老挝	缅甸	柬埔寨	泰国	印度	孟加拉国
出口额	10.104	1.956	16.683	0.196	2.614	1.767	0.094
进口额	9.227	3.973	24.957	0.000	4.026	0.257	0.033
贸易差额	0.877	-2.017	-8.274	0.196	-1.411	1.509	0.061

■ 出口额　■ 进口额　■ 贸易差额

图 3-39 2019 年 1—6 月云南省与中国周边七国的出口额、进口额和贸易差额

资料来源：Wind 数据库。

第四章 中国周边七国金融发展与金融开放国别分析

第一节 越南金融发展概况

一、金融组织体系

越南现代金融业发展起步较晚但是发展较快。现已形成较为完整的以银行体系为主的金融组织体系。近年来其金融发展速度虽有所放缓，但是投资者总体预期积极。

（一）银行业

越南国家银行（The State Bank of Vietnam，SBV）是越南的中央银行。国家银行是部级机构，职责主要有：促进货币稳定和制定货币政策，促进机构稳定性和监督金融机构，提供银行融资及政府经济政策建议，管理国际储备，货币发行、货币管理及维护汇率稳定，监督各商业银行的活动，发行政府债券，组织债券拍卖。

越南金融监管实行分业监管体制，监管主体有国家银行、财政部和国家证券委员会。国家银行负责监管银行业，财政部负责监管保险业，证券委员会主要负责核准公司上市许可、监管证券经营活动和服务、对违规行为进行处罚。

越南本国商业银行由 6 家国有银行(越南工商银行、越南农业与农村发展银行、越南外贸股份商业银行、越南投资与发展银行、湄公河三角洲房屋开发银行、越南社会政策银行)和 31 家股份制商业银行构成。本国非银行金融机构包括 16 家金融公司和 11 家融资租赁公司。外资银行包括 49 家外国银行分行、4 家合资银行、8 家外国全资子银行和 50 家外国银行代表处。外资银行以来自日本、韩国、中国和中国台湾地区的银行为主。其中,中国工商银行在河内设置了分行,中国银行、中国建设银行和中国交通银行在胡志明市设立了分行,中国农业银行在河内设置了代表处,中国国家开发银行在河内设置了工作组。

近年来,越南银行业发展水平不断提高。越南农业与农村发展银行、越南工商银行、越南外贸股份商业银行上榜"2017 年《福布斯》全球企业 2000 强",越南工商银行等 13 家银行上榜"2017 年《银行家》全球银行 1000 强"。

如表 4-1 所示,私营部门的国内信贷占国内生产总值的比重 2012 年和 2013 年低于 100%,但自 2014 年以来,该指标值逐年上升,2017 年超过了 130%,2019 年达到了 137.91%。快速增长的私营部门银行信贷为越南经济增长提供了保障。

表 4-1　2012—2019 年越南银行和货币市场基本情况

年份	不良贷款率(%)	私营部门国内信贷占国内生产总值比重(%)	银行资本对资产比率(%)
2012	3.44	94.83	9.93
2013	3.11	96.80	9.54
2014	2.94	100.30	8.77
2015	2.34	111.93	8.26
2016	2.28	123.81	7.77
2017	1.99	130.72	7.36
2018	1.89	133.31	7.68
2019	1.50	137.91	7.83

资料来源:世界银行。

银行服务不断普及。2014 年,越南仅有 31% 的人口拥有银行账户,消费支付方式主要以现金为主。2017 年,这一比例上升到了 70%,银行服务普及化程度不断提高。

2008 年国际金融危机以来,为增强商业银行抗风险能力,政府加大了银行并购的力度。政府计划通过将较弱银行与较强银行合并将私人银行数量减少到 15—17 个,以此在保持商业银行国有控股为主的同时,逐步增加银行私人股权比重,逐渐增大私人银行的抗风险能力和规模经济效应。

银行业的快速发展对银行抗风险能力提出更高要求。越南银行业资本金不足的问题不断显现。银行资本对资产的比率也在逐年下降,由 2012 年的 9.93% 下降到 2017 年的 7.36%,由此说明越南银行业在不断扩大规模的同时,应重视银行业承担风险能力的同步提高。

此外,2017 年以来,出现外资银行不断撤离越南的现象。这一方面是由于越南银行业坏账和银行破产问题加大了银行业经营风险;另一方面,金融政策缺乏透明性和开办业务的政策限制加大了外资银行经营难度,而与本土银行合资,又面临持股比例不能超过 30% 的限制,对外资银行的投资积极性产生不利影响。

(二)证券业

越南证券市场发展迅速,是东南亚地区增长速度最快的五大证券市场之一。2018 年有两个证券交易所和一个衍生产品交易所。2000 年 7 月 28 日胡志明市证券交易所开业,2005 年 3 月 8 日河内证券交易中心开业,2017 年 8 月 10 日越南衍生证券市场开市,在为优化越南证券市场结构并为投资者提供风险防范工具进程中迈出了重要的一步。

作为东南亚地区增长速度最快的证券市场,自 2012 年年底起,越南股市维持了长达五年的牛市,成为外国投资热点。2016—2017 年越南证券市值增长速度引领全球,增幅高达 61%。截至 2017 年年底,越南股市总市值近 3360 万亿越盾,相当于 GDP 的 74.6%,超额完成至 2020 年越南证券市场发展战略中所提出的目标。随着越南推进国有企业改革,越南航空业、金融业、零售及石油等大型国企股份先后上市交易。

如表4-2所示,2013—2018年,越南国内上市公司数量不断增加,证券市场规模日益扩大。上市公司总数由2013年的678家增加到2018年的749家,5年增加71家;市场资本总额由2013年的451.3亿美元增加到2018年的1326.5亿美元。股票交易总额占国内生产总值的比重也逐年上升,由2013年的8.16%上升到2018年的21.56%,但2019年有较大幅度下降,2020年又上升为20.97%。越南证券业的整体实力得到了提升,竞争力日益增强。

表4-2 2013—2020年越南证券市场的基本情况

年份	国内上市公司总数(家)	市场资本总额(亿美元)	股票交易总额占国内生产总值的比重(%)
2013	678	451.3	8.16
2014	670	524.3	16.04
2015	684	587.3	12.29
2016	696	732.2	13.16
2017	728	1253.1	19.79
2018	749	1326.5	21.56
2019	745	1498.2	12.05
2020	745	1860.1	20.97

资料来源:世界银行。

2018年第一季度,在国家经济高速发展和企业盈利良好的带动下,越南股市无畏美联储去宽松政策,走出了强劲的上升势头,增幅达19.3%。尽管受全球股市影响,2018年上半年胡志明指数累计下跌约2.4%,但从整体来看,相比于其他东南亚国家,如泰国、菲律宾和印度尼西亚,越南股市走势明显更为稳定,波动最小。

政府不断加强上市公司治理结构建设,努力达到"新兴市场"地位所需的标准,2018 年 11 月,越南财政部着手起草《证券法》修正案,这是越南自 2010 年以来首次对证券法进行大幅度修改。政府希望通过完善法律体系以推动证券市场可持续、现代、透明和公开发展。2019 年 8 月 13 日国家证券委员会首次颁布《越南上市公司治理准则》,旨在推动上市公司采用国际公司治理准则,提升上市公司质量,增强投资商对越南公司的信任度。

越南证券市场对外开放不断推进。政府于 2015 年 6 月 26 日明确规定,允许外商无限量购买不从事法律规定限制外资持股比例的领域和行业的越南上市公众公司股份和政府债券及企业债券;2016 年 7 月 1 日政府进一步明确外国机构持股越南证券公司股权 51% 及以上应满足的条件(包括收购股权要经股东大会批准以及提供符合国际会计准则最近一年的财务报表等),以及在越南设立外国证券公司分支机构的程序和文件要求等。

境外投资者的交易活动非常活跃,2017 年年底外国投资者账户数量为 190 万户,同比增长 11%。外国投资者总价值呈猛增态势,达 314 亿美元,较 2016 年年底增长 81.3%。

(三)保险业

越南保险业早期由国有的保越保险公司(BaoViet)独营。1993 年颁布法令 DecreeNo. 100/CP,开启了越南保险业市场化之路。2000 年颁布《保险法》,该法是越南与欧盟合作的保险项目(EuroTap-Viet)的一项内容,参考了很多欧洲国家的保险法。2010 年对《保险法》进行了修订。

2007 年越南加入世界贸易组织,保险业全面实施对外开放,保险市场迎来了高速增长期。据越南保险协会(Insurance Association of Vietnam, IAV)的统计数据显示,2006—2013 年的年均复合增长率达17.5%。2018 年越南保险行业总收入同比增长 24%,达 133 万亿越盾。其中,非寿险保险公司总收入达 45 万亿越盾,寿险保险公司总收入达 87

万亿越盾。保险行业总资产达 384 万亿越盾,同比增长 21%。其中,寿险保险公司总资产达 302 万亿越盾,非寿险保险公司总资产达 81 万亿越盾。

如表4-3 所示,近十年来,越南保险业发展迅速,保险市场日益壮大。保费收入逐年增加,由 2009 年的 14.40 亿美元增加到 2018 年的 58.39 亿美元,9 年间保费收入增加 43.99 亿美元。尤其是 2016—2017 年和 2017—2018 年增加幅度明显,保费收入分别增加了 10.29 亿美元和 11.88 亿美元,增长率分别为 28.4% 和 25.5%。保险业在世界排名也逐年上升,由 2009 年的第 58 名上升到 2018 年的第 47 名,9 年上升 11 个名次。从保费收入和世界排名可以看出,越南保险业的规模迅速扩大,成为资本市场中举足轻重的力量。

表4-3 2009—2018 年越南保险业基本情况

年份	保费收入 (亿美元)	世界排名	保险深度(%)	保险密度 (美元)
2009	14.40	58	1.36	16.53
2010	16.57	57	1.59	20.97
2011	18.45	57	1.46	22.20
2012	19.73	57	1.27	21.97
2013	21.15	57	1.24	23.30
2014	25.82	54	1.39	28.15
2015	29.97	52	1.55	32.34
2016	36.22	48	1.76	38.68
2017	46.51	48	2.08	49.17
2018	58.39	47	2.38	61.12

资料来源:世界银行。

但是,越南保险业发展水平还有待提高,保险渗透率有待提升。从保险深度和保险密度来看,2009—2018 年两个指标值总体上呈递增趋势。保险深度由 2009 年的 1.36% 增至 2018 年的 2.38%,9 年上升 1.02 个百分点;保险密度从 2009 年的 16.53 美元增长至 2018 年的 61.12 美元,增长了 269.75%(见表 4-3)。纵观国际,2018 年越南保险业的保险深度为 2.38%,与全球平均水平 6.09% 相差 3.71 个百分点;保险密度为 61.12 美元,距离全球平均水平 682 美元有很大的差距。因此,对比成熟保险市场的保险深度和保险密度指标,越南人均保险产品保有量和经济总量不相称,保险渗透率不足。虽然近年来越南保险规模不断扩大,保险密度以及保险深度较之前有较大提升,但仍与世界发达经济体存在一定差距。

二、外汇管理制度

越南法定货币为越南盾(VND),面值有 1 万、2 万、5 万、10 万、20 万和 50 万不等。越南实行有管理的浮动汇率制度。中央银行依据上日银行间市场越南盾兑美元汇率及国际外汇市场行情,发布当日银行间市场中间汇率。商业银行和其他金融机构的报价不得超过中间汇率上下一定区间;但商业银行可自行制定越南盾兑其他货币的汇率,不受该区间的限制。外国投资者可在越南金融机构开设本币或外汇账户。

越南实行外汇管制。外汇交易受到官方严格管制。出入境时如携带 5000 美元以上或其他等值外币、1500 万越盾以上的现金以及 300 克以上的黄金等必须申报,否则将对超出部分进行处罚。

越南存在民间自由外汇市场,这一方面是由于外汇交易受到官方严格管制,另一方面是由于当地人普遍愿意持有美元和黄金。随着越南盾汇率的稳定和外汇市场的整顿,自由市场的问题正在逐步得到改善。

越南盾和人民币都不是自由兑换货币,二者不能直接兑换,但在中越边境地区的小额贸易,可以采用本币结算,二者汇率由边境地区的银行和"地摊银行"决定。

1993 年 5 月 26 日,中越两国签订了《关于结算与合作的协定》,为双边银行建立结算和合作关系提供了条件。2016 年以来,中越双方金融工作组致力于推进双边的金融合作,但到 2018 年仍未取得实质性进展,预计短期内越南不会全面放开对跨境人民币业务的限制。2018

年,越南仍不允许开展全面的跨境人民币结算业务,只允许在中越交界的芒街、凉山、老街等边境地区使用人民币进行边贸结算。本国银行、中资银行以及其他外资银行须在边贸地区有分支机构才可以申请人民币结算资格。

越南是传统美元化国家,越南盾汇率变动主要受美元汇率走势影响。近年来,越南为减轻国民经济对美元的依赖程度,在国内强调"去美元化",限制美元使用,要求更多的业务使用越南盾结算。

综上,越南金融业整体发展程度还不高。尽管已建立包括股市在内的资本市场,但银行业仍然是金融体系的核心。2017年年底金融业总资产相当于GDP的187.6%,其中银行业资产规模约占80.0%以上,国营与私营银行资产规模大体相当。2018年年底越南广义货币供应量与国内生产总值的比值M2/GDP约为157.2%,在全球范围内亦属很高水平。但银行业经营长期受政府政策严重影响,国营银行在对国有企业信贷发放过程中独立性很低,风险控制能力差,整个行业仍处在渐进的市场化过程之中。越南整体信贷增速波动明显,金融基础设施落后。越南银行业潜在不良贷款率依然高企,金融稳健性风险持续成为政府关注的重点。截至2018年年底,银行业不良贷款率保持在1.9%的较低水平。但如果计入银行仍然承担责任、资产管理公司尚未处理的不良债权,则该指标将高达12.5%。因此,如何激励资产管理公司加快巨额不良贷款处理,仍是政府面临的重要挑战。金融体系监管能力仍有待完善,银行业存在外币化现象,且信贷增速偏高,未来金融业可能面对的汇率风险和资产质量风险值得关注。

三、金融开放政策

首先,在营商环境方面,越南于2015年11月颁布第78号法令,发展了在线商业注册,大大减少所需的商业登记文件,并将企业注册证书(Enterprise Register Certificate,ERC)的颁发时间从5天减少到3天。

其次,越南通过一系列法律放宽外资管制。在2016年11月,国民议会通过了修订《投资法》的 03 号法律,将 267 个有条件开放领域的名单修改为 243 个,在投资领域上除 6 个法律禁止以及 243 个有条件开放领域外可任意开展业务。银行、电信和运输等高度专业化和敏感的行业仍然保留了越南加入世界贸易组织承诺中规定的外国所有权限制。2020 年,除了对国有企业和银行或在越南的国际和双边承诺中另有说明外,外国投资者可以拥有当地注册公司 100% 的股权。但越南对于资本的自由流动仍然实施管制,出口商出口获取的外汇必须汇入政府授权信贷机构的外币账户,保留海外的外汇收入需要获得越南国家银行的批准。

越南的投资激励措施如下:第一,外国投资者对不能在当地采购的自用进口货物免征进口关税;第二,以下领域的项目有权享受如降低企业所得税、免征进口关税或土地租赁等投资激励措施:高科技、研究与开发、新材料、能源、清洁能源、再生能源、节能产品、汽车、软件、废弃物处理和管理、小学或职业教育、位于偏远地区或工业区的项目;第三,越南促进某些优先领域的外国投资,鼓励外资参与投资偏远或欠发达的地理区域。政府鼓励投资新材料的生产、新能源、冶金和化学工业、制造高科技产品、生物技术、信息技术、机械工业、农业、渔业和林业生产、产盐、新的植物品种和动物物种、生态与环境保护、研究与开发、知识型服务、加工制造、劳动密集型项目(雇用 5000 名或更多的全职工人)、基建项目、教育、训练、健康和体育发展。

第二节　老挝金融发展概况

一、金融组织体系

老挝现代金融体系建设起步较晚,基础较弱,金融业整体规模较小,金融业对经济增长发挥的作用还远远不够。在老挝革新开放新政策和中国"一带一路"倡议等背景下,老挝金融业迎来发展契机,大批新金融组织迅速成长,对壮大老挝金融组织体系具有重要意义。

（一）银行业

1975 年建国以来，老挝银行业经历三个阶段变革，取得一定的成绩，但受制于基础薄弱和体制僵化等因素，老挝银行业存在的问题仍然十分突出，很大程度上制约着国家经济发展。2006 年新《商业银行法》颁布以来，老挝逐步加大银行业改革力度，谋求银行业稳健发展。

老挝中央银行为老挝银行（Bank of Lao, BOL），负责发行货币、制定货币政策和监督商业银行。

金融机构包括商业银行、信用合作社、消费贷款公司和保险公司，其中，商业银行有国有商业银行、私营银行、合资银行、外国银行分支机构和代表处等。

老挝的商业银行数量众多，名目繁杂，经过老挝中央银行批准的商业银行有 39 家，其中 3 家国有银行，分别为老挝外贸银行、农业促进银行、老挝发展银行；1 家政策性银行：老挝政策银行。另有 7 家私有银行；3 家合资银行：老越银行、老法银行、老中银行；3 家外资子行：澳新银行、柬埔寨爱喜利达银行等；22 家外国银行分行：盘谷银行、泰国汇商银行、泰京银行、泰国军人银行、越南西贡—河内商业股份银行、马来西亚联昌国际银行、新加坡拉希德侯赛因银行、美国国泰银行等。各商业银行在全国范围内不断拓展金融服务网络，对老挝经济持续发展和人民脱贫作出了重要贡献。

银行贷款是老挝企业最主要的资金来源。但由于银行资产少，实力弱，经营方式单一，尚未建立个人信用体系，加之贷款条件及利息较高等因素的影响，银行提供给企业的贷款服务质量不高。

"建设—经营—转让"项目融资在国家建设发展中也发挥着重要作用。老挝基础设施水平落后，而政府缺少建设资金，因此，"建设—经营—转让"项目融资发挥了很大的作用。修路、建桥梁、采矿、水库等大的基础设施项目 80% 以上都通过此标中项目融资方式完成建设。

（二）证券市场

老挝证券交易所（Lao Securities Exchange，LSX）位于首都万象。2010年，老挝政府向韩国和泰国寻求技术和资金支持来帮助建立该交易所，最终由老挝银行和韩国股票交易所共同出资组建。老挝银行持有该交易所51%的股份，韩国交易所持有该交易所49%的股份。交易所在2011年1月11日开始运作，当年只有两家上市公司，一家是老挝国家电力公司（Electricitedu Laos）的子公司 EDL Generation-Public Company，另一家是老挝外贸银行 Banque Pour Le Commerce Exterieur Lao。2012年，老挝政府将外国人持有的 LSX 股份比例从10%提高到20%。

老挝证券市场是目前世界上规模最小的资本市场之一，但是发展潜力巨大。2010年10月10日，交易所在万象举行挂牌仪式，2011年1月11日正式开盘。

2018年4月，交易所有7家上市公司。2019年7月5日，ENECO Dynamic 大众公司向老挝证券委员会办公室和证券交易所提交了向公众出售股票的提案，计划在老挝证券交易所（LSX）上市筹集资金400亿基普。2020年该石油公司已成为老挝证券交易所第12家上市公司。

2013年11月16日，由中国太平洋证券股份有限公司与老挝农业促进银行、老挝信息产业有限公司合资成立的老—中证券有限公司开业，成为继老—越证券公司和老—泰证券公司之后，老挝第三家合资证券公司。老—中证券是老挝首家中资参与的合资证券公司，同时也是中国证监会批准在境外设立的第一家合资证券公司。

如图4-1、图4-2所示，老挝证券交易所综合指数自2011年开盘以来，总体呈现下降趋势，至2019年8月29日，综合指数持续下降到762.73点，为历史最低点。与东盟各国股指相比，2019年年初以来，东盟与中日韩股指中，多数股指出现一定幅度的上涨，相对表现最好的是柬埔寨证券综指，涨幅为34.0%。老挝证券综指、马来西亚综合指数、韩国综合指数和恒生指数出现下跌，其中，老挝证券综指下跌幅度较大，为8.8%。

（单位：点）

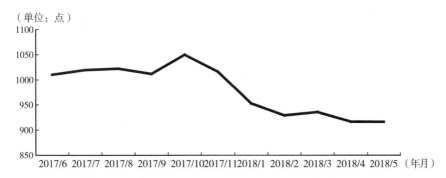

图 4-1　2017 年 6 月—2018 年 5 月老挝证券交易所综合指数

资料来源：世界银行。

（单位：%）

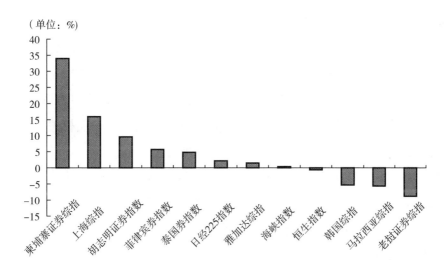

图 4-2　2019 年东盟与中日韩股指涨幅度

资料来源：世界银行。

（三）保险业

老挝的保险业处于发展的初级阶段。老挝居民可支配收入较低，对保险功能不了解，保险意识不足，保险的深度和密度都处于东南亚国家的低层水平。保险需求主要源于在老挝的外资机构和个人，购买保险的老挝人仅占很少的一部分。市场上主要销售的是产险产品，产险保费占总保费的 98%。1990 年老挝正式出台《保险法》。1991 年，老挝政府和法国 AGF 保险集团（后被德国安联集团收购）达成协议共同出资建立老挝国家保险公司（Assurances General Laos, AGL），成为老挝第一家设立运营的保险公司。2014 年 2 月 19 日，老挝政府实施新《保险法》等各项监管举措，致力于发展保险市场，力争建成现代保险监管体系的基本雏形。新《保险法》对产、寿险的经营范围以及保险监管机构的设立、保险公司的资本条件等都进行了明确的规定。

新《保险法》鼓励外资进入老挝保险市场，允许外资采取合资或者全资子公司形式经营保险业务。2019 年市场上已有的保险公司中，外资份额均不高于 80%，其中，凯城保险（老挝）公司为 80%。外资保险公司必须有 5 年以上的保险从业经验。

新《保险法》出台前，老挝市场上有 6 家保险公司在运营，其中 5 家由老挝政府与国外机构出资成立。根据新《保险法》的相关规定，保险监管机构仍然是财政部，具体由财政部下属的国有企业财务管理部门建立独立的保险管理署进行行业监管，但是财政部仍迟迟未完成相关部门的设置，监管的独立性问题没有得到很好的解决。

老挝是国际保险监管官协会（The International Association of Supervisors, IAIS）的成员，认可 IAIS 颁布的保险监管核心原则（Insurance Core Principles, ICP）作为监管的基本理念，但目前总体实施的程度尚与 IAIS 的要求存在较大差距。

根据瑞士再保险公司的分析，21 世纪初以来，老挝市场对保险业的需求以每年 30% 的速度增长。加入世界贸易组织和实施新《保险法》后，老挝政府正在进一步改革其监管体系，提高透明度，增加公平性。目前最大的问题一方面是国民经济发展水平有限，保险需求不足；另一方面是保险行业发展和监管的资源不足，行业内人员对保险相关技能不熟悉，老挝市场上的保险专业人员往往都是在泰国获得保险知识（精算、会计等）的培训，而公司的高级经理一般也都是外国人。此外，信息技术的落后也是一个重要的制约因素。

二、外汇管理制度

老挝货币为基普(KIP),基普为有条件可兑换货币。政府鼓励使用本国货币,但在市场上基普、美元及泰铢均能相互兑换及使用。人民币仅在老挝北部中老边境地区可兑换及使用。

老挝实行有管理的浮动汇率制,老挝银行每日设定参考基准汇率,基普汇率与美元挂钩,并允许波动范围在正负5%左右。基普汇率调整主要根据美元和泰铢的汇率波动情况。近年来,基普汇率波动很小,远远小于5%的法定波动范围。如图4-3、图4-4、图4-5所示,近十年来,除了2012年及2013年基普汇率大幅波动外,其余年份基普对美元的汇率总体呈现持续贬值态势;基普对人民币汇率波动显著;2019年1月2日—8月30日,基普对澳元、英镑、人民币和欧元有所升值,对泰铢、日元、加拿大元以及印度尼西亚盾等贬值较为明显。

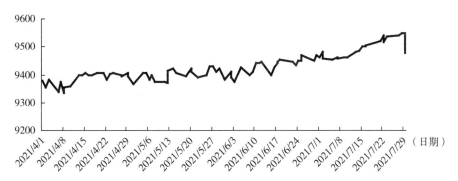

图4-3　美元兑换基普

资料来源:世界银行。

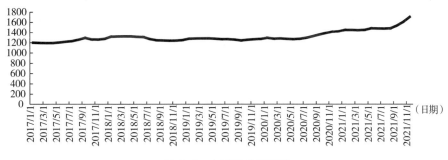

图4-4　人民币兑换基普

资料来源:世界银行。

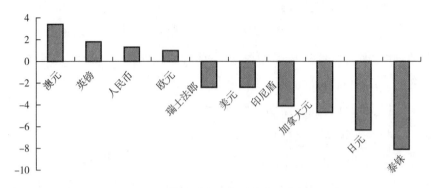

图 4-5　基普对主要货币的升贬变化

资料来源：世界银行。

由于外汇储备水平低，老挝实施了对基普兑换为美元和泰铢的每日限制，一些银行甚至直接宣布限制外币兑换。

老挝对资金国际汇兑管理较为宽松。为了促进商业交易，政府允许外国投资者在老挝国内和外国银行开设本地和外国可兑换货币的商业银行账户。同时，《企业会计法》规定不对外国投资者税后利润、技术转让所得、初始资本、利息、工资薪金或其他汇给投资者本国或第三国的汇款作限制。但是，外国企业必须向规划和投资部提交年度财务报表，报告其业绩。尽管政府规定所有的境外汇款在转入老挝时，如果不是以基普计价，均需要获得中央银行批准，但是要么汇款相关规则含混不清，要么官方解释前后不一，实际上并未实施严格管理。

综上，老挝金融发展水平较低，但增速很快。金融业以银行部门为核心，国内资本市场规模很小。银行业主要由国有银行、私营银行、合资银行和外资银行构成，其中，国有银行在资产和信贷规模方面均占 50.0% 以上份额。2017 年年底银行业信贷规模约相当于 GDP 的 59.3%，近 5 年大幅增长 22.8 个百分点；2018 年年底广义货币供应量占国内生产总值的比重 M2/GDP 为 51.4%，在同类国家中处于中等水平。但金融业发展基础薄弱，银行部门的技术、管理能力差，中央银行监管水平低；对农村地区和中小企业而言，金融可获得性依然严重不足。受周期性信贷潮等因素影响,老挝金融稳健性水平较低。在 2008 年国际金融危机发生后,老挝推出国内经济刺激计划应对外部冲击,但信贷潮后,企业之间的款项拖欠导致银行业不良贷款率急剧上升,其中国有企业不良贷款率高达 8.2%,资本充足率降至 2.9% 的极低水平。此外,老挝银行业中外币化程度(主要是美元和泰铢)约 50.0%,这也使得银行业稳健性易受汇率波动的冲击。

三、金融开放政策

首先,在外资管制方面,老挝规定有意在老挝大多数商业领域开展新业务的海外投资者,不再受最低注册资本必须达到 10 亿基普(约 11.8 万美元)的规定所限,之前定下的歧视性最低资本要求也已被取消。

其次,老挝也积极吸引外资。老挝的投资激励措施包括:第一,老挝鼓励外国投资的行业有:出口商品生产;农林、农林加工及手工业;加工、使用先进工艺和技术、研究科学和发展、生态环境和生物保护;人力资源开发、劳动者素质提高、医疗保健;基础设施建设;重要工业用原料及设备生产;旅游及过境服务。第二,老挝最新修订的《投资促进法》显示,如有企业在基础设施建设不完善的贫困地区(Ⅰ区)投资经营,可免缴 10 年的利润税;在贫困地区投资的外资企业在免缴 10 年利润税外,可再额外 5 年期限免缴利润税,即可以免缴利润税 15 年。鼓励在基础建设和设施发展中地区(Ⅱ区)投资,在这些地区投资享受 4 年免税政策,外资企业在这里投资可以额外获得 3 年免税期限,即 7 年免征利润税。除利润税的激励外,政府还提供了关税、增值税、土地租赁和特许权费的优惠。第三,进口的车辆、机械和设备不是用于在老挝销售而是直接用于企业生产和使用的,可以享受免进口关税和增值税优惠。第四,企业进口原材料、设备、零配件用于生产出口商品,也可享受免税政策。出口产品的关税和增值税也可豁免。但政府使用的进口车辆、进口石油、天然气、润滑油,应按照相关的法律法规进行规范和管理。根据修改后的法律,那些利用非自然资源原材料生产产品并出口的企业,也可享受增值税豁免。

第三节　缅甸金融发展概况

一、金融组织体系

（一）银行业

缅甸自 2010 年进行经济金融改革以来，银行业取得了较大发展，初步形成了以缅甸中央银行——国家银行为中心，以缅甸经济银行、缅甸投资与商业银行、缅甸外贸银行及缅甸农村和农村发展银行 4 家国有银行为主，24 家私人银行与外资银行共存的银行业体系。

缅甸国家银行作为缅甸的中央银行，长期隶属于缅甸财政部，直至 2013 年 7 月，缅甸颁布了《缅甸中央银行法》，授予国家银行独立制定并执行货币政策的权力。

缅甸一直是实行利率管制的国家，利率水平主要由中央银行确定。贷款利率超过 10%，且低于通货膨胀率，导致实际利率为负，表现出明显的金融抑制特征。高企的利率同时也使生产性企业的投资得不偿失，从而打击了生产性企业投资的积极性，也加剧了银行投机行为和货币市场的风险。

缅甸商业银行体系以 4 家国有银行为主，其中，缅甸经济银行是实力强大的由政府控股的股份制银行，分支行众多，遍布缅甸全国各地。主要从事一般商业银行的存、放、汇等银行业务，缅甸正计划将缅甸经济银行的国内银行业务向国际金融服务业务拓展；缅甸外贸银行主要经营外贸外汇，办理缅甸对外贸易的国际结算业务和吸收外汇存款；缅甸投资与商业银行主要为投资筹集资金，缅甸外贸银行主要经营与外贸、外汇相关的银行业务，缅甸农业与农村发展银行主要为农民提供储蓄和贷款服务；缅甸投资和商业银行是一家本外币兼营的国有股份制银行，主要为发展私营经济提供必要的国内外银行业务服务,贷款对象主要是私营企业主;缅甸农业和农村发展银行是一家由政府投资的专业银行,已经形成全国性网络,主要服务于缅甸国内农牧业发展以及地方经济社会发展,向农民提供储蓄以及贷款服务业务,以推动缅甸农业、畜牧业、渔业等农村经济发展为目标,为各种农业生产提供贷款,对推进缅甸农村经济发展发挥了重要作用。

缅甸也有一些为数不多的私人银行,由大型商业集团控制,主要是为其相关商业活动提供信贷。私人银行存贷款规模均较小,发展较为有限。

缅甸允许外资银行在缅设立分行或办理处,2019年有40余家外资银行在缅甸设立代表处,其中多为亚洲国家银行。10余家外资银行在缅甸设立分行,包括澳大利亚南澳新银行、泰国盘谷银行、日本三菱东京日联银行、中国工商银行、马来西亚银行、日本瑞惠银行、新加坡华侨银行、日本三井住友银行、新加坡大华银行、越南投资与开发银行、中国台湾玉山银行、韩国新韩银行以及印度国家银行等。中国工商银行是唯一在缅甸开设分行的中资银行,此外,中国银行于2015年在仰光开设了代表处,中国进出口银行和国家开发银行则在缅甸开设了工作组。

外资银行可以向外国公司和国内银行提供批发金融业务(提供本、外币贷款等),但不能开展零售金融业务和直接向本土企业发放贷款。此外,外资银行只能开设一家分支机构,且分支机构的开设必须在一年内完成。

(二)证券业

缅甸证券业起步较晚,发展较慢。2014年日本交易所集团与大和证券集团协助缅甸政府共同出资组建证券交易所,同时日本金融厅协助缅甸政府成立证券监督管理机构。2015年12月9日,在日本的协助下,缅甸第一个证券交易所——仰光证券交易所成立,交易所51%的股份属于缅甸财政部下属的缅甸经济银行,30.25%的股份属于日本大和证券,

18.75%的股份属于日本交易所。2016年3月25日,仰光证券交易所正式开盘交易,缅甸第一家投资公司成为首个上市公司,结束了缅甸国内没有证券交易的历史。近年来,交易所发展缓慢,股东约有30万人,开设股票交易账户的约有4万人,每天进行股票交易的仅有500人左右,交易额不足10亿缅币。2018年8月1日开始,缅甸允许常住外国人在仰光证券交易所购买股票。

1993年缅甸政府开始发行政府债券。有2年期、3年期、5年期的国库券,由财税部委托中央银行通过贴现窗口销售,由缅甸经济银行承销。国库券利率在8%—9%之间。2019年还未建立债券信用评级制度,也还未发行公司债券,但政府已积极在为公司债券的发行做准备。

(三)保险业

缅甸保险业的发源要追溯到18世纪初英国殖民统治时期。19世纪中期时,缅甸的保险公司曾一度多达上百家。1963年,缅甸宣布成为社会主义国家,对所有保险公司进行国有化,并在此后停止了保险业。1993年,缅甸设立了产寿险兼营的缅甸国家保险公司(Myanmar Insurance)进行垄断经营,提供人寿、航空、工程、石油、天然气、伤残、旅游等多个险种,在全国拥有30余个分支机构。2017年8月,经缅甸保险行业管理委员会批准,缅甸保险公司新增4种保险业务,即人身意外险、海洋船舶险、旅游险以及农民人寿险。

2013年缅甸保险业引入民营资本,私营保险公司开始被批准经营业务,但业务范围有限,规模较小,发展较缓慢。2018年开始允许外国保险公司与国内保险公司合资在缅经营保险业务。2019年1月,缅甸计划和财政部批准中国香港、英国、日本、美国和加拿大的5家外资保险公司在缅设立全资人寿保险公司。

据瑞再研究院估计,2013年缅甸财产险保费收入约合3000万美元,较上年增长约22.7%。财产险的深度为0.07%,密度约为0.58美元。保费构成中,企业财产险和家庭财产险是最主要的险种,约占总保费的

80.3%;水险/航空运输险以及机动车辆保险是第二、第三大险种,分别占 6.7%和6.4%;个人健康/意外险约占2.1%。2013年寿险保费收入约为 200万美元,较上年增长约23.4%。寿险的深度仅为0.005%,密度则约 为0.04美元。

二、外汇管理制度

缅甸货币为缅甸元(Kyat),可以自由兑换。缅甸流通美元、欧元甚至 外币兑换券,缅甸元仅用于小额交易。

缅甸实行着较为严格的外汇管制,外汇管理主要由外汇管理委员会 负责。缅元不得流出入国境。但在中缅边境地区,根据贸易部(91)7号 令,边境贸易可使用人民币和缅元;没有缅甸外汇管理局负责人的许可, 任何人在缅甸本土不可以买卖、借贷、兑换外汇;除缅甸外汇管理当局特 别批准需要保留外汇外,除了居住在缅甸本土的外国国民且进行与官方 业务有关而获得的外汇收入,其他人员没有进行贸易而获得的外汇收入 必须上缴。2012年4月起,缅甸官方宣布外国人员进入缅甸时低于1万 美元或是相当价值的其他货币可以不用向缅甸海关申报,高于1万美元 必须向海关申报;外汇账户现钞提取每周不得超过等值1万美元;家庭汇 款仅适用于由政府项目或依法设立的私营公司聘用的外国技术人员;划 转或接受贷款也需要央行的批准;外资企业的各类收入汇至国外前,外企 需提交有关材料交由央行审核并通过后方可汇款。

2012年以前,缅甸实行的是1特别提款权约等于8.5缅元的固定汇 率制。在固定汇率制度下,法定汇率在1美元兑换5—9缅元的范围内变 动。对法定外汇交易严厉限制的情况下,形成了黑市交易市场(并行汇 市),在黑市中,以远离法定汇率的水平进行外汇交易已经常态化。2012 年4月,缅甸废除多重汇率政策,采用与特别提款权挂钩的有管理的浮动 汇率制度,汇率市场的一元化基本实现。自此缅元对美元持续大幅贬值, 2012年官方汇率是1美元兑换818缅元,2015年进一步跌至1美元兑换 1162缅元,2018年6月中旬以来,缅元再度下行,跌至1美元兑换1462

缅元。贸易逆差、财政赤字、外汇储备减少等是缅元持续贬值的原因。

综上,缅甸金融业处于发展初期,制度规范建设正在推进。2016年9月,政府举行首次缅元计价债券竞争性拍卖,代表缅甸资本市场建设向前迈进重要一步。不过较长时期内,银行部门仍将在金融体系中居于主导地位,其中仍以国有银行为主体,前五大商业银行集中度为99.6%。西方解除对缅制裁后,2015年有13家外国银行进入,增加了金融市场竞争。伴随近期投资热潮,银行业信贷增速持续保持在25.0%以上。不过缅甸金融业发展仍处很低水平,2018年广义货币供应量占国内生产总值的比重仅为57.1%左右,金融广度也严重不足,农业和中小企业融资难现象普遍。2019年,包括《缅甸银行与金融机构法》以及建立信用局缓解中小企业融资难在内的制度基础刚刚确立,监管制度框架仍有待进一步成型。缅甸金融稳健性风险更应受到关注。当前缅甸银行业不良贷款率处于6.0%以上的偏高水平。近年信贷热潮有可能在未来3—4年后带来坏账率的急剧上升。此外,当前处于主导地位的国有银行资本充足率和资产质量尤其堪忧,不排除在未来进入重组程序的可能。

三、金融开放政策

缅甸积极推动自身的金融开放。2018年8月缅甸新的《公司法》正式生效,放开进出口行业、保险业和证券交易市场等之前限制外商投资的领域,新法律将提升缅甸作为投资目的地的吸引力;在营商环境方面,缅甸于2018年8月颁布的新公司法对外商独资企业作出以下规定:为外国投资者提供更加独立、灵活的投资方式;允许外资建立完全控股的有限责任公司;对服务型行业外资公司设立较低的门槛;降低注册公司门槛以吸引外资:只需1个法人,1个护照就可注册公司,且注册资本不用实缴;在外资管制方面,目前缅甸对外商投资项目实施分类管理,具体见表4-4。

表4-4　缅甸外商投资项目分类

项目类别	行业名称
允许类	电力、石油和天然气、矿业、制造业、饭店和旅游业、房地产、交通运输、通信、建筑和其他服务业;杂交种子的生产和分销、高产的和本地的种子的生产和培育、橡胶和橡胶制品的制造
限制类	必须与缅甸企业合资的项目有:食品生产项目、饮料生产销售项目、厨房用品生产项目、日用品生产项目、高级高尔夫球场、度假旅游和房地产项目;畜牧水产项目和环保项目;药品生产、运输、汽车修理、租用政府部门土地经营项目;农业和健康领域药品进口;化肥、种苗、杀虫剂、医疗器具等商品进口
禁止类	与国防相关的武器和火药服务项目、河岸堤坝项目、宗教和信仰场所、破坏农田和水资源的项目、天然林管理项目、玉石开采和矿产品生产项目、过度耗费电力的项目、电力勘察项目、航空导航项目、包括金矿在内的矿产开采项目、未经政府批准的出版和传媒项目,以及用缅文及其他民族文字出版物等项目;对雨林、宗教圣地、放牧和依山种植的地方以及水资源造成破坏的经济活动,制造用于国防的武器和弹药、开采和生产玉石以及制作"民族语言"的杂志

资料来源:《缅甸联邦共和国外国投资法》。

此外,在投资激励政策方面,缅甸给予外商的优惠政策主要为税收优惠。缅甸将国内不同地区按发达程度分为三类,在最不发达地区投资可最多享有7年免征所得税待遇,包括13个省邦的160余个镇区;在一般发达地区投资可最多享有5年免征所得税待遇,包括11个省邦的122余个镇区;在发达地区投资可最多享有3年免征所得税待遇,包括曼德勒省的14个镇区和仰光省的32个镇区。

第四节　柬埔寨金融发展概况

一、金融组织体系

(一)银行业

柬埔寨国家银行是柬埔寨的中央银行。其既要维持国内货币稳定、制定金融政策、管理外汇,还要负责监管银行及金融机构的运营。

柬埔寨央行推行开放式金融政策和制度,鼓励商业银行竞争与发展,允许商业银行自行决定存贷款利率水平,对本国和外资商业银行在机构设立、资本金要求以及准备金要求等方面均实行统一标准。

柬埔寨已形成包括中央银行、商业银行、专业银行及微型贷款机构在内的较为完备的银行体系。截至 2019 年 1 月,全国共有 433 家银行与微型贷款机构。包括 43 家商业银行(15 家本地银行、28 家外国银行支行和子银行),14 家专业银行,7 家拥有存款资质的微型贷款机构,73 家微型贷款机构和 273 家农村贷款机构。ACLEDA 银行和加拿大银行是最大的两家本地银行,资产分别占全国总量的 19.30% 和 13.80%。截至 2019 年 1 月,银行与微型贷款机构流动资产达 400 亿美元,同比增长 19.4%,存款额为 221 亿美元,同比增长 15.3%,贷款额为 245 亿美元,同比增长 18.8%。银行坏账率为 2.8%,微型贷款机构坏账率为 1%。银行业总体发展态势平稳。

(二)证券业

2011 年 7 月 11 日,柬埔寨首家证交所——柬埔寨证券交易所(Cambodia Securities Exchange,CSX)在金边成立。该证交所由柬埔寨政府与韩国证券公司合作成立,其中柬方持股 55%,韩方持股 45%。2012 年 4 月 18 日,柬埔寨证券交易所正式开业,截至 2018 年有 5 家上市公司,分别为金边水务局、崑洲制衣厂、金边港口、金边经济特区和西哈努克自治港。

移动交易系统(Mobile Trading System,MTS)是柬埔寨证券交易所实施的在线交易平台,投资者可以通过该平台快速、安全、便捷地交易股票。2019 年 4 月,柬埔寨证券交易所推出了中文版移动交易系统,以鼓励中国投资者在该国交易所交易股票。目前,柬埔寨证券交易系统有柬埔寨语、英语和汉语三种可用语言。

如图 4-6 所示,柬埔寨股指自 2012 年开市以来,持续小幅下跌,走势基本平稳,自 2018 年 10 月大幅攀升以来进入稳步小幅上升阶段,反映出柬埔寨实体经济稳中有升的总体态势。

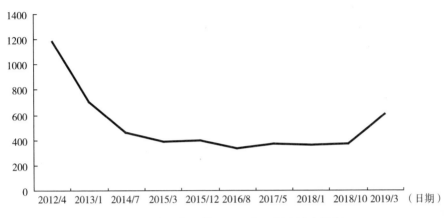

图 4-6　2012 年 4 月—2019 年 3 月柬埔寨股指

资料来源：世界银行。

（三）保险业

殖民地时代，法国保险公司占据了柬埔寨的保险市场。随着柬埔寨独立，柬埔寨国内保险公司逐渐取代外资保险公司占据市场。但 20 世纪 70 年代，柬埔寨内战开始，经济活动停滞不前，保险业基本失去作用。直到 1992 年内战结束，重建经济秩序，柬埔寨国家保险公司成立。2001 年柬埔寨开始市场经济体制改革，《保险法》开始实施，第一家民营财产保险机构获准设立，保险业开始现代化进程。2002 年成立国营再保险公司，2005 年柬埔寨保险协会（Insurance Association of Cambodia，IAC）成立，2012 年第一家寿险公司成立。截至 2018 年 1 月，柬埔寨共有 57 家保险公司，其中，有 11 家普通保险公司、7 家人寿保险公司、8 家小型保险公司、12 家相互保险公司、16 家保险经纪公司、1 家再保险公司和 2 家风险评估公司，市值达 1.12 亿美元，其中普通保险为 5440 万美元、人寿保险为 4970 万美元、小型保险为 730 万美元。

根据柬埔寨保险协会的报告，近年来，柬埔寨保险业持续增长，保险产品种类不断增加，保险业年增长率达 15%。2016 年全国保费收入

1.136亿美元。购买保险的人口占全国人口的比例从2010年的0.21%增至2016年的0.62%,人均保费从2010年的1.73美元增至2016年的7.58美元。2018年全国保费收入达到1.964亿美元,较2017年的1.516亿美元增长了30%,主要受汽车保险业(26.3%)、财产险(15.2%)、人身意外和医疗保险(12.1%)的推动。全国保费收入将从2018年的1.964亿美元增至2020年的3.3亿美元。

二、外汇管理制度

柬埔寨的官方货币是柬埔寨瑞尔(KHR),由国家银行负责印制和发行。但柬埔寨是传统美元化国家,美元在柬埔寨广泛流通,仍然是大多数大宗交易的计价与结算货币。

柬埔寨实行盯住美元的自由浮动汇率制度,汇率由官方汇率和市场汇率两部分组成,每日这两种汇率之差为正负1%,官方汇率以前一天的日平均市场汇率为基础,根据市场流动性进行调整,主要用于银行及金融机构会计核算、海关估值及政府外汇交易。柬埔寨国家银行通过调节瑞尔的供需来维持外汇市场的稳定。

柬埔寨外汇管制宽松,对国外资本的投资限制较少,既没有利润汇回本国的限制,也没有对外国投资者的差别待遇,外国投资者不必与当地人合作,可以实现100%独资。为此,柬埔寨已经成为继迪拜、新加坡之后的国际资金流动平台。美元放款利率在10%以上,存款利率为4%,利差空间大,国际热钱汹涌汇入,带动柬埔寨连续数年GDP增速上冲7%。

居民可自由持有外汇,通过授权银行进行的外汇业务不受管制,但单笔转账金额在1万美元(含)以上的,授权银行应向国家银行报告。只要在柬埔寨商业主管部门注册的企业均可开立外汇账户。

三、金融开放政策

首先,贸易政策上,柬埔寨国家银行(NBC,中央银行)将继续优先处理信贷增长的步伐,以减轻与快速贷款发放相关的问题的风险。在2018

年信贷增长加速至 27.7%,尽管 NBC 作出了努力,预计中央银行将努力“降温”这一趋势,使得到 2023 年信贷增长放缓至 15%。NBC 也在努力降低风险,通过逐步引入资本保全缓冲等举措来实现金融稳定。而宏观审慎措施仍将是 2019—2023 年货币政策的基础,因为柬埔寨的美元化经济限制了传统杠杆的有效性。

其次,在金融自由化程度上,柬埔寨美元化程度很高,占广义货币的 82.7%(根据 IMF 2018 年的估计方法)。并预计“去美元化”是一个长期过程,短期内,柬埔寨还是会依赖美元的使用不会明显减少。

最后,对外贸易上,柬埔寨与中国联系紧密,其服装业和旅游业也发展强劲。截至 2019 年,柬埔寨已建设一系列由中国支持的基础设施项目,并将在 2019—2023 年继续刺激资本和中间产品进口需求。与此同时,2019 年前五个月商品出口同比增长 14%,这主要是由于服装业和旅游业的强劲需求,特别是来自美国的需求。在服装业适度回升以及其他商品(如自行车)出口量增加的带动下,出口将继续增长。此外,进口的增长将继续超过出口的增长,从而导致大量的商品贸易失衡。由于游客的到来,特别是来自中国的游客的增加,服务账户的盈余将不断增加。但服务账户盈余的预期扩大将不足以抵消贸易账户的短缺,预计在 2019—2023 年度,经常账户赤字将平均相当于 GDP 的 10.6%。

第五节　泰国金融发展概况

一、金融组织体系

泰国金融体系自 1940 年建立之后,经历了 20 世纪 60—70 年代政府严格保护时期和 80 年代末、90 年代初的金融自由化时期。1997 年亚洲金融危机之后,泰国以处理银行不良资产、增强金融机构的实力为中心重组了本国金融体系。目前,泰国金融体系由商业银行、国营专业金融机构、非银行金融机构和资本市场四大部分组成。其中,商业银行体系占据主导位置;专业金融机构是支持政府落实经济政策、向特定群体提供金融支持的政策性金融机构,由财政部监管,包括政府储蓄银行、农业合作银行、政府房屋银行、泰国进出口银行、泰国中小企业发展银行、次级抵押公司、泰国伊斯兰银行、泰国资产管理公司和小型企业信贷担保公司等。非银行金融机构包括由泰国中央银行监管的财务公司、房地产信贷公司,由保险业监管委员会和财政部监管的人寿保险公司以及由农业部监管的农村信用合作社,以及消费信贷公司、金融租赁公司等。

(一)银行业

泰国的中央银行是泰国银行(Bank of Thailand,BOT),其前身是泰国国家银监局。1942 年 4 月 28 日,政府发布《泰国银行法案》,规定将所有中央银行职能划归新设的泰国银行,同年泰国银行正式开始运作。泰国银行的主要职能是:制造以及发行货币;维持金融体系的稳定以及制定货币政策;为政府提供贷款以及发行国债;为金融机构提供贷款;建立支付系统并维系其运作;监督金融机构的运作;调控货币汇率系统以及管理国家外汇储备。近年来,泰国银行致力于降低监管成本,促进竞争,提供金融服务以及加强金融基础设施建设等。

泰国银行鼓励银行间的竞争,对商业银行存贷款利率不做硬性限制,贷款利率等具体贷款条件由各商业银行根据其对贷款企业及项目的分析及风险控制情况而定。

商业银行系统是泰国金融体系的支柱,提供现金管理、资金运营、投资、大中小企业业务、零售业务金融服务,还涵盖证券、保险、租赁、租购、保理、基金管理和私人财富管理金融产品等全能金融服务,由泰国银行负责监管。截至 2009 年 12 月,泰国商业银行系统包括 14 家全能银行、2 家零售银行、15 家外国银行分行和 1 家外国银行子银行。全能银行中又以盘谷银行(Bangkok Bank Public Company Limited)、泰京银行(Krung Thai Bank,KTB)、泰华农民银行(Kasikorn Bank)和泰国汇商银行(Siam Commercial Bank,SCB)规模最大,这四大银行占据了 2/3 的资产份额,而全部 14 家全能银行在泰国金融体系中占有 62% 的资产份额。此外，零售银行仅能向中小企业或零售客户提供有限的金融服务，不允许经营诸如衍生金融产品和风险管理产品等业务。外资银行分行在分行数量（最多可设立三家分行）、国内融资等方面有较多的限制。外资银行子银行仅允许设立四家分行，其中一家可设在曼谷及邻近地区，其余须设在外府。

（二）证券业

泰国的资本市场包括股票市场、债券市场以及相关的证券公司、基金管理公司等。证券公司和基金管理公司占泰国金融体系 10% 的市场份额。泰国证券监督管理委员会（Securities and Exchange Commission，SEC）是泰国资本市场的监管机构，负责制定证券市场监督、促进、发展及运营方面的法律法规，以确保资本市场的公平发展，提高运营效率，保持长期稳定发展，以及增强泰国证券市场的国际竞争力等。

泰国证券交易所（Stock Exchange of Thailand，SET）于 1975 年开始正式运营，是泰国唯一的证券交易市场，为上市证券进行交易提供必要的证券交易系统，从事与证券交易有关的业务，如票据交换所、证券保管中心、证券登记员及其他服务等，以及从事证券委员会批准的其他业务。

新兴股票投资市场（Market for Alternative Investments，MAI）是从属于泰国证券交易所的二板市场，主要为中小企业提供有选择的资金渠道、为债转股的债务重组提供方便、鼓励风险基金向中小企业投资并提供更多的投资机会和分散投资风险。

泰国债券交易中心（Thai Bond Trading Center，TBTC）自 1998 年起从原来从属证券商协会的债券交易系统吸收银行等机构加入而形成，是债券市场投资者的交易平台，提供各种债券交易信息和形成较强自律性的债券交易管理机构。

如图 4-7 所示，过去 20 年间泰国股指保持了持续稳定上升的势头，泰国证券交易所在全球 55 所证券交易所稳定性排名中位列第 10 名，也是亚洲唯一入选前十的交易所。泰国股市的良好表现吸引了全球投资者的青睐。泰国股市外资持股比例较高。截至 2019 年 6 月,该比例约为 29.9%,价值 5.15 万亿泰铢。外国投资者最多的是英国、新加坡和美国,其次是中国香港、日本、瑞士、毛里求斯、法国、荷兰和卢森堡。他们共拥有价值 4.59 万亿泰铢的股票。

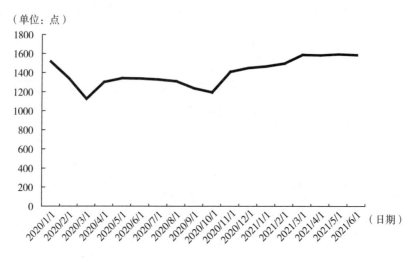

图 4-7　2020 年 1 月至 2021 年 6 月泰国股指

资料来源:世界银行。

2019 年 4 月 23 日,首届中泰资本市场合作研讨会在泰国曼谷成功举行,深圳证券交易所与泰国证券交易所签署合作谅解备忘录。双方将合作建立"中泰中小企业资本市场服务计划",探讨建立中泰创业板市场联盟(ChiNext-mai Alliance),进一步探索丰富两国资本市场投融资渠道,双方还将在指数、绿色金融产品等方面开展具体合作。本次合作将进一步发挥深交所与泰交所在中小企业培育服务等方面特色优势和资本市场组织者的纽带作用,推动中泰市场各方参与共建合作网络,共享资源渠道,促进两国跨境创新资本形成。

（三）保险业

泰国保险业开始于 20 世纪 30 年代,30 多家外国保险公司在泰国开办业务;20 世纪 60 年代后,泰国民族保险业开始发展。泰国政府对民族保险业大力扶植,1993 年,泰国开放保险市场,其保险业迅速发展并形成一定规模,民族保险业由弱变强,逐渐成为泰国保险市场的主导力量。2007 年泰国商务部下属的保险监管部门——保险委员会办公室(Office of Insurance Committee,OIC)转型为独立的保险监管部门。

1995 年以前,泰国保费收入水平一直居新加坡、马来西亚之前,1997 年亚洲金融风暴使其保险业受到重创,2000 年以来重新实现保费收入的稳步增长,2014 年保费收入超越马来西亚成为东盟国家中仅次于新加坡的保险业较为发达的国家。2017 年泰国保费收入 241 亿美元,东盟排名第二,仅次于新加坡,世界排名第 28 位。保费收入实际增速 4%,人均保费 348 美元,东盟排名第二,仅次于新加坡,世界排名第 49 位。保险深度 5.29%,东盟排名第二,仅次于新加坡,世界排名第 26 位。总体上继续保持着东盟第二名的保险业较为发达国家的水平。

泰国保险市场集中度高,保险业务基本被几大保险集团控制。这些集团资本实力雄厚,大多拥有银行、财务公司、贸易公司或工厂企业。其中最大的是曼谷保险公司、东南保险公司和安顺保险公司,其次是伦莱和万莱保险公司。外国保险公司分支机构有十多家,其中美国 AIG 势力最大,占寿险市场的比例高达 50%。

二、外汇管理制度

泰国于 1990 年 5 月 4 日接受国际货币基金组织协定第八条款,实现经常项目完全可兑换。泰国法定货币为泰铢。泰铢采用单一汇率制,泰铢汇率由市场供求决定,实行自由浮动。

1990 年 5 月 22 日,外汇管制得到放宽。泰铢或其他外币的一些交易可以不受任何限制的进行,只有少数交易要求得到泰国银行的批准;泰国银行对于用作国际清偿的支付货币应采用何种货币并无限制规定,但大多数习惯以美元进行支付;从国外携带泰铢入境,数额亦不受限制;外国投资者,携带外汇进入泰国没有数量限制,但是必须在带入境后的 7 天内存入泰国的商业银行或者出售;外资公司可以向其海外总部自由汇出利润,会征收 10% 的汇款税;非居民可以在授权银行开立外汇账户和银行账户,账户余额转移不受限制。

近年来,由于经济基本面向好、出口快速增长以及资本流入较多等因素的影响,泰铢对美元汇率持续走强。2017 年 6 月 12 日,泰铢对美元汇率创下 23 个月以来的新高,累计升值约 5%。泰国央行宣布进一步放宽外汇管制,允许泰国公民更多投资海外证券市场;并将允许资产规模在 5000 万泰铢的投资者直接投资海外证券市场,每年投资上限为 100 万美元;放宽国内投资者投资境外资产配额限制,从之前的最高 750 亿泰铢提高至 1000 亿泰铢。与此同时,放宽外汇兑换交易的监管机制,允许企业和个人与境外机构和银行根据自身需要进行自由兑换。

泰国银行上述放宽外币兑换管制方针的重点在于增强汇款代理商和货币兑换商等新市场参与者在泰国金融服务市场竞争中的作用,包括向居民和小型企业经营商提供贷款及服务费支付、国际汇款等金融服务,从而有利于该客户群扩展其边境和跨境贸易投资。同时,证券公司获准开展外汇买卖业务也将有助于进一步增强其向泰国和外国客户提供服务的灵活性。

第六节　印度金融发展概况

一、金融组织体系

印度的金融组织体系承袭于英国殖民地时期,经过上百年的积累,具有相对完善的基础设施。20 世纪 90 年代,在严峻的经济形势逼迫下,印度进行了金融改革。改革后,印度金融组织体系的效率、竞争力等都有明显的提高。

印度的金融体系由政府监管部门、金融机构、金融市场组成。银行业是印度金融体系的基石,形成以印度储备银行为核心,商业银行为主导,其他专业银行和其他金融机构为基础的金融组织体系。

（一）银行业

印度的中央银行是印度储备银行（Reserve Bank of India，RBI），主要负责制定和实施印度的货币政策，货币发行、制定、管理外汇储备、维持币值稳定、监管银行系统等。印度储备银行组建了金融监管委员会（Board for Financial Supervision，BFS）行使监管职责，成员从印度储备银行董事会和各类专业人士中产生。金融监管委员会负责对商业银行、开发金融机构、非银行金融公司、城市合作银行和私人放贷者实施综合性监管。

印度的银行体系主要组成部分是商业银行和合作银行。印度商业银行是银行体系的主要部分，从所有制看，可划分为国有商业银行、私有银行和外资银行三类，总数接近 300 家。从规模方面划分，印度商业银行还可以分为表列商业银行和非表列商业银行，其中，表列商业银行在印度金融体系中占主导地位，其资产占到整个金融体系资产的 75%。表列商业银行是指实际资本在 50 万卢比以上（包括 50 万卢比），在印度储备银行保持其定期或活期负债的最低百分比数，并向储备银行抄送周报的银行。因列入印度储备银行掌握的银行表，故称为表列商业银行。它享有自由汇款、票据贴现、向储备银行买卖英镑和卢比以及有价证券等便利。

印度银行业通过多次改革后，2017 年印度拥有 27 家国有商业银行。为削减成本，提高运营效率，2019 年 8 月 30 日财政部宣布，对 10 家国有商业银行进行合并重组，在此基础上组建成新的 4 家国有商业银行。旁遮普国家银行将和东方商业银行、印度联合银行进行合并，组建后的新的银行业务规模为 17.5 万亿卢比，成为印度第二大国有商业银行；喀拉拉银行将和辛迪加银行合并，重组后的银行业务规模达 15.2 万亿卢比，成为印度第四大商业银行；另外五家银行合并成两家。合并之后，印度国有银行数从 2017 年的 27 家减少到 12 家。

印度共有 21 家私有银行，印度工业信贷投资银行（Industrial Credit and Investment Corporation of India Limited，ICICI）是第一大私有银行，印度住宅开发金融银行（Housing Development Finance Corporation，HDFC）是

印度第二大私有银行。

据印度储备银行的数据,2019 年印度已有 46 家外资银行在印度开展业务,其中包括两家以全资子公司(Wholly Owned Subsidiary,WOS)模式运营的银行。印度主要的外资银行有:渣打银行(Standard Chartered Bank)、汇丰银行(HSBC)、花旗银行(Citibank)等。2011 年 5 月 16 日,中国工商银行孟买分行获得印度储备银行颁发的营业牌照,这是中国工商银行在印度设立的第一家营业性机构,标志着中国工商银行以首家大陆中资银行的身份正式进入印度银行业市场。随着中印双边贸易的不断扩大,2017 年中国工商银行申请在印度设立第二个分行——德里分行,2019 年中国银行在印度的第一家分行孟买分行正式开业。

印度的合作银行分为城市合作银行和农村合作银行,它们是印度银行体系的重要补充。农村合作银行又分为长期信贷合作机构和短期信贷合作机构。

(二)证券业

印度证券市场的发达程度一直受到世界银行等国际机构的广泛赞誉。作为"金砖国家",印度证券市场也曾经历市场化改革的洗礼,证券公司在激烈竞争和活跃创新中形成多层次发展格局。

印度的证券机构主要由证券交易所、证券投资商(基金公司、从事混业经营的银行、股票经纪公司等)组成。孟买证券交易所(Bombay Stock Exchange,BSE)是亚洲最早的交易所,也是印度最大的股票交易所。孟买证券交易所成立于 1875 年,上市公司超过 5000 家,是全球上市公司最多的交易所。孟买证券交易所为市场提供了有效、透明、公平的股票、债务工具、衍生产品和共同基金的交易环境,为中小企业提供上市平台,同时还为市场提供风险管理、清算、结算、数据、培训和托管服务。2018 年孟买证券交易所总市值为 20834.83 亿美元,在全球各证券交易所排第 8 位。

印度国家证券交易所(National Stock Exchange of India,NSE)成立于

1992 年,是印度第二大证券交易所。2018 年上市公司超过 1500 家,成交量和股票市值与孟买证券交易所相当。2016 年,印度国家证券交易所个股期货成交量全球排名第 2,股指期权成交量全球排名第 2,股票指数期货成交量全球排名第 3,总交易量全球排名第 4,总市值规模全球排名第 14。2018 年印度国家证券交易所交易的股票总市值为 14500 亿美元。

2018 年印度证券市场表现优于全球其他主要市场,包括美国、英国等发达经济体和中国、巴西等发展中经济体,市场基准指数较上一年有所提高。孟买证券交易所指数(Bombay Stock Exchange Sensitivity Index, BSE SI)为 17%,回报相对好于印度国家证券交易所指数(Nifty 50)(15%)。随着股市表现良好,市场融资增大,印度证券市场也逐渐扩大,市值达 151 万亿卢比,增长 6%。外国证券投资者资产达 30 万亿卢比,增长 8.6%。证券市场融资势头积极向好,通过发行债券和股票筹集的资金近 9 万亿卢比,增长 5.3%。

印度股市对外开放较早。1992 年印度允许外资投资印度股票和债券市场,1993 年外国证券公司获准在印度营业,1997 年印度将外资参股本国证券机构比例从 24% 提高到 30%,且外资被允许投资印度境内股权衍生工具。2012 年印度股市对外国个人投资者完全开放,外资成交占三成以上,最高时占一半。

印度债券市场主要交易债券包括印度中央和地方政府债券、印度国有企业债券、印度私营企业债券。与股票市场形成鲜明对比的是,印度的债券市场长期没有得到重视和发展。印度中央和地方政府债券交易几乎占印度全部债券交易的 90%,由商业银行持有,不具有流动性;企业债极不发达,规模仅相当于债券市场交易量的 1%—4%。印度企业债券的换手率极低,缺乏流动性。

(三)保险业

印度保险市场发展具有悠久历史。1991 年经济改革之前,印度保险市场主要被少数几家国营保险公司垄断。1999年《保险监管与发展授权法》颁布实施,印度开始引入市场竞争机制,逐渐取消公营保险公司对保险市场的垄断地位。自此之后,印度保险市场发生显著变化,随着私营保险公司的进入,印度保险公司数目不断增加,并针对市场不同需求,保险公司纷纷对产品进行创新设计,传统保险经纪人制度被互联网和银行代销制度取代。印度保险市场发展过程中的里程碑事件为:1956年人寿保险公司国有化,1972年非人寿保险公司国有化,1996年建立保险管理与发展局,1999年通过印度保险管理及发展局(Insurance Regulatory Development Authority, IRDA)法案,2000年许可第一批私营保险公司。

印度保险业正在经历根本性的转变。保险意识的提高,产品的可获得性、可负担性,监管改革和经济增长是影响该行业的一些关键因素。对保险公司来说,这是一个重建的阶段。印度保险管理及发展局建立之时,印度保险领域外商可以直接投资,但投资比例最高为26%,这让该市场得以向外国投资开放。2014年12月,这一比例提高到49%,拓宽了投资大门。2017年该投资上限进一步扩大到74%。该举措有助于提高投资者对印度保险生态系统的信心,进一步吸引更多的国外资本流入。印度保险业在2017年实现了两位数的增长,高达17%;共有24家寿险公司和33家非寿险公司(健康险在印度属于非寿险),保险覆盖率为3.49%。保险科技迅速发展。车载智能设备、人工智能和区块链领域的全球参与者也正在进入印度。印度保险市场将继续未来的增长轨迹,农业保险将继续成为保险市场的主导部分。此外,由于政府推动基础设施项目投资,预计建筑保险空间将大幅增加。

不过,与发达国家和新兴经济体相比,印度保险业表现不佳。保险深度和保险密度作为保险业的关键绩效指标,在印度尤其低。印度的保险深度从2001年的2.71%提高到2017年的3.69%。虽然考虑到庞大的业务体量,这是一项重大进展,但它仍落后于世界水平(6.13%)和新兴亚洲经济体水平(5.62%)。印度的保险密度过去一直保持稳定增长,从2001

年的 11.5 美元提高到 2017 年的 73 美元,但仍然落后于全球水平(650 美元)和亚洲水平(360 美元)。此外,保险覆盖范围与价值之间存在较大差距,凸显了国家的高风险状态。由于这些关键指标的改善速度几乎停滞不变,因此印度保险业依旧任重而道远。

二、外汇管理制度

印度储备银行是印度外汇管理的主管部门,其外汇管理局是具体负责外汇交易和控制的部门,负责管理经常项目和资本账户下的外汇交易。印度实行有管理的浮动汇率,印度储备银行对外汇市场进行积极干预,以保证卢比汇率的基本稳定。在印度储备银行的汇率调控工具中,主要通过外汇供求平衡应对长期资本流动,通过货币政策调节中期资本流动,降低外资对股票、债券等市场的干扰,通过公开市场操作和流动性调节便利平滑月度甚至隔夜资本流动。

在资本项目的开放上,印度实行自由化与管制并举,对商业或个人目的所涉及的大多数正当交易实行可自由兑换,而对短期资本借款和居民境内存款的自由兑换则进行严格控制。经常账户下的卢比可以自由兑换。非居民的资本账户也几乎可以完全兑换卢比。但在实际操作中,政府对资本流动有很多具体的规定和限制。外国投资者在印度直接投资,需要在 30 天内向储备银行报告股份转让、汇款金额等信息。非居民个人投资购买股份,可通过银行正常渠道汇款,外国机构投资者则需要开立非居民特别卢比账户,将其款项存入该账户。

在经常项目下的进口贸易中,企业首先需要申请对应的许可证,再根据外汇管制要求申请用汇,只有在进口许可证、购汇意见书和货运单齐全之后,进口商才可以从银行购买规定数额的外汇。印度严格禁止进口商留存外汇,进口贸易自货物发运之日起 6 个月内必须支付货款。由于对外贸易长期逆差,印度政府鼓励出口。鼓励出口创汇伴随的是严格的外汇管制,出口商在收到货款后一定时间内必须办理结算,将外汇出售给国有银行。针对运输、保险、佣金、版税、品牌使用权或者出国旅行等经常项目下的非贸易活动,绝大多数外汇收付需要印度储备银行审批。个人入境时携带外币现钞不受限制,但是超过1000美元等值外币必须申报,出境时携带卢比现钞区分目的地设定限额。印度居民禁止以外币支付保险费用。外资企业向境外分配利润必须经印度储备银行批准,不允许将出售非经营资产的利得作为利润分配汇出印度。对于非居民个人或法人在印度境内取得的股息或利息,在缴清预提税之后允许汇出,但每财年由政府设定汇出利润的上限。

印度对资本项目下的外汇流动实施比较严格的管制。未经印度储备银行批准,印度境内居民和企业不得在境外借款,禁止以印度境内的卢比存款为任何个人或企业的外币贷款或透支提供担保。外汇汇款必须通过指定的银行办理,外汇汇出印度须事前审批,印度企业采用出口货物或劳务资本化方式对外投资无须审批,汇出外汇投资入股必须经印度储备银行审批。非居民企业在印度开办分支机构、扩大经营范围或收购上市公司,须经印度政府批准。印度禁止外汇远期交易的投机,外汇远期仅限经印度储备银行批准的货币,通过指定银行去做,远期合同必须与真实的商业活动有关,印度储备银行定期监控远期汇价的升贴水幅度。

三、金融开放政策

外商直接投资(FDI)是印度非债务金融资源的主要来源之一,印度现已成为接受FDI最多的国家。2018年1月,印度内阁批准了一批印度的外商直接投资(FDI)政策重大修订,进一步放宽和简化了FDI,重要举措有:减弱了强制性要求,现在针对外国投资者仅要求有五年的当地采购的要求;按照"渐进式采购"的定义,强制性30%采购要求将扩大到全球业务的采购范围;新政策变更为自动路线下的100%外商直接投资,帮助外国投资者进入印度市场而无须批准。同时显著减少了航空、能源、制药行业的投资限制,并采用联合审计方式。

第七节　孟加拉国金融发展概况

一、金融组织体系

2010 年 1 月孟加拉国成立了隶属于财政部的金融机构局,负责监管银行、证券交易委员会、保险交易委员会、保险发展及监管局、小额贷款监管局、银行管理局、股票交易所及国有银行等金融机构,并制定与银行、非银行金融机构、资本市场、保险领域、小额贷款有关的法律法规。

(一)银行业

孟加拉国银行是孟加拉国的中央银行,属财政部领导。1971 年建立,负责发行货币,保持货币储备和稳定币值,向其他银行提供信贷,制定和执行国家货币政策,管理全国银行业,控制全国金融机构,出版国家经济统计资料等。

孟加拉国银行分为两类,第一类是经营受"1972 年孟加拉国银行规定"及"1991 年银行公司法案"规范的银行,细分为四类,分别为:国有商业银行(6 家)、专业化银行(3 家)、私营商业银行(40 家)以及外资商业银行(9 家);第二类是为特定目的设立的银行,这类银行不能经营前一类银行的某些业务,2019 年共 4 家。

6 家国有商业银行分别为:阿格拉尼银行(Agrani Bank Ltd SC)、加纳塔银行(Janata Bank)、鲁帕利银行(Rupali Bank)、索纳利银行(Sonali Bank)、孟加拉国发展银行(Bangladesh Development Bank Limited)和孟加拉国小型工商业银行(Bangladesh Small Industries and Commerce Bank Limited);40 家私营商业银行主要有:标准银行(Standard Bank)、信托银行(Mutual Trust)、亚洲银行(Bank Asia)、孟加拉国第一银行(Prime Bank Ltd.)等,其中 32 家为传统商业银行,8 家为伊斯兰商业银行;9 家外国商业银行分别是:美国运通银行有限公司、花旗银行、斯里兰卡商业银行有限公司、哈比卜银行有限公司、巴基斯坦国民银行、渣打银行、印度国家银行、中国香港汇丰银行及朝兴银行(Chohung Bank);主要的 2 家专业化银行为:孟加拉国科里什银行(Krishi)和拉杰沙溪农业银行(Rajshahi Krishi Unnayan),主要为农业和工业发展提供资金支持。

(二)证券业

孟加拉国证券市场的管理机构是证券交易委员会,依据 1993 年颁布的《证券交易委员会法》行使职权,对参与资本市场经营活动的机构实施管理。

达卡交易所是孟加拉国最大的证券交易所,市场份额占到 95%,另一家为吉大港交易所,市场份额仅占 5%。1954 年 4 月 28 日,达卡证券交易所前身东巴基斯坦证券交易所联会有限公司成立,并于 1956 年开始正式营运。1962 年 6 月 23 日更名为东巴基斯坦联合交易所有限公司,1964 年 5 月 13 日再次更名为达卡股票交易所有限公司。1976 年,因解放战争而中断五年的证券交易得以恢复,并在 1986 年 9 月 16 日正式开放。1993 年 11 月 1 日,国际金融公司更改达卡证券交易所所有股票价格指数计算公式。

达卡股票交易所的管理和运作委托由董事会负责。董事会成员来自孟加拉国银行、孟加拉国特许会计师协会、孟加拉国商业和工业工商联合会、孟加拉国商业和工业的大都会商会、达卡大学财务部教授和达卡工商会。达卡交易所分为股票、债券、共同基金以及场外市场。其中以股票市场为主,占全部交易金额的 98.63%。交易以散户投资者为主,占交易金额的 85%,机构投资者交易金额仅占 15%;交易所开放程度不高,境外投资者不多,仅占交易金额的 5%。达卡交易所其他市场仍在起步阶段。截至 2017 年 6 月,债券市场有 221 只国债、8 只信用债和 2 只公司债在交易所上市,但多数产品尚不能交易;有 35 只共同基金;场外市场有 66 家公司挂牌。

吉大港证券交易所(Chittagong Stock Exchange)总部位于孟加拉国港

口城市吉大港,成立于 1991 年,1995 年 10 月 10 日开始进行内部交易,
1995 年 11 月 4 日,交易所正式对外交易,2004 年 5 月 30 日推出互联网
为基础的交易系统。指数包括:CSE30、CSCX 和 CASPI。

　　自 1976 年战后恢复交易以来,20 年间孟加拉国证券市场经历了震
荡中上升的持续发展历程。2009 年 11 月 16 日,达卡证券交易所基准指
数第一次超过 4000 点大关。2011 年 12 月,股市快速增长带来了股市泡
沫,中央银行为控制股市泡沫,上调准备金造成流动资金缺乏,形成股市
震荡,12 月 19 日交易所出现历史上最大跌幅,一日之内骤跌了 551.76
点,跌幅达 6.72%。愤怒的股民走上街头抗议,并一度演变成暴力示威。
近年来股市进入平稳发展时期,如表 4-5 所示,2018 年共有上市公司 593
家,总市值 773.9 亿美元,上市公司总市值占 GDP 比重为 28.24%。到
2020 年,上市公司达 628 家,总市值为 897.7 亿美元。

　　为进一步优化交易所治理结构,促进孟加拉国资本市场改革发展,达
卡交易所于 2013 年完成去互助化改革,并计划引入战略投资者。

表 4-5　1988—2020 年孟加拉国证券市场情况

年份	上市公司数（家）	上市公司总市值（美元）	上市公司总市值占 GDP 比重（%）
1988	101	430000000	1.68
1989	116	476000000	1.77
1990	134	321000000	1.07
1991	138	269000000	0.87
1992	145	314000000	0.99
1993	143	464100000	1.40
1994	157	1019900000	3.02
1995	231	1926220000	5.08
1996	302	7381510000	15.9
1997	341	2770310000	5.74
1998	355	2029540000	4.06
1999	348	1561590000	3.05

续表

年份	上市公司数（家）	上市公司总市值（美元）	上市公司总市值占GDP比重（%）
2000	364	2192180000	4.11
2001	163	978300000	1.81
2002	239	14892060000	27.21
2003	247	1621510000	3.12
2004	185	3316980000	5.86
2005	195	3299610000	4.75
2006	199	3850310000	5.36
2007	211	8732760000	10.97
2008	221	11721070000	12.79
2009	197	20928930000	20.42
2010	192	41616870000	36.10
2011	433	47699530000	37.08
2012	453	26500000000	19.87
2013	481	25245300000	16.83
2014	274	34809100000	20.13
2015	543	—	—
2016	557	70419424536	31.8
2017	572	86178750000	34.51
2018	593	77390500000	28.24
2019	611	64416510000	21.29
2020	628	89773660000	27.69

资料来源：世界银行。

（三）保险业

孟加拉国保险发展及管理局公开数据显示，孟加拉国 2017 年有 30 家寿险公司（含一家外资寿险公司），45 家非寿险公司，以及两家国有保险公司：萨达兰比马公司（非寿险）和吉班比马公司（寿险）。

孟加拉国保险业处于发展初期，总体发展水平低。据瑞再研究院数据显示，2017 年孟加拉国保费收入列世界第 66 位，为 13.5 亿美元，保险密度(人均保费)列世界第 87 位,仅为 8 美元,保险深度列世界第 86 位,为 0.55%。

二、外汇管理制度

孟加拉国货币为塔卡。1994 年 3 月 24 日,孟加拉国政府宣布塔卡在经常项目下可自由兑换货币。孟加拉国公民、外国人与法人企业均可通过法定银行或经销商进行货币的有关交易。但对资本项目仍然实行严格的外汇管制。2000 年以来塔卡对美元持续贬值,从 2000 年的 1 美元兑50.31 塔卡下跌至 2016 年的 1 美元兑 78.4 塔卡,之后汇率趋于稳定,基本维持在 78 塔卡左右。截至 2020 年,人民币与孟加拉国塔卡不能直接兑换。

孟加拉国有关外汇管理的法律主要是 1947 年颁布的《外汇管理法》。该法律规定,在孟加拉国注册的外国企业可以在孟加拉国银行开设外汇账户,用于进出口结算、利润汇回、外国人红利发放、技术转让费或专利费支付等。根据孟加拉国央行规定,外国机构和个人在孟加拉国金融机构可开设"可兑换"和"不可兑换"两种账户,需兑换为本地货币的外汇只能存入"可兑换账户"内,且该账户不得与本人或他人的"不可兑换账户"相互支付。企业日常汇出外汇需逐笔申报,但无须缴纳特别税金。由于孟加拉国银行效率低下,部分企业面临在孟加拉国经营收入无法及时汇出的困难。外国人携带现金 5000 美元(其中美元现金不得超过 2000 美元,其他货币等值不得超过 3000 美元)以上出入境必须申报。

孟加拉国对外国投资持开放态度,绝大部分产业外资均可直接投资,外资还可以通过"证券投资组合"间接投资孟加拉国金融市场。2017 年 4 月,中央银行宣布允许在孟外资企业在取得证券交易委员会许可的前提下发行塔卡债券,孟加拉国个人居民与本地企业均可购买。

第八节 中国对周边七国金融开放概况

金融开放既包括银行、证券与保险等金融服务的开放,即外国金融机构金融服务"引进来"和本国金融机构金融服务"走出去",也包括资本与金融账户管制的放松,即金融服务主体在资本与金融账户下实现跨境金融服务。

金融服务是金融开放的载体,金融开放的过程也是金融服务由封闭状态走向开放状态的过程。在金融开放过程中,不仅外国或地区的金融机构进入国内金融市场,提供各种金融服务,逐渐享受国民待遇。而且本国或地区的金融机构走向国际金融市场,在境外金融市场提供或接受金融服务。

资本与金融账户的开放意味着金融服务主体在资本与金融账户下实现跨境金融服务,包括:非居民境内购买、出售和发行,居民境外购买、出售和发行,非居民向居民提供,居民向非居民提供资本市场证券、货币市场工具、金融衍生品、信贷、担保与不动产交易;国外对内的外商直接投资与本国对外直接投资;个人贷款捐赠与清偿。

按照金融开放的以上内涵,结合中国对周边七国金融开放的实际进展,分国别依次梳理阐述如下。

一、中国对越南的金融开放

(一)双边直接投资

中国是越南重要的外商直接投资来源国,2008 年至 2017 年中国对越南直接投资持续增加,据越南官方统计,截至 2019 年 7 月,中国对越南的直接投资达 1.09 亿美元,列越南外商直接投资第三位,见图 4-8。中国在越南投资了约 2500 个项目,总金额达到 140 亿美元。结合越南经济发展和市场需求的实际情况,中国投资较多的领域有家电生产、摩托车发动机生产、农机生产、纺织等。近十年间中资企业在越南的大宗投资主要集中在能源、交通运输和房地产行业,见表4-7。

在中美贸易战背景下,越南成为中国产业转移的重要承接地,由于越南当地产业链不够完善,越南政府更支持整体配套产业链的转移及技术转移,对中国产能过剩的转移较为排斥。由于1979年中越战争以及近些年中越南海边境纠纷,越南对中国直接投资保持着"近而不亲"的态度,2018年颁布的外商投资安全审查限制了中国企业在港口、电信、油气等基础设施领域的投资。民间爆发的反华游行也让投资者心有余悸。

投资合作方面存在的主要问题在于,中资企业在越南投资的行政成本相对较高,纺织品、钢铁、水泥等部分产业趋于局部饱和,部分地区土地、劳动力等要素成本水涨船高,中国对越投资项目平均规模较小,高新技术产业项目较少,中资企业对当地法律法规了解不够,融入当地的意识有待增强。越南对中国直接投资较少,2017年仅达到353万美元的规模。

表4-6　2008—2020年中国—越南外商直接投资　(单位:万美元)

年份	中国实际利用越南投资金额	中国对越南投资净额
2008	207	11984
2009	592	11239
2010	203	30513
2011	129	18919
2012	316	34943
2013	—	48050
2014	7	33289
2015	—	56017
2016	—	127904
2017	353	76440
2018	13883	115083
2019	1720	164852

续表

年份	中国实际利用越南投资金额	中国对越南投资净额
2020	275	187575

资料来源：《中国统计年鉴》、商务部《中国对外直接投资统计公报》。

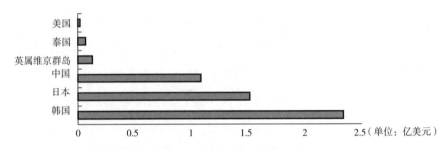

图4-8 2019年越南外商直接投资主要国家/地区来源及金额

资料来源：中经网数据库。

表4-7 2015—2017年中资企业在越南的大宗投资

年份	中资企业	行业	投资金额 （亿美元）
2015	中国能源建设股份有限公司	能源	13.1
2015	中国南方电网,国家电力投资集团	能源	17.6
2015	中国铁路工程总公司	交通运输业	2.6
2015	赛轮金宇集团股份有限公司	交通运输业	1.9
2016	上海晶澳太阳能光伏科技有限公司	能源	3.2
2016	常州天合光能有限公司	能源	1.0
2017	中国五矿集团	房地产行业	2.3
2017	中国建筑工程总公司	房地产行业	1.1
2017	贵州轮胎股份有限公司	交通运输业	2.5

资料来源：美国传统基金会。

（二）云南省对越南的直接投资

云南省在越南的直接投资较少。截至2016年12月,云南省在越南共设立境外投资企业43家,中方协议投资额3.34亿美元,累计实际投资额 2.05 亿美元。投资领域主要涉及矿产开发和冶炼。2019 年 1—6 月，云南省对越南实际直接投资额 31.18 万美元，与去年同期的 99.48 万美元相比，减少了 68.66%，降幅十分显著。

（三）中国银行业在越南的拓展

截至 2018 年，中国五大国有银行在越南都设有分支机构。在云南省周边国家中，中越双边银行最早建立代理行关系，并开展支付结算业务合作。中越边境区域部分银行还签订了跨境结算协议、反假货币合作备忘录。除了传统的支付结算业务外，中资银行的越南分行还联合越南本地银行、外资在越银行提供银团服务，为大批"一带一路"项目提供资金保障，确保中国企业海外业务的顺利拓展。

1995 年 12 月，中国银行在越南最大的商业城市胡志明市设立分行，成为第一家走进越南的中资银行。该分行提供个人金融和公司金融方面的综合业务服务，涵盖存款业务、贷款业务（银团贷款、双边贷款）、国际结算及贸易融资业务、内保外贷业务、银行保函业务、外汇买卖、金融咨询等全方位金融服务，满足企业"走出去"金融配套服务需求，同时，分行还积极开展中越企业间的双边结算业务，有力地促进中越两国经贸合作与发展。中国银行胡志明市分行努力拓展越南当地的个人金融业务：代发工资与集汇通业务，为中方务工人员提供收付款的便利；人民币预结汇业务，规避人民币升值的风险。此外，分行致力于服务越南全境的企业，开通了网上银行汇款服务，研发了多种高效、安全的远程支付手段，实现了任何区域的现金业务，极大地便利了客户资金往来。

2009 年 12 月 16 日中国工商银行越南河内分行正式成立，这是中国工商银行在越南设立的第一家分支机构。河内分行的成立，重点在于支持越南的电力、电信、高速公路、高速铁路、港口等大型基础设施建设的融资需求，全面提供外汇结算、国际贸易、担保业务、内保外贷等一系列的金融服务。2018 年 11 月 12 日，中国工商银行胡志明市代表处正式开业。

2009 年 12 月 10 日中国建设银行胡志明市分行获越南国家银行批

准设立,是自越南加入世界贸易组织以来获准在越南设立的第一家中资银行分行。业务种类包括存款、贷款、项目融资、贸易融资、国际结算、资金交易及代理行业务等。

交通银行与越南有着深厚的历史渊源,早在1909年至1910年,交行便于西贡设有代办处。1939年,交行成立了西贡支行和海防支行,并先后设立了琼山通讯处与河内临时办事处。2011年2月28日交通银行胡志明市分行成立。具体业务包括向出口商发放的用于该信用证项下出口商的备货、备料、生产、加工及装运等款项的短期资金融通,开立信用证,提供即期、远期和掉期等外汇买卖服务,可利用金融衍生工具为客户提供利率、汇率、商品等市场风险的风险管理解决方案,以及根据中国境内银行出具的保函,为中资在越投资企业提供的融资性担保项下的贷款等特色业务。

2012年,中国农业银行在越南设立河内代表处。2018年5月9日,中国农业银行河内分行开业。

中资银行分支机构除了少数高管和员工来自中国外,其他员工都在当地招聘,本地化程度较高。中资银行在当地的优势主要体现在三个方面:一是对接当地中国企业客户有相对优势;二是作为国际型大银行,办理国际结算业务有优势;三是中资银行在国际市场上的评级较高,为客户募集外币资金方面也有优势。中资银行面临的不确定因素在于越南实行新巴塞尔协议,并对当地银行进行监管分类评级,这对中资银行的风险管理水平提出了挑战。

(四)双边证券市场合作

2012年,中国上海证券交易所与越南河内证券交易所签订了合作备忘录,帮助越方发展刚建立的证券市场,成为中越证券领域合作的开端。2017年,深圳证券交易所携手多家中资证券公司与越南西贡商信银行证券公司、越南投资等越方机构成功举办"中越资本合作论坛",代表着双方资本市场合作有所深化。

越南监管部门对券商牌照管理较严,外资想在当地新设券商比较难,但允许外资控股当地券商,中资控股券商达到 5 家,分别为越南投资证券(IVS)、越南建设证券(VNCS)、南方证券(FUNAN)、Gateway 证券(VGW,原名禾中证券)和越信证券(CVS)。

(五)双边保险业合作

保险业合作也有新进展,中国平安财产保险股份有限公司与越南保越保险总公司于 2017 年正式签署战略合作协议,为今后跨境保险合作打下了基础。

(六)双边货币合作

2016 年,云南省成功发布省内首个区域性人民币兑越南盾指导性汇率,名为 YD 指数;2018 年 10 月,越南央行正式推行"越南—中国边境贸易外汇管理指引",允许非边境地区银行授权边境地区银行代理其边贸人民币结算。2019 年年初中银香港胡志明市分行率先完成越南非边境地区跨境贸易人民币委托结算业务;中国信用卡在越南的使用逐渐普及。中国金融机构发行的 VISA 卡、万事达卡、银联卡均可在越南商场、酒店等多个场合使用。

二、中国对老挝的金融开放

(一)双边直接投资

据中国商务部统计,自 2013 年"一带一路"倡议提出以来,中资企业对老挝投资热情不断升温。2016 年老挝已成为中国在全球第八大投资目的国。2015 年年末对老挝直接投资存量占我国对外直接投资存量的0.4%,在东盟国家中位居第二,仅次于新加坡,首次超过印度尼西亚。中国在老挝的重要投资项目涉及经济合作区、铁路、电网、水电站、房地产和通信卫星等多个领域。根据老挝计划与投资部的年度报告,2016 年中国超越了越南,成为在老挝最大的外国直接投资来源国,见图4-9,中国在老挝的投资额从2015年的8890万美元飙升至10亿美元以上,见表4-8。截至2017年年底,中国投资者在老挝投资有约771个项目,投资总额为74.3亿美元,主要投资领域有:矿产项目102个,投资额27.7亿美元;电力项目11个,投资额10.8亿美元;农业项目188个,投资额6.1亿美元;工业和手工业项目193个,投资额约5亿美元。其中557个项目为100%中国独资,214个项目为中老合资。2017年我国对老挝直接投资流量达12.20亿美元,截至2018年6月末,中国对老挝新增直接投资额14.3亿美元,同比增长20%以上。老挝对中国的直接投资不多,2017年仅达到1082万美元的水平。

表4-8   2008—2020年中国—老挝外商直接投资额

(单位:万美元)

年份	中国实际利用老挝投资金额	中国对老挝投资净额
2008	670	8700
2009	243	20324
2010	945	31355
2011	588	45852
2012	200	80882
2013	—	78148
2014	—	102690
2015	—	51721
2016	—	32758
2017	1082	121995
2018	51	124179
2019	—	114908
2020	—	145430

资料来源:中经网数据库。

(二)云南省对老挝的直接投资

老挝是云南省主要的境外投资目的国。截至2016年12月,云南省

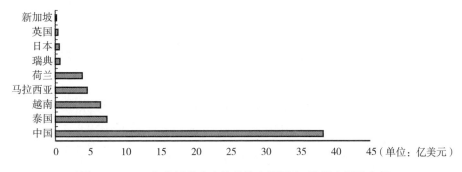

图 4-9　2017 年老挝外商直接投资主要国家/地区来源及金额

资料来源:中经网数据库。

在老挝共设立境外投资企业 237 家,累计实际投资额 21.78 亿美元。2017 年新增境外投资企业 13 家,实际投资额 3.25 亿美元。2018 年实际投资额 10.6 亿美元。2019 年 1—6 月,云南省对老挝的投资额为 2.36 亿美元,占到云南省实际境外投资额 4.38 亿美元的近 54%。截至 2019 年 8 月,云南省在老挝投资设立了 265 家企业,累计实际投资额为 31 亿美元,占云南省实际境外投资总额的 28.4%。滇企在老挝的投资项目主要涉及矿产开发和冶炼,酒店业、商业地产等。

(三)中国银行业在老挝的拓展

老挝金融环境相对宽松,外汇管制逐渐放宽,为外国投资者营造了较好环境。近年来老挝重视与中国银行业的合作。一方面,推动成立合资银行。老挝共有 4 家中资金融机构,分别为中国工商银行、中国银联、富滇银行与中国银行。中国工商银行万象分行于 2011 年 11 月营业,为首家在老挝投资的外资金融机构;2012 年,中国银联与老挝外贸银行合作正式开通中国银联卡业务;2014 年 1 月,富滇银行与老挝外贸银行合资成立的老中银行在万象开业,这是国内城商行在境外设立的首家经营性机构;2015 年 3 月,中国银行万象分行开业;2016 年 9 月,国家开发银行万象代表处在万象挂牌成立。

2011 年 11 月 28 日,中国工商银行老挝万象分行正式开业。依托中国工商银行领先的市场地位、优质的客户基础、多元的业务结构、强劲的创新能力和卓越的品牌价值,大力支持老挝的电力、电信、矿产、铁路等大型基础设施建设的融资需求,全面提供外汇结算、国际贸易、担保业务、内保外贷等一系列的金融服务。

2014年1月,富滇银行股份有限公司和老挝本地最大的商业银行——老挝外贸大众银行共同设立合资金融机构——老中银行。老中银行是老挝央行批准的首家中老合资银行、是中国银监会批准的中国城市商业银行在境外设立的首家经营性机构,持有老挝央行颁发的永久金融许可证,主要业务包括吸收公众存款、发放贷款、提供投资和融资咨询服务等,为"走出来"的中国企业落地金融服务,填补老挝当地中小微企业金融服务的空缺。

2015年3月26日,中国银行老挝万象分行成立。经营全方位的商业银行业务。2016年10月,万象分行被老挝央行批准成为老挝当地人民币清算行。万象分行依托中国银行遍布全球的国际化网络,充分依靠中国银行整体的品牌、专业实力和多元化平台,严格依法合规经营,提供个人金融和公司金融方面综合业务服务,涵盖存款业务、贷款业务、汇出及汇入汇款、国际结算及贸易融资业务等。服务对象包括中老两国居民、外籍人士、中资企业、与中国有贸易投资往来的老挝公司及老挝当地主流企业。

2017年2月21日,中国银行与老挝外贸银行在老挝首都万象举行全面合作协议签约仪式。依托于老挝外贸银行广泛分布的网点,中国银行将提高对万象市以外的中资企业客户的服务能力,并作为中资企业与老挝外贸银行之间沟通的桥梁,为老挝外贸银行开拓中国客户提供便利,同时,中国银行将为该银行提供人民币清算及现钞服务,帮助其尽快扩大人民币业务规模。

(四)中资企业在老挝证券市场的拓展

2018年3月,老挝水泥公众公司上市,是在老挝证券交易所上市的第一家中老合资企业;2019年5月31日,中老合资企业老挝万象中心大众公司正式在老挝证券交易所挂牌上市,该公司由云南省建设集团与老挝吉达蓬集团合资组建,前者持股60%,后者持股40%,是老挝证交所的第十家上市公司。

(五)中国保险业在老挝的拓展

2013年11月,老—中证券有限公司在老挝首都万象开业,是中国证监会批准在境外设立的第一家合资证券公司,由中国太平洋证券股份有限公司与老挝农业促进银行及老挝信息产业有限公司共同发起设立。

2019年7月,中国大地保险云南分公司成功中标老挝万象至磨丁口岸高速公路万象至万荣段(以下简称"万万高速")建筑工程一切险及第三者责任险项目,中标份额40%,与保险同业共同为项目提供61.27亿元建筑风险保障。万万高速项目是中国大地保险主动融入和服务国家"一带一路"建设和云南省"辐射中心"建设的重点项目。

(六)双边货币合作

随着"一带一路"倡议持续推进,云南省金融机构主动作为有效扩大人民币在老挝的跨境使用。截至2018年9月末,云南省对老跨境人民币结算额为14.3亿元人民币,同比增长150%,占云南省对老本外币收支的38.4%,同比提高15个百分点;云南省对老直接投资结算4.6亿元人民币,同比增长近34倍,投资主要集中在老中铁路建设、老中联合高速公路等基础设施建设项目。

中国人民银行昆明中心支行2018年9月组团赴万象参加由老挝央行主办的双边本币会谈,双方就"畅通双边本币结算渠道、推动跨境反假货币合作、投资中国债券市场"等问题进行充分沟通和深入交流,在加深老挝央行对现行跨境人民币结算政策理解的同时,进一步向老挝市场主动宣传了跨境人民币结算业务。

同时,两国积极推进合作建设金融基础设施。2015年11月,以建设一个覆盖全国的银行卡支付系统、实现老挝国内发行的银行卡联网通用为目标,老挝中央银行与中国银联、中国国家开发银行合作建设的老挝国家银行卡支付系统项目正式启动;2015 年年初,老挝外贸大众银行与云南省农村信用社签署合作备忘录,双方在跨境金融服务领域开展合作,已取得阶段性成果。

2015 年 6 月,中国农业银行磨憨支行泛亚中心挂牌,通过开展人民币与毗邻国家货币挂牌、交易,搭建货币报价平台,开辟跨境清算渠道。农行磨憨支行针对老挝基普与人民币之间的汇率形成,从当地货币兑换公司、老挝发展银行、"地摊银行"以及富滇银行磨憨支行采集汇率样本,上报农行云南省分行,并最终上报农总行后,确定人民币兑老挝官方汇率报价,尽管这一定价过于谨慎,与实际汇率偏差较大,缺乏市场竞争力,对业务促进作用不理想,但是由正规金融机构作出汇率报价对于目前地下金融左右汇市的局面具有重要意义。

2020 年 1 月 6 日,中国人民银行与老挝银行签署了双边本币合作协议,允许在两国已经放开的所有经常和资本项下交易中直接使用双方本币结算。中老两国央行签署双边本币合作协议有利于进一步深化中老货币金融合作,提升双边本币使用水平,促进贸易投资便利化。

三、中国对缅甸的金融开放

(一)双边直接投资

据中国商务部统计,2017 年中国对缅甸直接投资流量 4.28 亿美元。截至 2017 年年末,中国对缅甸直接投资存量 55.25 亿美元。目前中资企业在缅甸投资主要注册独资或合资公司,投资主要集中在油气资源勘探开发、油气管道、电力能源开发、矿业资源开发及纺织制衣等加工制造业等领域,到缅甸考察加工制造业并投资建厂的中资企业逐渐增多。投资项目主要采用建设—经营—转让(Build-Operate-Transfer,BOT)、政府和社会资本合作(Public-Private Partner-ship,PPP)或产品分成合同(Production Sharing Contract,PSC)的方式运营。

缅甸对中国的直接投资很少,2017 年仅有 170 万美元。2018 年增加到 822 万美元,但 2019 年又减少到 215 万美元。

表 4-9　2008—2020 年中国—缅甸外商直接投资　（单位:万美元）

年份	中国实际利用缅甸投资金额	中国对缅甸投资净额
2008	330	23253
2009	339	37670
2010	352	87561
2011	1021	21782
2012	384	74896
2013	585	47533
2014	585	34313
2015	—	33172
2016	2	28769
2017	170	42818
2018	822	−19724
2019	215	−4194
2020	—	25080

资料来源:中经网数据库。

（二）云南省对缅甸的直接投资

云南省企业在缅甸投资主要涉及水电站建设、矿产资源开发及农业合作领域。截至 2016 年 12 月,云南省在缅甸共设立境外投资企业 103 家,协议投资额 98.5 亿美元,实际投资额 15.67 亿美元。2017 年新增投资企业 12 家,实际投资额 2.7 亿美元。2018 年新增投资企业 13 家,协议投资额 103 亿美元,实际投资额 19.8 亿美元。2019 年 1—6 月,云南省在缅甸实际投资额为 0.33 亿美元,同比下降 71.88%。

云南省对缅甸投资额总量不大,而且实际投资额与协议投资额差异较大,实际投资额的年度波动也很显著,究其原因主要可能是因为缅甸政局不稳,影响了企业投资的信心。

（三）中国银行业在缅甸的拓展

2009 年中国建设银行云南省分行与缅甸经济银行签署的《人民币代理结算协议》，协议中的一些业务已经令很多普通型企业受益，比如中缅汇票业务，在 2009 年刚推出时，一年只有几笔业务，但是近年来缅甸政策发生了变化，进口货物时开始允许使用人民币，于是 2019 年以来中缅汇票业务发展迅速，2019 年上半年约有一亿多元人民币的业务量产生，较好地推动了云南省进出口企业在缅甸的业务发展。

2015 年 9 月 8 日，中国工商银行缅甸仰光分行正式开业，成为第一家进入缅甸市场的中资商业银行。仰光分行的开业进一步完善了中国工商银行在东南亚地区的网络布局，为更好地服务企业"走出去"和促进中缅经贸往来搭建起了新的平台。

2015 年 9 月 14 日，中国银行在缅甸设立仰光代表处。

（四）双边货币合作

中国工商银行瑞丽分行在云南省首家开展中缅跨境人民币汇款业务和边民互市结算业务。2017 年 12 月，中国工商银行仰光分行获缅甸中央银行批准，可以办理人民币与缅币之间的兑换和人民币汇款业务，企业收到的美元或者缅币资金可以在中国工商银行仰光分行申请兑换成人民币汇回中国境内或者其他国家（地区）。

2019 年 1 月，缅甸央行宣布增加人民币为官方结算货币，公布外汇管理指引，允许持外汇交易牌照的银行将人民币作为国际支付结算货币。2019 年 8 月中国银行云南省分行成功办理首笔对境内至缅甸人民币直汇业务，推进了人民币区域国际化进程。在货币支付合作方面，缅甸央行 2019 年 3 月 29 日公布消息称，允许在曼德勒德达吾机场的 14 家商店内试点推广使用中国电子付款系统——微信支付，试用期为 3 个月，需要每周提交资金转移和支付情况。2020 年中缅两国尚未签署货币互换协议。

四、中国对柬埔寨的金融开放

（一）中国对柬埔寨的直接投资

据中国商务部统计，自2011年以来，中国一直是柬埔寨最大外资来源国。据柬埔寨发展理事会（The Council for the Developrnent of Cambodia，CDC）公布的正式数据显示，2018年中国对柬埔寨投资额达36亿美元，占该国当年吸收外资额一半以上。截至2018年年末，中国对柬埔寨直接投资存量90.49亿美元。两国已达成2023年完成100亿美元双边贸易额的目标。

投资产业主要分布在水电站、电网、通信、服务业、纺织业、农业、烟草、医药、能源矿产、境外合作区等。柬埔寨45%以上的国道是由中国企业所建，其国内最长的光缆和首条国际海底光缆也是中国建造，柬埔寨国内利用外资修建的12座大桥中有7座是中方投资并承建。在中国的援建之下，柬埔寨的公共设施建设得到了快速发展，居民生活质量得到了很大改善。

主要中资企业有：中国华电集团公司、中国重型机械总公司、中国水电建设集团、中国大唐公司、广东外建、上海建工、云南建投、江苏红豆集团、柬埔寨光纤通信网络有限公司、优联发展集团有限公司、中国免税品集团有限公司、申洲有限公司等。其中，江苏红豆集团牵头在柬埔寨投资的"西哈努克港经济特区"是中国商务部首批境外经贸合作区之一。一期规划面积5.28平方公里，预计投资3.2亿美元。截至2020年，已有超过100家企业入驻。中国企业以BOT方式在柬投资建设的电站项目主要包括基里隆1号水电站项目、贡布省甘再水电站项目、基里隆3号水电站、国公省达岱水电站、斯登沃代水电站、额勒赛水电站、上丁省桑河二级水电站及西港燃煤电厂等。

表4-10　2013—2020年中国对柬埔寨直接投资情况

（单位：万美元）

年份	2013	2014	2015	2016	2017	2018	2019	2020
金额	49933	43827	41968	37729	54639	77834	74625	95642

资料来源：中国商务部《对外直接投资统计公报》。

（二）云南省对柬埔寨的直接投资

截至 2018 年 6 月，云南省在柬埔寨共设立 24 家投资企业，协议投资额约 19 亿美元，实际投资额约 8 亿美元，主要涉及基础设施、电力、热力、供水、商务服务和住宿业等行业。柬埔寨在云南省也投资设立有 2 家企业，实际投资金额 45 万美元。

近年来云南省还在柬埔寨承接了一些工程建设项目，主要涉及水电站、医疗卫生、农业开发、政府建筑工程、酒店和旅游设施、机场建设等领域。截至 2018 年 6 月，云南省与柬埔寨签订对外承包工程合同近 60 个，合同总金额 7.8 亿美元。

（三）中国银行业在柬埔寨的拓展

柬埔寨的中资银行有中国银行金边分行和中国工商银行金边分行。两家银行的总资产超过 20 亿美元，占柬埔寨全国银行总资产的 7.7%，成为柬埔寨主要银行之一。

中国银行金边分行成立于 2010 年 12 月 8 日，主营包括公司金融、贸易金融、个人金融及全球市场业务在内的全面银行服务，其网上银行和手机银行引领当地金融界，总资产及存款余额跻身柬埔寨银行前五。

中国工商银行金边分行自 2011 年 11 月 30 日正式营业以来，立足本地，积极为柬埔寨当地个人、公司及同业提供人民币存款、外汇兑换、汇款及资产管理等多种服务，有效满足柬埔寨市场对优质高效人民币金融服务的需求。

（四）双边证券市场合作

2019 年 6 月，中国证监会与柬埔寨证券交易委员会于北京签署了双边《证券期货监管合作谅解备忘录》，该备忘录的签署对进一步加强中柬证券期货监管机构的监管合作具有重要意义。

（五）双边货币合作

柬埔寨有良好的跨境人民币业务基础,除两家中资银行外,还有17家银行提供人民币业务清算服务,有4家银行提供人民币存款服务。为了鼓励更多双边贸易往来和吸引更多中国企业来柬投资,国家银行允许使用人民币作为两国进出口和投资清算和支付货币。跨境贸易人民币结算符合柬埔寨政府对非美元结算货币的需求,在两国经贸往来日益密切的情况下,人民币结算将拥有广阔的发展前景。但是截至目前,中国与柬埔寨尚未签署货币互换协议。

五、中国对泰国的金融开放

（一）双边直接投资

2014—2017年,中国是泰国第二大投资国,仅次于日本。近年来中国对泰国的投资平均占中国在亚洲投资的2.5%—3%。2017年中国对泰国直接投资10.58亿美元(见表4-11)。截至2017年年末,中国对泰国直接投资存量53.58亿美元。

2017年泰国企业对中国投资流量1.10亿美元,同比增长96.3%;截至2017年年末,泰国企业累计对华直接投资42.24亿美元。

表4-11　2008—2020年中国—泰国外商直接投资额

(单位:万美元)

年份	中国实际利用泰国投资金额	中国对泰国投资净额
2008	12921	4547
2009	4866	4977
2010	5143	69987
2011	10120	23011
2012	772	47860
2013	48305	75519

续表

年份	中国实际利用泰国投资金额	中国对泰国投资净额
2014	6052	83946
2015	4438	40724
2016	5615	112169
2017	11023	105759
2018	4574	73729
2019	10580	137191
2020	10861	188288

（二）云南省对泰国的直接投资

云南省对泰国的投资主要涉及邮政业、农副产品进出口、酒店经营管理等领域。截至 2016 年 12 月，云南省在泰国共设立境外投资企业 43 家，协议投资额 2.91 亿美元，累计实际投资额 2.3 亿美元。

（三）中国银行业在泰国的拓展

泰国的中资银行有中国银行曼谷分行和中国工商银行泰国公司。1994 年，中国银行在曼谷开设分行，资本金 35 亿泰铢。2012 年 1 月 18 日中国银行曼谷分行开设拉差达分行。2010 年 4 月 21 日，中国工商银行通过要约收购方式收购亚洲有限公司（Asia Cornpany Limited，ACL）银行 97.24% 的股份，2010 年 11 月 3 日正式更名为中国工商银行（泰国）股份有限公司（以下简称工银泰国），持有本地银行牌照（泰国最高等级银行牌照），总部位于泰国首都曼谷，全国拥有 19 个分行，网点覆盖泰国主要经济地区，可以为公司、个人和机构客户提供包括存贷款、结算、贸易融资、租赁、投资银行和证券业务在内的全方位金融服务。同时拥有一家经营租赁业务的子公司和一家联营的上市证券公司。

1994 年 2 月 21 日，中国银行成立曼谷离岸业务机构。1997 年 3 月 10 日，由离岸机构升格为分行，并以中国银行曼谷分行的名义经营全面商业银行业务。2014 年 8 月 26 日,中国银行曼谷分行转为中国银行(泰国)股份有限公司,成为中国银行的全资附属机构。2017 年 1 月 9 日,随着中国银行集团在东盟地区的资产重组,中银泰国正式成为中银香港的一员。中银泰国以"走出去"企业、人民币国际化、华人华侨业务等重点领域为依托,加强对企业、金融机构及个人客户的服务,为中泰两国经贸往来及泰国经济建设提供更好的金融服务与支持。

(四)双边货币合作

2011 年 12 月,中国和泰国首次签署了双边本币互换协议。在人民币结算方面,目前在泰国大部分商业银行已开办人民币业务,其中包括中国银行曼谷分行、工商银行(泰国)、泰华农民银行等,但各银行提供的人民币结算业务服务有所差别。

中国银行在泰国可提供的公司人民币业务的种类有:人民币存款、人民币汇兑、人民币汇出汇款、人民币汇入汇款、人民币贷款、人民币国际结算、人民币贸易融资等。

中国工商银行泰国分行为泰国人民币清算行,提供的人民币结算服务包括两类产品:一是个人客户人民币汇款 1 天直达中国;二是人民币存款账户。

泰华农民银行提供的人民币结算服务包括:汇率风险管理工具、信用证(Letter of Credit,L/C)开立和通知、货款托收和付款、汇款收款、营运资金贷款等,以及在全国各地设立了 60 多家国际贸易服务中心,在詹朱里广场大厦设立了提供咨询的中泰商务中心。

2019 年 6 月 9 日,中国人民银行行长易纲与泰国央行行长维拉泰·桑蒂普拉霍在日本福冈签署中泰金融科技合作协议,旨在加强双方在金融科技领域的创新和联合研究、信息分享及监管合作。

便捷支付方面,阿里巴巴旗下金融科技公司蚂蚁金服与泰国当地企业合作推出泰国版支付宝,2019 年五一劳动节期间中国游客泰国使用支付宝结算金额为每人 1153 元,约合 5400 铢。

六、中国对印度的金融开放

（一）中国对印度的直接投资

自 1991 年实行经济改革以来，印度政府逐步放宽对外商直接投资领域的限制，使印度近年来利用外资实现了快速增长。据中国商务部统计，2017 年中国对印度直接投资流量 2.9 亿美元。截至 2017 年年末，中国对印度直接投资存量 47.5 亿美元。目前，中国的华为技术有限公司、比亚迪股份有限公司、特变电工、上海日立电器有限公司、中兴通讯有限公司、三一重工、广西柳工机械股份有限公司、海尔集团等企业在印度投资较大。主要投资领域包括电信、电力设备、家用电器、钢铁、机械设备、工程机械等领域。但总体而言中国对印度投资规模仍较小，缺乏集约式投资，投资模式和领域都较为单一，与两国的经济规模和经贸合作水平不相称，提升空间较大。

（二）云南省对印度的直接投资

云南省在印度的直接投资尚处于起步阶段。2017 年云南省在印度新德里设立投资企业 3 家，涉及网络服务、制造业等。

（三）中国银行业在印度的拓展

2011 年 5 月 16 日，中国工商银行孟买分行获得印度储备银行颁发的营业牌照，这是中国银行业在印度设立的第一家营业性机构。孟买分行在印度可以开展包括公司金融、零售金融、投资银行等在内的全功能银行业务，能够为印度当地各类客户提供"一揽子"的银行金融服务。

2019 年 3 月 19 日，中国银行孟买分行在印度孟买开业，积极拓展存款、贷款、汇款、国际结算、贸易融资、金融市场等业务，为中印两国企业和客户提供全面、高效的金融服务。

（四）双边货币合作

2020 年中国与印度尚未签署货币互换协议。

七、中国对孟加拉国的金融开放

（一）中国对孟加拉国的直接投资

据中国商务部统计,2017 年中国对孟加拉国直接投资流量 9903 万美元。截至 2017 年年末,中国对孟加拉国累计直接投资 3.29 亿美元。投资领域涉及能源、服装、纺织、陶瓷等,但主要集中在能源、纺织服装及其相关的机械设备等领域。主要投资企业有中国机械进出口集团公司、利德成服装公司、新希望孟加拉国有限公司、孟加拉国通威饲料有限公司等。

（二）云南省对孟加拉国的直接投资

云南省对孟加拉国的投资量目前偏少,尚未找到官方确切统计数据。但孟加拉国正成为云南省推进企业"走出去"的主力推荐海外投资目的地。2017 年以来,云南省企业陆续前往孟加拉国谈项目,做项目落地的前期调研工作,2019 年 6 月 13 日,在昆明市举办的 2019 年南亚东南亚国家商品展暨投资贸易洽谈会上,云南省能源投资集团联合外经股份有限公司、杭州锦江集团有限公司和孟加拉国瑞来嗯特有限公司(Reliant Incorporation Limited)共同签署了孟加拉国 Mirsharai 2×620MW 超临界燃煤电站项目合资协议,协议总投资 25 亿美元。

（三）中国银行业在孟加拉国的拓展

截至 2020 年尚无中资银行机构在孟加拉国设立分支机构。

（四）双边证券市场合作

2018 年 5 月,中国深交所和上交所组成的联合体正式收购达卡证券交易所 25% 的股份,交易金额约 1.2 亿美元。既有利于进一步完善中国证券交易所国际合作机制,增强中国资本市场国际化水平,也有利于通过跨境交易基础设施联通,带动实现资金融通,推动资本市场更好地服务"一带一路"建设和推进孟中印缅经济走廊合作。

(五)双边货币合作

两国截至 2020 年亦未签署货币互换协议。

第五章　云南省沿边金融综合改革成效与问题

第一节　云南省沿边金融综合改革的背景

作为一个区域层次多样化的发展中大国,近年来,我国区域发展战略实践出现了一些新的变化,围绕促进区域均衡发展、提升区域发展质量等方面开展了一系列的战略研究,包括自贸区研究、长江经济带建设研究、国家级新区研究、城市化与城市群研究、跨境经济合作区研究等。随着区域发展战略的实施,金融改革的区域性特征开始凸显,温州民间金融改革、丽水农村金融改革、深圳金融创新举措、金融支持上海自由贸易区建设及云南省、广西壮族自治区沿边金融综合改革等具有区域特色的金融改革正如火如荼地推进,区域金融改革问题成为理论与实务界关注的焦点。云南省、广西壮族自治区沿边金融综合改革试验区建设已告一段落,在五年的建设过程中,云南省要先行先试,取得了一些成绩,但是也要做一个全面的总结,为下一步的沿边金融改革提供经验借鉴。

党的十八届三中全会对全面深化改革作出了战略部署,特别是明确提出要"使市场在资源配置中起决定性作用""完善金融市场体系""扩大金融业对内对外开放"及"健全多层次资本市场体系",对今后一段时期我国深化金融改革开放,推动金融更好地服务实体经济指明了方向,提出了更高的要求。云南省、广西壮族自治区是我国面向东南亚、南亚开放的沿边省份,充分发挥两省份区位优势,加快推进区域金融改革是落实党的三中全会精神的有力举措,是加强顶层设计和"摸着石头过河"相结合、整体推进和重点突破相促进的具体体现。2013 年 11 月 21 日,经国务院批准,由中国人民银行等 11 个部委联合印发了《云南省 广西壮族自治区建设沿边金融综合改革试验区总体方案》(银发〔2013〕276 号,以下简称《总体方案》),支持滇桂两省区建设沿边金融综合改革(以下简称"沿边金改")试验区,其中,云南省试验区范围包括昆明市、文山州、红河州、保山市、西双版纳州、临沧市、普洱市、怒江州、德宏州 9 个州市。《总体方案》提出建设沿边金融综合改革试验区十大主要任务:一是推动跨境人民币业务创新,二是完善金融组织体系,三是培育发展多层次资本市场,四是推进保险市场发展,五是加快农村金融产品和服务方式创新,六是促进贸易投资便利化,七是加快金融基础设施建设的跨境合作,八是完善地方金融管理体制,九是建立金融改革风险防范机制,十是健全跨境金融合作交流机制。《总体方案》明确提出,沿边金改试验区建设要坚持金融服务实体经济,全面深化金融改革开放和建立地方金融监管体系,促进跨境金融、沿边金融、地方金融改革创新先行先试,不断优化金融生态环境、完善金融组织体系、改善融资结构、扩大金融规模、提高交易效率、深化金融对外交流与合作、提升跨境金融服务水平,通过 5 年左右的努力,初步建立与试验区经济社会发展水平相匹配的多元化现代金融体系。

方案的出台还源于中国和东盟密切的政治、外交、经贸关系,我国国家领导人出访东盟,参加"10+1""10+3"东盟领导人会议,东盟一些国家也有更大程度推进互惠互利经贸发展,减少交易成本,实现人民币区域自由兑换、结算的想法和要求。方案的出台,将促进沿边金融试验区先行先试,在风险可控的前提下大胆探索,紧紧围绕使市场在资源配置中起决定性作用来深化经济体制改革,扩大市场经济的调节作用,围绕实体经济不断创新金融业务,提高服务水平。

2013 年 12 月 30 日,云南省人民政府制定下发了《关于建设沿边金融综合改革试验区的实施意见》,明确了工作任务和相关责任。2016 年 2

月,云南省与广西壮族自治区签订了合作备忘录,建立全面合作关系,共同推进试验区建设。

第二节　云南省沿边金融综合改革总体成效

云南省金融改革创新在试验区建设的带动下取得了积极进展。跨境人民币业务创新亮点突出,区域性货币交易"云南模式"逐步形成,结算清算渠道更加顺畅,资本市场和保险市场服务功能明显提升,金融对外合作成效显著,服务涉外经济的能力大幅提高。多项业务创新在全国属首创,金融支持沿边经贸发展的广度和深度进一步拓展,先行先试的示范作用明显。各项创新结合云南省优势,凸显云南省特色,取得了显著成效,为进一步深化区域金融改革提供了可复制的经验,沿边金融改革对加快建立多样化现代金融体系,全面提升跨境金融服务与贸易投资便利化水平,助推云南省跨越发展提供了有力支撑。

2018 年云南省实现金融业增加值 1222.68 亿元,同比增长 2.2%,占国民生产总值的比重达到 6.84%,比 2013 年提高近 1 个百分点,位居西部 12 个省区前列,金融业对经济的贡献逐年提高,金融业成为全省地区经济发展的重要支柱产业之一。超额完成了银行融资、直接融资、保险机构融资、保险保费收入、涉农信贷、小微企业信贷等各项主要目标任务。沿边金融综合改革成效较为显著,为全省经济金融的持续健康发展发挥了重要支撑作用,为下一步深化金融改革开放奠定了坚实的基础。

一、为跨境人民币业务在全国推广贡献了试点经验

20 世纪 90 年代,中国农业银行云南省分行与越南商业银行就以互开本币账户方式开通边贸本币结算业务,首创的"河口模式"成为中国最早的边贸本币结算模式。2010 年 6 月,云南省获批成为全国第二批开展跨境贸易人民币结算试点地区,人民币跨境使用实现了从边贸人民币结

算向人民币国际化发展的华丽转身。云南省是开展跨境人民币结算试点较早的省份,跨境人民币结算业务走出了一条从最初的艰辛探索到现在的硕果累累、亮点纷呈的道路。尤其是沿边金融综合改革试验区建设启动以来,云南省跨境人民币业务实现了跨越式发展,人民币在涉外经济中的地位和作用大幅提升,在周边国家影响力显著增强。云南省跨境人民币结算业务自 2010 年 7 月试点至 2018 年已累计结算 4595.2 亿元(见图5-1),沿边金融综合改革试验区建设以来(2014—2018 年)云南省跨境人民币结算量为 3254.86 亿元,是 2010—2013 年结算量的近 2.5 倍。截至 2018 年年底,跨境人民币结算量在云南省同期国际收支中的占比跃升至 33.5%,比 2013 年年末提升了 5.5 个百分点,高于全国平均水平,人民币结算业务覆盖了境外 80 多个国家和地区,人民币已成为云南省第二大涉外交易结算货币和对东盟的第一大跨境结算货币。人民币在东盟和南亚国家的影响力日益增强、辐射范围更广,周边化进程加快,为云南省跨境人民币业务创新试点取得多项突破奠定了良好基础。

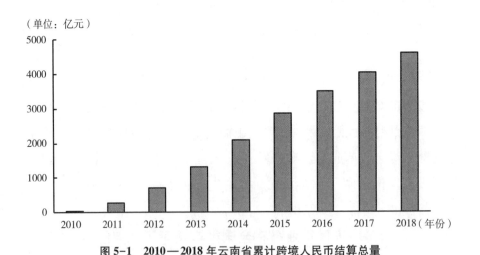

（单位：亿元）

图 5-1　2010—2018 年云南省累计跨境人民币结算总量

在全国先行先试个人经常项下跨境人民币业务。2014 年 5 月经中国人民银行总行批准,云南省开始在沿边金改试验区内试点个人全部经常项目跨境人民币结算。同期,国内其他地区个人仅能开展贸易和服务经常项下跨境人民币业务,截至 2018 年年初该业务在全国全部放开。云南省试点工作为个人经常项下跨境人民币业务在全国的推广积累了经验。截至 2018 年年末,云南省累计办理个人经常项下跨境人民币结算 98.34 亿元,业务覆盖了越南、中国台湾、中国香港等 50 个国家和地区,其中 95% 以上的业务集中于边境货物贸易和边民互市,2018 年 1—12 月个人经常项目人民币结算 20.75 亿元,同比增长 99.62%,让沿边人民群众切实享受到了跨境人民币结算的政策红利,最大限度地便利个人对外经济交往。

积极推进跨境人民币双向贷款,拓宽企业融资渠道。2014 年 12 月,云南省开始跨境人民币双向贷款试点工作。试点期间试验区内企业可以从东盟和南亚国家银行业金融机构借入人民币资金,实现了融资方式的多元化和国际化,在服务实体经济、支持云南省建设与发展等方面发挥了重要作用。截至 2017 年年末,云南省共有 18 家银行为试验区内 19 家企业办理了 27 笔跨境人民币贷款业务,累计合同金额 54.69 亿元,实际提款 40.10 亿元,且提款均已全额还清,平均融资成本在 5% 左右。跨境人民币双向贷款拓宽了企业境外融资渠道,实现了融资方式的多元化和国际化,在一定程度上缓解了企业"融资难、融资贵"问题。从 2017 年 5 月将跨境人民币贷款试点纳入全口径跨境融资宏观审慎管理,截至 2018 年年末,云南省共有 32 家企业从境外银行融入人民币资金 50.32 亿元。

组建人民币国际投贷基金。依托云南省沿边区位优势,积极支持人民币国际投贷基金组建运营,云南省是继上海市后第二个获准开展人民币国际投贷基金业务的省份,省金融监管局专门出台了国际投贷基金管理办法。试点期间先后支持 5 家公司享受设立人民币国际投贷基金政策,开展人民币国际投贷基金业务,对促进云南省对外股权投资、推动人民币"走出去"具有积极意义。2018 年对其中 4 家公司及所设立基金进行了清理和规范。

开展跨国企业集团跨境人民币资金集中运营。2014 年 12 月,云南省在全省推广跨国企业集团跨境人民币资金集中运营业务,帮助企业实现了全球资金的统一管理、统筹调配,提高了资金运用和结算效率。在业务推动过程中,不断总结,制定并完善了《跨境双向人民币资金池评估工作方案》,有序完成资金池清退和风险评估工作。截至 2018 年年末,云南省共有 7 家跨国集团企业搭建了跨境人民币资金池。

多渠道开展跨境人民币业务宣传培训。加强商业银行年度业务培训,提高业务技能。以商业银行的业务推荐会为平台,强化政策解读和宣传。三次通过南博会平台组织商业银行全面宣传跨境人民币结算。以接受媒体专访、专题会、座谈会、行内季度新闻通报会等形式宣传跨境人民币业务。两次制作中英文跨境人民币结算材料下发商业银行,统一宣传口径,强化宣传效果。截至 2018 年年末,云南省与境外 80 多个国家和地区发生跨境人民币结算业务,跨境人民币结算业务已拓展至云南省 15 个州市,覆盖 8 个边境地区的 18 个口岸。

二、初步构建多层次区域性货币交易模式

货币兑换方面,云南省初步构建了以银行间市场区域交易为支撑、银行柜台交易为基础、特许兑换为补充的全方位、多层次人民币与周边国家货币的区域性货币交易的"云南模式"。

全国首例人民币对泰铢区域交易由云南省发端,并成功实现向全国银行间市场挂牌交易的平稳过渡。2011 年 12 月全国首例人民币对泰铢银行间市场区域交易在云南省启动,截至 2018 年 1 月末,累计交易 840 笔,金额共计 35.57 亿元。2018 年 2 月,人民币对泰铢在我国银行间市场直接交易,顺利完成从区域市场到全国市场的平稳过渡。在全国首例人民币对泰铢银行间市场区域交易在云南省推出后,及时向中国人民银行总行上报了人民币对老挝基普银行间市场挂牌的可行性报告,人民币对老挝基普挂牌取得重要进展。

银行柜台挂牌交易币种实现周边国家货币全覆盖。截至 2018 年 12 月末,云南省银行累计办理泰铢、越南盾、老挝基普、缅甸元柜台兑换交易 14.50 亿元,较 2013 年增长近 17 倍,大大便利了企业和个人的货币兑换

（单位：亿元）

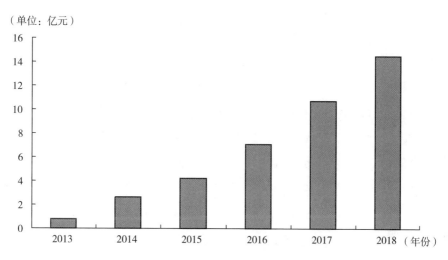

图 5-2　2013—2018 年云南省各银行累计办理泰铢、
越南盾、老挝基普、缅甸元柜台兑换交易量

需求。推出全国首家地方性商业银行为主体的"外币零钱包业务"，向云南省外汇市场提供 12 个币种的"小面额区域特色现钞兑换"服务。

积极推进本外币兑换特许业务发展。2014 年至 2018 年 12 月末，云南省个人本外币特许兑换业务现钞兑换金额 30361.5 万美元，30.2 万笔。积极支持特许兑换机构网上预约和电话预约服务建设，提高了业务操作效率，减少了业务办理时间，现钞兑换时间仅需要两三分钟即可完成，充分发挥了个人本外币现钞兑换作为银行柜台交易的补充功能。首创经常项下人民币与缅币特许兑换业务，实现了客户范围、业务范围和兑换额度"三个突破"，兑换量突破 4 亿元。此试点的开展为探索人民币与非主要国际储备货币经常项下的兑换提供了业务经验，为下一步如何规范发展打下基础。

银行间跨境现钞调运实现新突破。本外币现钞调运渠道不断拓宽，搭建了云南省两个越南盾现钞直供平台和西南地区第一条泰铢现钞直供平台。中老两国本外币现钞调运取得历史性突破。经中国人民银行总行、海关总署同意，2018 年 5 月 18 日，富滇银行西双版纳磨憨支行与老中银行磨丁分行分别将 500 万元人民币通过中国磨憨口岸调入老挝、5

亿老挝基普通过磨丁口岸调入中国,标志着中老双边首条本外币现钞陆路调运通道正式建立。截至 2018 年年末,云南省共计跨境调运人民币现钞 3.4 亿元。

积极探索人民币对非国际储备货币汇率形成机制建设。2015 年 3 月,中缅货币兑换中心在德宏瑞丽姐告边境贸易区挂牌成立,形成并对外发布人民币兑缅币"瑞丽指数"。在"瑞丽指数"带动下,2016 年 3 月创新在红河州河口地区发布云南省首个区域性人民币兑越南盾指导性汇率,实现了河口地区金融机构人民币对越南盾汇率的统一报价。在此基础上,2018 年河口农行牵头河口另外 5 家金融机构在约定浮动范围 5% 以内统一执行"河口地区人民币对越南盾市场汇率",汇率由"参考"转为"执行",对形成独立、统一、规范的区域人民币对越南盾汇率机制具有重要意义。汇率报价发布实现系统自动化,通过汇率服务平台系统,实现各银行汇率显示屏同步发布,进一步提升了市场汇率发布的规范性和权威性。2015 年,中国农业银行泛亚业务中心落户昆明,并同步成立河口、磨憨、瑞丽三个分中心,成为全国首个非主要国际储备货币挂牌交易平台,对于促进非主要国际储备货币兑换走向规范化、正规化管理,逐步增强汇率定价权,引导民间资本进入正规体系具有重要实践意义。

三、银行组织体系不断改革完善

进一步完善了金融组织体系,为跨境金融业务奠定基础。截至 2018 年 12 月末,云南省共有各类银行与非银机构 247 家,分别是 3 家政策性银行,5 家国有大型银行,10 家股份制银行,3 家城市商业银行,73 家村镇银行,133 家农村金融机构,8 家外资银行,1 家邮政储蓄银行,1 家信托公司,5 家财务公司,4 家金融资产管理公司及 1 家金融租赁公司,银行与非银机构组织体系日趋完善。云南省外资银行数量 8 家,机构数量与种类在西部 12 个省区排名第 3 位,仅次于重庆市与四川省。2013 年 11 月,由中国太平洋证券股份有限公司与老挝农业促进银行及老挝信息产业有限公司共同发起设立的老中证券有限公司在老挝首都万象正式挂牌成立,并获得永久经营牌照。这既是中国在境外设立的第一家合资证券公司，也是老挝证券管理委员会批准设立的首家中资参与的合资证券公司。2014年1月，富滇银行和老挝外贸大众银行在老挝合资设立老中银行，是全国城市商业银行在境外设立的首家经营性机构。金融机构"引进来"和"走出去"成效显著。

银行业改革不断深化。推进玉溪市商业银行增资扩股并更名为云南红塔银行，推进曲靖商业银行增资扩股和董事会换届。全面推进信用社改制组建农商行工作，在2016年首批20家联社改制的基础上，2017年启动改制的25家机构已全部批复筹建，2018年拟改制的19家机构已全部完成清产核资，云南全省已批复开业农商行达43家。

银行业沿边辐射范围进一步扩大。鼓励商业银行按照商业可持续原则到口岸、跨境和边境经济合作区、口岸免税购物区设立分支机构和营业网点，提升金融服务边境地区的能力。截至2018年12月末，云南省25个边境县（市）共有银行业法人机构36个，营业性网点741个，其中2018年新增网点37个，边境地区机构类型不断丰富，数量不断增多。中国农业银行泛亚业务中心、中国银行沿边金融合作服务中心、中国建设银行泛亚跨境金融中心相继在昆明市成立，积极开展业务创新，不断完善"东盟七国产品体系""跨境结算宝"等跨境业务产品体系，为融入国家发展战略提供更多服务平台，昆明区域性金融中心功能得到初步发挥。

金融创新进一步加快。2014年以来，富滇银行和云南国际信托有限公司相继获批开展资产证券化业务，马来西亚银行昆明分行开办人民币业务，云南信托股指期货交易、云天化财务公司4项新业务、华夏金融租赁公司的2项新业务相继获批，34家县级联社相继获批开办外汇业务，覆盖包括昆明市、瑞丽市、河口区等地在内的25个国家级、省级口岸中的24个口岸。首家地方资产管理公司于2017年4月25日获中国银监会金融企业不良资产批量收购处置资质备案。非银行机构种类不断丰富。

四、多层次资本市场稳步发展

围绕建设面向南亚东南亚金融服务中心,进一步完善证券期货机构体系。试点以来至 2018 年年末,云南省新增 19 家证券分公司、62 家证券营业部、13 家期货营业部,证券期货经营机构达到 223 家,其中沿边金改区证券期货经营机构达到 166 家。在沿边金改区设立 1 家内地与香港合资证券公司筹建工作正积极推进。继太平洋证券在老挝设立了我国首家境外合资证券公司后,继续支持太平洋证券在泰国设立合资证券公司,推动两家证券公司对缅甸证券市场进行考察。

股票融资保持持续扩大的良好态势。连续 5 年云南省都有企业成功首发上市,新增 6 家上市公司(其中 4 家为沿边金改区企业),A 股上市公司达到 33 家,IPO 融资 63.93 亿元,沿边金改区 A 股上市公司达到 27 家;17 家上市公司通过定向增发、配股等方式新增股票融资 529.83 亿元,其中 13 家沿边金改区上市公司新增股票融资 377.81 亿元。

引导证券机构发挥中介职能,服务投融资项目。截至 2018 年年末,证券机构通过提供上市保荐、"新三板"推荐、债券承销发行等服务以及融资业务帮助云南省企业实现融资 424.46 亿元。充分利用债券市场支持试验区企业融资,截至 2018 年年末,支持试验区内企业在银行间市场发行 451 只债券,累计融资达 4054.6 亿元。超短期融资券、超长期限中期票据和永续中期票据相继成功发行,2015 年 20 亿元资产支持票据"云南祥鹏航空有限责任公司资产支持票据"在银行间债券市场也成功发行,并在全国率先发行并购重组私募债,为云南省城乡建设投资有限公司成功发行国内首只"债贷组合"中期票据,融资 3.5 亿元,直接支持边疆少数民族家庭改善居住条件。引导私募基金规范发展,主动服务国家战略,增强实体经济直接融资功能,截至 2018 年年末,云南省已完成登记的私募基金管理人共 100 家,备案基金 161 只,管理资金规模 885 亿元。

期货市场服务实体经济和脱贫攻坚成效明显。充分发挥期货市场价格发现和风险管理功能。继铁合金上市后,优势资源类品种锡、镍期货正式上市。积极推动上海期货交易所天然橡胶"保险+期货"试点项目 2.4

万吨、郑州商品交易所白糖"保险+期货"试点项目 4.2 万吨落地云南省。2017 年云南全省胶农、蔗农获赔付款共计 2049.28 万元,受益胶农、蔗农 22021 万户,其中建档立卡户 8726 户。为使"保险+期货"项目惠及更多农户,2018 年,云南省证监局持续推动上海期货交易所和郑州商品交易所进一步扩大试点规模,云南省获批天然橡胶"保险+期货"项目现货交易量 5.6 万吨,专项支持资金 5040 万元,涉及 12 个国家级贫困县;获批白糖"保险+期货"项目白糖现货交易量 8.8 万吨,专项支持资金 1381 万元。项目的实施为云南省贫困地区涉农主体提供了稳定的收入保障。咖啡期货产品的研发正在积极推动中。

推动区域黄金交易市场发展。2016 年 6 月 28 日,云南省人民政府与上海黄金交易所签署了战略合作备忘录,就共同打造中国黄金市场"一带一路"南亚东南亚辐射带,协同推进昆明区域性国际金融服务中心等事项达成共识,极大地促进了云南省黄金市场健康发展,并深化与周边国家的金融贸易合作。上海黄金交易所同时授予了昆明市银行电子结算中心会员牌照。2016 年 10 月,云南省黄金投资交易有限责任公司成立。

五、保险创新发展呈加速态势

完善保险服务体系建设。支持具备条件、有优势的保险机构尝试多形式、多渠道"走出去",到东盟、南亚国家开展业务合作、建设服务体系,并在条件成熟时设立机构。支持诚泰财产保险股份有限公司有序开展向外布局工作,2018 年诚泰财产保险股份有限公司老挝机构筹备工作迈出实质性步伐。

开展双边及多边跨境保险业务合作。一是有序推动出入境车辆保险业务。针对前期出境车辆无专属保险产品的空白,指导多家保险公司完成了出境车辆商业保险(越南)的报备工作,并在红河金平口岸率先试点,初步形成了"入境交强险+出境商业险"的产品体系。为达成出入境车辆"五分钟通关"要求,相关保险公司译制了中越、中缅、中老双语交强险保单和投保提示单,开发了小语种保单录入系统,并在麻栗坡天保口岸等地设置了出入境车辆保险便民服务站。二是发挥政策性出口信用保险作用,2014—2018年,中国出口信用保险公司云南分公司承保云南省外经贸风险金额163.36亿美元,云南省企业通过出口信用保险项下贸易及项目融资236.98亿元,通过中信保在全球建立的渠道和网络,帮助云南省企业调查海外买家资信7829次,为企业"走出去"提供了强有力的保障。三是鼓励保险公司创新保险产品服务。支持保险公司将境外医疗救援、境外旅行综合援助保障等相关保障嵌入具体保险产品。例如,平安人寿已推出的全球旅游保险、旅行健康保险等产品,将紧急医疗救援、住院津贴等纳入了保障范围。支持保险公司按照跨境人民币结算再保险业务规范,适时向东南亚、东盟更多国家和地区探索发展人民币跨境再保险业务。

多管齐下推动保险资金落地。积极与省国资委、金融监管局、保险资管协会等部门协调联动,为保险资金服务云南省重点项目建设想法子、搭台子、谋路子。在中国保险资产管理业协会资产管理信息交互系统设立"云南保监局旗舰店",保险资管协会近500家保险资管、证券、银行等会员单位可以查询浏览旗舰店中发布的云南省重点融资项目信息,依托"云南保监局旗舰店"平台,发布云南省重点融资项目信息1200项,让合作意向方查询浏览云南省重点融资项目信息。邀请重点保险资管机构来云南省开展项目企业对接。组织省内重点企业赴北京、上海上门拜访保险资管部门。2014年至2018年9月,云南省新增保险资金投资金额1601.65亿元,有效地支持了云南省交通产业基金、昆明市滇池湖滨半岛商务中心项目、大理祥云至临沧铁路项目等重点建设项目。

为中小企业提供风险保障服务。2014年8月,云南省启动小额贷款保证保险试点项目,截至2017年12月,累计支持117家小微企业通过保证保险试点项目融资合计2.6亿元。2018年,新一轮的小额贷款保证保险业务正在推进中,通过建立银行小微企业贷款风险分担机制,使农村生产经营性合作组织等在无法提供有效抵押、担保的情况下仍能获得银行业金融机构融资支持。

构建农房保险安全网。推动 6 个州市、86 个县(区)实现农房统保,农房保险覆盖云南省 78%的县域。全国首个政策性农房地震保险项目 2015 年起在大理州试点,3 年试点期间共计提供农房直接损失风险保障 4.2 亿元,3 次地震共支付赔款 6353.76 万元,占地震直接经济损失的比重接近 15%,并于 2018 年成功续保。玉溪市和临沧市分别开展了政策性农房地震保险和农房地震巨灾综合保险试点。玉溪市政策性农房地震保险试点期间,发生通海县 5.0 级地震和普洱市墨江县 5.9 级地震(玉溪元江县受波及),玉溪市两县分别获赔 1600 万元和 16.13 万元。

推动人口较少民族综合保险试点。2014 年 10 月,与省民委、财政厅、教育厅联合印发了《云南省人口较少民族综合保险和人口较少民族学生助学补助工作专项方案》。由省级财政全额补贴,连续三年为人口较少民族聚居区 77.1 万户籍人口购买人均保额 12.5 万元的意外伤害保险,为 18.5 万户农房提供户均保额 6.6 万元的农房保险保障,并由承保公司代发云南省人口较少民族高中生、大学生助学补助。2015 年 5 月,项目落地实施。三个保险年度期内(截至 2018 年 4 月),共计赔付 3274.03 万元,其中农房遭受灾害损失的有 422 户,赔付金额为 260.85 万元。2018 年,已配合省民宗委向省政府请示开展新一轮试点工作。

六、农村金融产品和服务方式创新卓有成效

涉农贷款持续较快增长,金融扶贫取得明显成效。加强窗口指导,着力满足农户等农业经营主体的有效信贷需求,继续深入推进林权抵押贷款业务。截至 2018 年年末,云南省涉农贷款余额为 9522.87 亿元,同比增长 5.85%;云南省林权抵押贷款余额为 127.43 亿元,同比下降 6.45%。截至 2018 年年末,云南省金融精准扶贫贷款余额为 2948.7 亿元,同比增长 10.63%,高于云南省各项贷款平均增速 0.22 个百分点,贫困地区信贷投放取得良好成效。其中:建档立卡贫困人口贷款余额为 405 亿元,同比增长 16.32%,服务贫困人口和已脱贫人口 85 万人;产业精准扶贫贷款余额为 634.2 亿元,同比增长 15.39%,带动建档立卡贫困人口 53 万人次;

项目精准扶贫贷款余额为 1909.5 亿元,同比增长 8.03%。贫困地区信贷投入持续增加,金融服务受益面不断扩大。创新金融扶贫方式。成功发行首单"扶贫"短期融资券,2018 年 4 月 4 日,云南省能源投资集团有限公司在银行间市场成功发行 2018 年度第一期"扶贫"短期融资券,本期债券为云南省内首单扶贫票据,发行金额 10 亿元,期限 1 年,发行利率 4.98%,为云南省金融精准扶贫探索了一条新的融资渠道。云南省农村信用社联合社创新推出了"农户+龙头企业+农民专业合作社+基地"等信贷支持模式;中国农业发展银行云南省分行推出"农特贷",以 8000 万元信贷资金支持鲁甸花椒特色产业发展;中国农业银行云南省分行创新推出了"七彩云南·脱贫贷款"系列产品。诚泰财产保险股份有限公司推出咖啡价格指数保险;中国人寿云南省分公司针对贫困人员降低起付线,提高保险理赔上限,创新推出大病保险精准扶贫产品。

"两权"抵押贷款试点取得初步成效。自 2015 年试点工作启动以来,中国人民银行昆明中心支行积极发挥牵头作用,合理运用货币政策工具,积极稳妥推进"两权"抵押贷款试点工作,试点配套措施有序跟进,金融产品和扶贫方式加快创新,贷款抵押物处置取得突破,支农惠农的政策效应逐步显现。截至 2018 年年末,云南省农村承包土地的经营权和农民住房财产权抵押贷款("两权"抵押)试点地区相关贷款余额分别为 22.16 亿元和 6.66 亿元。积极探索两权抵押贷款保险分担风险机制。如武定县建立保险增信基金,推广农房抵押贷款借款人人身意外伤害保险,保费由当地财政补贴 50%;砚山县农地抵押贷款借款人购买人身意外伤害保险和农作物保险,财政给予 50%保费补贴。

积极推动城乡信用体系建设。截至 2018 年 12 月末,云南省共 33 个县搭建农户信用信息系统,共组织评定信用户 702.1 万户、信用村 3905 个和信用乡镇 358 个,相比试点前分别增长了 42.3%、70.8%和 205.2%。推进小微机构接入金融信用信息基础数据库,云南省共有 48 家村镇银行、5 家小贷公司、8 家融资担保机构等接入系统并开通信用报告查询。在云南省人民银行 119 个网点及部分商业银行网点布放个人信用报告自助查询机,大力推进信用信息服务便利化。推进信用信息公开共享,2018年全年向"信用云南"网站报送行政处罚信息 29 条、行政许可信息 69050条,试点以来共为政府部门提供信用查询 7982 次。

推动高原特色农业保险创新发展。截至 2018 年年末,云南省农业保险已经发展到 45 个品种,基本覆盖了云南省农业经济发展中地位重要的粮食作物、经济作物、大小牲畜和经济林木,实现农业保险全省 129 个县全覆盖。为 5 个州市的 13 个县(区)橡胶主产区开展"保险+期货"项目,争取到上海期货交易所 80%—95% 的扶贫资金补贴,首期项目共向国家级贫困县耿马等县的胶农和农场提供了 2.741 亿元的兜底收入保障。

推动惠农支付服务点实现从"点"到"站"的发展和改造升级,提升金融服务"三农"水平。2014 年实现惠农支付服务点行政村全覆盖,并逐步向自然村延伸。2017 年推动开展了从"点"到"站"的升级改造,在惠农支付服务点加载社保医保缴纳、金融知识宣传、小额贷款需求登记、快递收发等功能,截至 2018 年年末,累计完成 6100 个普惠服务站的建设。

七、积极推动贸易投资便利化

根据国家外汇管理局的部署,云南省外汇管理部门大幅减少行政审批事项,经常项目基本实现"零审批",有效地提高了涉外企业的资金运作效率。外商投资企业外汇资本金意愿结汇、直接投资外汇登记全面下放,推行跨国公司外汇资金集中运营试点管理、全口径跨境融资宏观审慎管理,跨境担保外汇管理大幅放宽,极大地便利了市场主体办理跨境投融资业务,有效地降低了汇兑风险。

支持银行为有真实贸易背景的企业提供各种贸易融资产品。截至2018 年 12 月,企业在云南省银行办理海外代付余款 6.24 亿美元,远期信用证余款 11.39 亿美元,国内外汇贷款贸易融资余款 4.88 亿美元。贯彻人民币跨境融资的相关规定,允许银行在"展业三原则"的前提下,以境内企业与境外企业之间的贸易合同为限,为企业办理人民币贸易融资。2018 年,人民币跨境融资实际收付 42.6 亿元,其中,贸易融资 17.06 亿元,同比上升 132.49%。

结合实际出台边境贸易差异化外汇管理方案。2015 年国家外汇管理局云南省分局研究制定了边境贸易差异化外汇管理方案,这是结合云南省实际对边境贸易健康发展的一次大胆探索,在保证外汇数据采集的前提下,最大限度满足边贸企业特殊商业运营模式的需求,体现了管理与服务并重的特点,加快了云南省边境地区贸易便利化进程。

推动本土支付机构和跨境电商发展。加大对省内跨境外汇支付机构的培育力度,对本元集团开展跨境外汇支付业务试点进行沟通协调,从应急管理建设、系统模块设置、业务类型需求等多个方面,帮助本元集团细化内部操作流程,力争实现云南省跨境外汇支付机构零的突破。支持昆明跨境电子商务试验区发展,2018 年 7 月,国务院批准昆明市设立跨境电子商务综合试验区。

落实简化 A 类企业货物贸易外汇收入管理。针对货物贸易外汇管理分类等级为 A 类的企业,允许金融机构在为其办理贸易外汇收入时,暂不进入出口收入待核查账户,可直接进入经常项目外汇账户或结汇,为企业便利结算通道,缩短了资金周转时间。积极开通中缅石油项目结算通道,帮助企业完成进口付汇主体变更手续,为原油进口数据落地云南省、企业顺利投产奠定了坚实的基础。

八、跨境金融基础设施建设稳步推进

结合云南省沿边特点,不断探索符合实际的跨境金融基础设施建设。形成了独具特色的外籍人员金融消费权益保护模式,通过有云南省特色的代理行、清算行和非居民账户的跨境人民币清算模式,初步建成了能满足外向型企业需要的跨境人民币清算网络。

努力拓展非居民结算账户应用。进一步规范境外机构人民币银行结算账户现金收支行为,有效解决境外机构人民币现金结算需求,维护跨境人民币现金流通秩序。自 2016 年 NRA 账户存取现金业务开展以来,累计共批复沿边州市 49 家境外机构办理 NRA 账户存取现金业务。截至

2018年年末,累计办理现金业务2349笔,金额18.82亿元,其中西双版纳州累计办理业务在云南省占比达95%,取得突出成效。非居民结算账户的推广较好地满足了边贸企业、边民的现金使用需求。

创建境外边民账户服务平台。组织8个边境州市完成境外边民账户平台推广工作,拟定《云南省境外边民人民币个人银行账户管理办法(试行)》《云南省存量境外边民人民币个人银行账户清理工作方案》等配套制度方案。境外边民银行账户服务平台开发已完成,相关测试准备工作就绪,配套制度已基本成型,待第三方系统测试和等级保护测试完成后拟开展试运行。

跨境结算清算渠道呈现多样化。打通了与700多家境外银行机构跨境清算渠道,大力推动人民币跨境支付系统的应用,目前云南省已有3家法人机构以间接参与行的身份加入CIPS系统。自2014年开展跨境金融支付服务以来,共发展28家跨境金融支付服务商户,主要分布在沿边6个州市边境地区,涉及缅甸、越南、老挝3个边境国家。截至2018年年末,云南省跨境金融支付服务点累计发生交易笔数8.43万笔,金额2.89亿元。

切实开展外籍金融消费者权益保护工作。2014年开始,中国人民银行昆明中心支行在8个沿边州市探索建立外籍人员金融消费权益保护投诉站。截至2018年年末,外籍投诉站点建成38个,初步形成了独具云南特色的"一站一台一宣传"的边境地区外籍人员金融消费权益保护模式。

九、及时有效防范和处置金融风险

加强金融监管部门的协调,形成防范和化解金融风险监管合力,维护云南省金融稳定。厘清地方金融监管职责和风险防范处置责任,把防范和处置风险作为重中之重,坚决守住不发生系统性金融风险底线。

推进区域金融监管协调形成监管合力维护地方金融稳定。建立地方金融监管联席会议协调机制,2014年7月中国人民银行昆明中心支行牵头会同"一行四局"制定《云南省金融监管协调联席会议制度》,加强辖区金融管理部门间的沟通协调,形成防范和化解金融风险合力,维护云南省金融稳定。厘清地方金融监管职责和风险防范处置责任。2015年形成《云南省人民政府关于界定地方金融监管职责和风险防范处置责任的实施意见》印发云南省贯彻执行。

主动处置化解地方类金融机构风险。组织开展点对点(Peer-to-Peer Lending,P2P)网贷试点企业及融资登记服务机构新增业务专项排查摸清风险底数。对10家机构,67个风险项目进行"穿透式"核查并提出处置意见。积极推动试点类金融机构良性退出市场,截至2018年年底,已取消23家P2P网贷试点企业及40家融资登记服务机构的试点资格,同时采取措施压降存量业务及风险。规范整治"现金贷""网络小贷",通过专项整治,已有30家相关机构无风险退出市场,存量业务总体压缩30.7亿元,处置或结清风险项目150个,金额合计约3亿元,涉及出借人2100余人。

积极构建新型金融业反洗钱监管协调合作关系。根据反洗钱监管新形势和要求,起草《反洗钱合作备忘录》,推进云南省反洗钱金融监管协调机制合理化、高度化和新常态化。稳步推动云南省特定非金融行业反洗钱监管工作。

强化金融风险快速反应机制。稳妥处置瑞丽市外籍人员集中取款事件,快速处置境外民族地方武装利用我方银行账户募集资金问题,把防范和处置风险作为重中之重。

十、不断深化与周边国家金融交流合作

试点以来,云南省与周边国家互动频繁,多位周边国家领导人、地方负责人访滇,省领导也多次访问周边。将金融合作列为交流内容,积极推动与周边国家金融合作。初步开创了高层有互访、央行有对话、银行有合作、人员有往来、信息有交换、机构有互设的良好金融合作局面。

2017年8月14日,云南省委书记与越南老街省委书记在昆明市举行工作会谈时提出,两省间要加强金融合作,推动双方商业银行建立合作关系;开

展跨境现钞调运、边贸网银结算、人民币跨境结算、双边本币兑换等合作业务;鼓励保险公司开展与滇越国际道路运输合作配套的保险业务,完善滇越跨境运输和过境运输海关担保制度,开展商业性双向跨境保险业务。

双边央行金融合作不断取得实质性进展。试点 5 年以来,经中国人民银行总行批准,中国人民银行昆明中心支行组团出访泰国、老挝、缅甸 5 次,接待来访 4 次。2017 年,首次实现滇缅双方央行机构正式会谈,建立了交流沟通平台,为解决边境地区双边本币结算存在的问题及促进贸易投资便利化奠定了良好的基础。与泰国银行北部分行多次举办双边会谈,推动滇泰人民币结算从无到有,规模从小到大,促进了贸易投资便利化;与老挝央行举行了 3 次会谈,对双边本币结算中的有关问题进行了协商,促进了双方金融合作向纵深发展,在 2017 年的会谈中就启动人民币对老挝基普银行间市场区域交易问题进行了磋商交流。

全国首个跨境反假货币工作(昆明)中心成立,持续推进云南省跨境反假货币工作。2017 年 1 月 10 日,跨境反假货币工作(昆明)中心正式挂牌,昆明市成为全国首个设立跨境人民币反假工作中心的城市。在 2017 年建立跨境反假货币工作昆明中心、8 个沿边州市分中心的基础上,积极推进沿边县区工作站的建设,构建"省、市、县"三级跨境反假货币工作组织体系,截至 2018 年年末,云南省共建立 15 个沿边跨境反假货币工作站。中国人民银行昆明中心支行就反假货币专程组成代表团,出访老挝央行,举办了滇老反假人民币宣传培训会,就反假信息交流达成共识,反假关口前移迈出坚实步伐。不断完善跨境反假货币工作软硬件建设,扎实推进试点人民币真伪鉴定分析区域分中心建设工作,稳步推进昆明中心支行鉴伪检测实验室建设。

积极探索开展与周边国家、地区的反洗钱和反恐怖融资交流与合作。就反洗钱业务发展与泰国银行(央行)北部分行、老挝央行等进行了交流会谈,为建立"反洗钱跨境合作机制"迈出了实质性步伐。积极协助云南国际经济技术交流中心承办了商务部 2017 年尼泊尔反洗钱研修班、2017 年西共体反洗钱和金融反恐官员研修班、2018 年尼泊尔反洗钱措施与实践研修班,促进跨境反洗钱交流合作。

十一、地方金融生态得到优化

完善监管制度,严格监管。完善小额贷款公司、融资担保公司、典当行、融资租赁、交易场所、区域性股权市场等监管制度,研究制订各类交易场所设立发展计划,为地方金融机构合规发展提供制度保障;对地方金融机构实施分类监管,引导不具备竞争力和违法违规机构从市场退出,小额贷款公司共清理退出 229 家,占云南省试点发展机构总数 40%,68 家融资担保公司达标,77 家典当行通过年审。探索数字监管。建设上线"全省小额贷款公司监管预警平台",进行数字监管探索,缓解监管人员少、不专业问题,通过科技手段提高监管水平。

加大金融科技运用。金融机构运用互联网、区块链、人工智能等科技手段,优化信贷流程,创新信贷产品,推出银税互动、一部手机云企贷、信易贷等金融产品运用,开展供应链金融服务,重点支持民营和小微企业发展。中国建设银行帮助数字云南建设走在全国前列。截至 2019 年年末,云南省小微企业贷款余额 5705.91 亿元,普惠型小微企业贷款余额 1722.87 亿元。

加大政金合作。建立重大项目、重点产业融资协调服务工作机制,争取金融机构总行和总部加大对云南金融支持。"十三五"期间 13 家银行机构总行、5 家保险机构总部和上交所与省政府签订合作协议。13 家银行机构合作协议落地金额 2.24 万亿元。

第三节　云南省、广西壮族自治区沿边金融综合改革比较

一、云南省沿边金融改革形成的可复制推广经验

第一,统筹兼顾,推动有力。省委、省政府高度重视区域金融改革工

作,成立了以省长为组长的领导小组,制定了省政府关于建设沿边金融综合改革试验区的实施意见,按年度分解实施重点,明确责任单位以及完成时限,并在以往改革成果的基础上,着力做好四个方面统筹:一是战略布局统筹规划,实现云南省桥头堡建设规划、孟中印缅经济走廊建设、区域金融服务中心、辐射中心与"一带一路"倡议和"十三五"规划有效对接,激发改革政策叠加的红利。二是重大项目统筹建设,将滇中产业新区、大通道建设、云南省与周边国家互联互通的基础设施等作为区域金融合作的重大项目加以规划建设。三是合作机制统筹推进,着力加强大湄公河次区域合作、跨境经济合作区、边境经济合作区、中国—南亚国家博览会等合作机制平台建设,切实发挥并放大现有平台和机制的作用。四是政策支持统筹设计,使人民币结算与外贸、关税等政策有机对接,更加适应对外合作的需要,形成完善的提升沿边开放水平的政策支持体系。

第二,贴近实际,突出特色。基于独特的地理位置,以及毗邻国家的特点,云南省一直顺应市场需求,坚持创新驱动,实现改革突破,如积极探索人民币与周边国家货币交易模式,形成了以银行间区域市场为支撑、银行柜台交易为基础、特许兑换为补充的全方位、多层次货币交易体系,逐步构建以昆明市为中心、辐射东南亚南亚的区域性货币交易模式,交易平台完整;跨境人民币资金清算、结算渠道基本打通,形成了代理行、清算行和非居民账户三种跨境人民币清算、结算模式,往来渠道多元化;坚持"先毗邻、后周边、再次区域化"原则,积极探索可复制的区域性金融合作模式,跨境金融合作与交流平台效果初显。

第三,联动整合,形成合力。在推进各项金融改革工作中,云南省充分发挥政府相关部门、金融部门的作用,凝聚金融部门和金融机构的力量,增强金融服务协调能力,有效破解金融改革工作中出现的新情况、新问题,确保各项改革工作的顺利开展。如在沿边金融综合改革试验区推进工作中,云南省地方金融监管局、中国人民银行昆明中心支行、省级相关部门、昆明市和沿边州市相互配合,共同推进工作开展,推出了跨境人民币贷款、人民币与外币资金池、人民币投贷基金、个人本外币兑换特许业务试点、边境贸易差异化外汇管理等多项机制与业务创新,已惠及国内外众多企业和民众。

第四,加大宣传,营造氛围。云南省沿边金融改革宣传工作围绕"坚持常规宣传,突出重点宣传,创新特色宣传"的思路,同时借鉴金融知识宣传月等经验开展多种形式的宣传活动。以窗口宣传、网站宣传、平面媒体宣传、召开新闻发布会等形式,全面宣传建设沿边金融综合改革试验区等改革的推进情况;通过走进边境口岸、跨出国门宣传最新的金融改革政策,加深公众印象。通过业务培训、张贴海报和标语、发放宣传资料、播放宣传短片、座谈会、讲座、电视广播、网络自媒体等渠道多措并举开展形式多样的宣传,努力做到常规宣传范围广,重点宣传力度强,特色宣传亮点多。

云南省沿边金融综合改革试验区建设工作启动五年来,试验区建设取得了明显成效,初步建立了与经济社会发展水平相适应的多样化现代金融体系和金融对外交流合作机制,金融服务经济社会发展的能力和水平明显提升,为金融更好地支持云南省经济社会发展奠定了良好基础。主要形成了八个方面的经验借鉴。

一是跨境人民币业务创新走在全国前列。人民币在本外币跨境收支中的比重高于全国平均水平。在全国先行先试个人经常项下跨境人民币业务;试点开展跨境人民币双向贷款,拓宽企业融资渠道,在一定程度上缓解了企业"融资难、融资贵"问题。

二是金融机构体系建设取得突破。富滇银行与老挝外贸大众银行在老挝设立老中银行,成为全国城市商业银行在境外设立的首家经营性机构。

三是构建了区域性货币交易模式。全国首例人民币对泰铢区域交易在云南省启动,并成功实现在全国银行间市场挂牌交易;银行柜台挂牌交易币种覆盖周边国家货币;不断探索完善人民币对周边国家货币如越南盾、老挝基普等的汇率形成机制。

四是组建人民币国际投贷基金,服务国家"一带一路"倡议。

五是通过金融创新积极支持"三农"发展。积极稳妥推进"两权"抵押贷款试点工作,试点配套措施有序跟进,金融产品和扶贫方式加快创新,贷款抵押物处置取得突破,支农惠农的政策效应逐步显现。

六是跨境反假货币工作成效显著。成立全国首个跨境反假货币工作(昆明)中心,构建了"省、市、县"三级跨境反假货币工作组织体系;中国人民银行昆明中心支行就反假货币专程组成代表团,出访老挝央行,举办了滇老反假人民币宣传培训会,反假关口前移迈出坚实步伐。

七是积极开展 NRA 账户便利化服务创新。开展 NRA 账户便利化服务,支持境外企业在我方金融机构开立账户办理结算。试点 NRA 账户存取现金业务,较好地满足了边贸企业、边民的现金使用需求;试点建设境外边民账户服务平台,为跨境结算更多地通过银行开展打下基础。

八是与周边国家开展金融合作取得明显成效。积极推动与周边国家金融合作。初步开创了高层有互访、央行有对话、银行有合作、人员有往来、信息有交换、机构有互设的良好金融合作局面。

二、广西壮族自治区沿边金融改革形成的可复制推广经验

广西壮族自治区沿边金融改革在跨境人民币业务创新、完善金融组织体系、培育发展多层次资本市场、推进保险市场发展、加快农村金融产品和服务方式创新、促进贸易投资便利化、加强金融基础设施建设的跨境合作、完善地方金融管理体制、建立金融改革风险防范机制、健全跨境金融合作交流机制 10 个方面成效显著。广西壮族自治区与东盟国家在资金互融、监管互动、人员互联、信息互通等方面的合作不断深化,金融开放合作平台不断夯实,2016—2021 年广西壮族自治区跨境人民币结算量一直在全国 8 个边境省区中保持第一,为人民币面向东盟区域化奠定了坚实基础。广西壮族自治区沿边金融改革有十二条可供借鉴的经验。

一是"互市+金融服务"发展模式。随着中越两国边贸的日益兴旺,在互市贸易区设立了边民贸易结算服务中心。从越南进口商品的边民只需要带上一张在正规银行办理的互市贸易卡,看好货后,拿着越南商户开

具的收款单到结算服务中心刷卡,就可以直接提货了,货款则由银行直接划转到越南商户的账户中。互市贸易区引入正规金融服务,不仅使边民省去了以往一手交钱一手交货,要携带大量现金以及兑换现金的麻烦,还降低了边民分散结算的时间成本和资金成本。结算中心通过"边贸服务平台"与海关对接互市进出口数据,也解决了银行真实性审核难题,有效地推动了互市贸易结算便利化、规范化。为解决边民金融供给有限,融资难等问题,东兴市通过财政贴息,支持东兴农商行、东兴国民村镇银行等金融机构给予每个边民互助组成员 2 万元授信,互助组还获得 100 万元的信用贷款。此外,对具备能力的贫困户,再由指定银行提供 5 万元以下,3 年内免抵押、免担保的小额信用贷款。

二是人民币对东盟国家货币区域银行间交易平台。以市场需求为导向,广西壮族自治区积极建设人民币对东盟国家货币银行间区域交易平台,积极探索人民币对越南盾银行挂牌汇价定价机制。2014 年 12 月,广西壮族自治区启动人民币对越南盾、柬埔寨瑞尔银行间市场交易,交易规模及交易主体数量稳步增加。2017 年 9 月,人民币对柬埔寨瑞尔银行间市场区域交易在广西壮族自治区正式启动。

三是人民币对越南盾银行柜台挂牌"抱团定价""轮值定价"模式。为顺应经济主体对提升本币结算效率、降低货币兑换成本的需求,2014 年 4 月,中国(东兴试验区)东盟货币业务平台正式运行。即组织东兴市从事边贸结算的 5 家商业银行共同参与,对越南盾柜台挂牌"抱团定价""轮值定价",形成了独立的人民币与越南盾汇率"东兴模式"报价机制。同年 12 月,上海外汇交易中心挂牌建立越南盾交易子系统,正式把该平台形成的汇率作为上海外汇交易中心的官方汇率。

四是田东农村金融改革模式。广西壮族自治区田东县紧紧抓住构建农户信用体系建设这个基础和根本,充分发挥政府组织、引导、支持作用,通过开展信用体系、组织体系、支付体系、保险体系、担保体系、服务体系金融服务六大体系建设,激发各类市场主体的内生活力和动力,有针对性地解决农村金融需求和供给之间的结构性障碍,形成了独具特色的"田东模式"。在此基础上，田东县还升级抵押担保体系，成立政府主导的助农融资担保公司，设立了贫困农户小额贷款奖补基金、涉农贷款风险补偿基金、建立财政性存款与涉农贷款挂钩机制等，逐步完善组织、信用、支付、保险、担保、服务六大体系，探索出"三农金融服务室+农村信用+保证保险+多元信贷"的扶贫金融发展模式。

五是经常项目跨境外汇资金轧差净额结算试点。2015 年 10 月 26 日，经外汇总局批准，广西壮族自治区成为全国首个开展经常项目下跨境外汇资金轧差净额结算试点地区。通过轧差结算为企业减少外汇资金占用量的同时，也省去了企业频繁到银行办理结算业务的"脚底成本"，进一步提升贸易便利化。

六是边境贸易外汇收支差异化管理。通过对边境小额贸易企业设置特殊标识，允许企业的货物贸易监测指标与全区平均水平有较大偏离度，使边贸企业免予多次到外汇局解释进出口和收付汇情况，进一步便利了企业的结算行为，积极促进贸易便利化。

七是试验区六市金融服务同城化。自 2015 年 7 月 1 日起，将南宁、北海、防城港、钦州、百色、崇左六市定义为沿边金融综合改革试验区，视为同一服务区域，各家商业银行取消行内以异地为依据而设立实施的差异化收费项目。包括存折、存单、银行卡、ATM、网上银行、手机银行、电话银行、电视银行等服务载体，包括存款取款、转账等服务，不再收取行内异地业务费用，实现服务收费同城化。

八是东兴市"三位一体"组合担保抵押信贷模式。针对新型农业经营主体大量涌现、"三农"客户金融需求多样化的情况，不断创新升级"三农"金融服务，创新信用模式和扩大贷款抵质押担保物范围，构建起小额信用贷款、抵押担保贷款、担保机构保证贷款"三位一体"的普惠信贷产品体系，实现了对所有涉农市场主体的全覆盖。

九是跨境保险业务创新。2017 年 9 月，全国机动车辆出境综合商业保险"第一单"在凭祥口岸落地，填补了我国出境车险产品的空白。2018 年 6 月，桂林—越南下龙跨境自驾游路线开通，跨境保险为中越旅游合作开发提供了保险保障。人身保险方面,2017 年,崇左市在全国首创跨境劳务人员人身意外保险试点,在中越劳务合作中发挥了积极作用。2018 年,保险与银行、海关部门创建"银保关"便利通关服务模式,通过提供关税履约保证保险服务,有效地降低了企业因获取海关通关所需的银行保函担保的难度,缩短企业通关时间,促进广西壮族自治区外向型经济发展。

十是"保险+期货"综合金融创新。全国首个白糖"保险+期货"县域全覆盖项目落地广西壮族自治区罗城。罗城白糖"保险+期货"项目是郑州商品交易所 2016 年白糖"保险+期货"试点以来全国第一个县域全覆盖的项目。该项目以精准扶贫为坐标,由郑州商品交易所出资 1000 万元扶贫资金,为全县约 8000 户蔗农购买"白糖期货区间价格保险",保险期限为 3 个月,覆盖全县所有甘蔗种植面积 13 万亩,承保白糖 60000 吨,为罗城县全县 8000 多户甘蔗种植户提供总额 2.9 亿元价格风险保障。

十一是发布中国—东盟(南宁)货币指数。2015 年 12 月 15 日,新华社开始定期发布中国—东盟(南宁)货币指数。中国—东盟(南宁)货币指数由新华社中国经济信息社下属的国家金融信息中心指数研究院负责编制研发和管理,中国—东盟(南宁)货币指数以 2010 年 8 月 19 日为基期,基点为 100 点,以东盟十国货币作为货币篮子,以双边贸易权重法计算权重,并且考虑到指数稳定性和可比性,每三年对权重调整一次。作为金融市场上首个全面整体反映人民币与东盟国家有效汇率变动的综合性指数,此次发布的中国—东盟(南宁)货币指数是表征人民币对东盟国家"一篮子"货币币值变化水平的综合指数。它的发布将为中国东盟自由贸易提供高效直接的货币兑换参考依据,有利于中国与东盟国家的区域货币合作,提升区域金融合作水平。

十二是全国首创公共资产负债管理智能云平台。广西壮族自治区南宁市公共资产负债管理智能云平台于 2017 年 6 月 30 日正式上线运行,这是中国首个"公共资产负债管理智能云平台",借助大数据等先进技术,在防范风险、融资服务、国资监管、预防腐败等方面进行尝试,在全国率先实现政府资产负债全面智能化管控和监测。

三、云南省沿边金融改革中存在的差距和不足

云南省沿边金融改革有独特的亮点，也有结合实际的创新，如城商行的"走出去"、反假货币模式、NRA 账户便利化、国际投贷基金，可以说云南省、广西壮族自治区各有特色，各有所长，但是与广西壮族自治区相比，也要看到云南省存在的差距和不足。

（一）试点组织保障工作有待加强

沿边金融改革试验区是一项涉及面广、政策性强，协调难度大的综合性改革，自试点以来广西壮族自治区沿边金融改革试验区领导小组办公室一直设在区政府金融监管局，而云南省的领导小组办公室 2016 年年末由省地方金融监管局调整至中国人民银行昆明中心支行，由于省领导小组办公室变动，造成工作上需要一段时间来衔接、适应，相应地对沿边 8 州市领导小组办公室设置也产生扰动，有的设置在中国人民银行，有的继续保留在金融监管局，也有的近一年都没明确，由州市人民银行履行着办公室的职责，上下沟通很不顺畅，不利于沿边金融改革试验区工作的延续和整体推进。

（二）云南省、广西壮族自治区跨境人民币业务量差距较大

2010 年试点开始至 2018 年年末，广西壮族自治区跨境人民币结算总量达 9715.38 亿元，同期云南省跨境人民币结算总量为 4595.2 亿元，总量不到广西壮族自治区一半。从结算占比来看，云南省人民币跨境收支占全部本外币跨境收支的比重较广西低了约 10 个百分点。一方面是因为广西壮族自治区外贸总量远大于云南省，另一方面是因为与云南省接壤的地方是越南、老挝、缅甸较为落后的地区，结算大量用人民币现金进行结算，还有一大部分通过地下钱庄进行结算，没有统计在跨境人民币结算量中，所以总量和占比都大大低于广西壮族自治区。

表 5-1　2013—2018 年云南省与广西壮族自治区外贸、外资总量对比

（单位：亿美元）

年份	广西壮族自治区进出口金额	云南省进出口金额	广西壮族自治区非金融类对外直接投资流量	云南省非金融类对外直接投资流量	广西壮族自治区实际利用外商直接投资	云南省实际利用外商直接投资
2013	328.37	258.29	0.81	8.30	7.00	25.15
2014	405.53	296.22	2.29	12.62	10.01	27.06
2015	512.62	245.20	4.51	9.46	17.22	29.92
2016	478.28	198.90	14.31	15.62	8.88	8.67
2017	572.10	235.07	6.37	14.74	8.23	9.63
2018	623.38	298.95	—	—	8.97	10.56

资料来源：Wind 数据库。

　　自 2013 年 7 月广西壮族自治区开展个人跨境贸易人民币结算试点以来，截至 2019 年 5 月末，广西壮族自治区个人跨境人民币结算量 2150.3 亿元，占同期广西壮族自治区跨境人民币结算量的 24.36%，而云南省个人跨境人民币结算总量截至 2019 年 6 月仅为 57 亿元，占同期云南省跨境人民币结算量的 1% 不到。主要原因是个人跨境人民币结算量很大一部分没有通过银行体系结算，没有统计。尤其是云南省的边民互市贸易中，大部分的结算都没通过银行体系。

（三）综合信息服务平台缺失

　　广西壮族自治区沿边金融改革试验区由政府主导，发挥社会力量的桥梁纽带作用，整合政府各职能部门信息资源，建立了大一统的信息综合服务平台，服务沿边金融改革试验区建设，如整合政府各类信息的中国东盟信息港、东兴边民互市贸易模式等，而云南省沿边金融改革试验区，缺乏综合信息服务平台，信息零散分布在各相关部门，沿边金融改革合力作用的发挥缺乏综合信息平台的支撑。虽然到 2018 年云南省边民互市贸易已形成了有组织的管理、运营，也上线了相关的系统，但边民互市贸易的组织管理者更多的是关心货物的进出、交易，收取相应的费用，而并不

关心资金结算如何进行。人流、物流、资金流的信息没有整合、匹配,缺乏政府力量来主导建立综合信息服务平台。

(四)政策的整合应用不足

田东农村金融改革模式将组织、信用、支付、保险、担保、服务等各种政策进行了整合,没有太多的政策突破,只是把现有政策用好用足,有效地配套起来,以农村信用体系建设为切入点,农户信用信息采集与评价系统为基础,金融信用支农惠农为核心,以支付体系建设为支撑,以信贷产品创新为动力,逐步构建起为农户增资增信的机构、信用、支付、保险、担保、村级服务组织"六大体系",就打造了推广至全区乃至全国的农村金融改革"田东模式"。云南省在推动农村金融创新方面,其实做了很多工作,如实现惠农支付服务点行政村的全覆盖,并在此基础上,增加征信、金融知识宣传,电商等功能,建立起普惠金融服务站;因地制宜加大农村信用体系建设;保险方面也推出了高原特色农业保险、农房保险、人口较少民族综合保险等。但是,各项政策、工作没有有机统一,形成统一链条,协调不足,使各项工作没有最大限度地发挥效用。

(五)借力不足

与全国性智库、机构开展实质性的合作不多,没有借助其力量为云南省改革发展服务。中国—东盟信息港股份有限公司(以下简称中国东信)是经国务院批复成立的国有控股的平台型信息科技公司,是唯一总部落户广西壮族自治区的"中国"字头企业,肩负着建设运营中国东信港的重要使命,公司采用"一体两翼、产融结合"的产业布局,"一体"即互联网+产业,主要聚焦云计算、大数据、互联网、智慧城市、科技金融、云通信、容器云、物联网与北斗、人工智能等领域,聚合上下游资源,打造"互联网+"产业生态圈,是公司基石产业;"两翼"分别是金融投资和服务贸易。中国东信立足广西、面向全国、走向东盟,通过构建"互联网+"生态圈,把中国东信建设成为"21世纪海上丝绸之路"的重要支撑,在广西壮族自治区的产业发展规划、沿边贸易发展、与东盟的信息联通方便等方面都发挥了很大的作用。中国—东盟（南宁）货币指数也是新华社中国经济信息社下属的国家金融信息中心指数研究院负责编制研发和管理的，由国家金融信息中心指数研究院联合南宁市政府联合发布的。广西壮族自治区在借力全国性智库、机构发展方面做得较好，值得云南省借鉴。

第四节　云南省沿边金融改革存在的困难和问题

一、对金融改革的认识理解有待提高

有的地方将区域金融改革试点理解为仅仅是对现有政策法规的突破，希望制造"政策洼地"，有的地区对改革试点的期望过高，对于实体经济出现的问题简单地寄望于金融改革，希望通过获取更多的金融资源来解决实体经济、产业结构和企业经营等方面的困难，有的地方提出的改革试点措施缺乏针对性、可操作性不强，这些都影响了政策红利的持续释放。近年来出台了各类经济合作区的相关规划，有边境经济合作区、跨境经济合作区、综合保税区、工业园区等，各个规划虽然都涉及金融的配套发展，但与产业的规划衔接不够，一方面因为这些产业规划定位不清晰、缺乏针对性，追求大而全，因此也就难以按照各经济合作区的特点配套相应的、具有针对性的金融改革政策；另一方面由于各类经济合作区建设较为缓慢，没有实质性的推动，对金融提不出具体需求，以至于金融支持没有具体发力点。两个方面造成了产业规划不知道需要金融支持什么，金融也不知道应如何支持的困境。

二、外向型经济规模相对较小，市场主体应用创新业务的需求未有效激活

金融是现代经济运行的核心，服务实体经济是金融的本质和天职，云南省经济发展虽然保持了较快速度，但面临经济总量小，进出口贸易量

小,对外开放程度低,从一定程度上制约了地方金融、沿边金融、跨境金融发展。云南省涉外经济规模小,2018 年进出口额 1973 亿元,折合仅298.9 亿美元,2018 年云南省对外实现直接投资 11.83 亿美元,对外贸易和投资总量非常有限。对外贸易和对外投资以周边国家为主。由于云南省地处内陆,对外贸易、对外投资长期主要集中在缅甸、越南、泰国、老挝、马来西亚 5 个国家,对外贸易和对外投资增长受到较大制约,2017 年年末,云南省对上述 5 个国家贸易占云南省对外贸易量的 73.56%,其中与缅甸贸易占云南省与东盟贸易量的 52.7%,占云南省对外贸易量的38%。对南亚贸易以印度为主,仅占云南省对外贸易量的 2.3%。云南省对外投资以东南亚国家为主,其中对老挝和缅甸两个国家的实际投资占云南省对外实际投资比重的 89.7%,因此对外贸易和对外投资局限性较大、增长潜力不足。一方面,涉外市场主体相对少、竞争力不强,对创新政策认识有限,或存在自身条件不够或运用能力不强,一些好的试点政策运用不充分。如跨国公司资金集中收付、跨境人民币融资等新业务做到知晓政策、精通操作的企业不多,成功开展跨境人民币资金集中运营业务的跨国公司只有 7 家,成功运用跨国公司外汇资金集中运营管理开展业务的企业只有 1 家,能够较好运用全口径跨境融资宏观审慎管理政策的企业也为数不多。另一方面,金融部门也存在对金融创新政策宣传推介不到位的问题,不少企业对金融创新政策不甚了解,难以用好用活。

三、金融改革单边突进,配套措施跟进不力,影响整体推进效果

沿边金融改革试验区建设存在就金融推金融的倾向,一方面,沿边金融综合改革不仅局限于金融行业,沿边金融改革涉及海关、边防、税务、商务等多部门,很多措施在先行先试的过程中需要相关部门的协调配合、共同推进,总体方案印发以后,无论国家层面还是省级层面,相关国家部委或省级部门没有出台过针对沿边金融改革总体方案实施的配套政策,没有把沿边金融政策同贸易政策、外资政策、关税政策结合起来,金融政策

单边作战,很难取得实质性突破,加之缺乏相应的协调和信息共享机制,一些需要多部门配合协调推进的工作推进相对滞后,影响了整体改革效果。另一方面,贸易投资动力不足,金融的改革创新无从下手,沿边金融改革试点政策措施若无实体项目为载体来推进,就金融推金融,往往"有面无里",影响改革实际成效。与沿边金融改革试验区相比,自由贸易试验区改革是综合性改革,包括政府职能转变、金融制度、贸易服务、外商投资和税收政策等多项改革措施,金融改革有着力点。在国家推进自由贸易试验区试点政策中,金融开放政策同外贸、外资、外事、海关、投资等政策充分结合起来,形成集进出口贸易、转口贸易、仓储、加工、商品展示、金融等多种功能服务区,高标准高起点推动对外开放。而且各专业领域的改革在自由贸易试验区统一建设下协调配合起来较为顺畅,如福建省自由贸易试验区下设办公室和五个专题组,在政府主导推动下,动员、集结了整个省区的力量,五个专题组互相配合,推动自由贸易试验区一盘棋发展。此外,云南省金融发展规划未与其他产业规划形成良好的衔接,资源优化配置不够,未能充分发挥金融综合服务能力。

四、监管部门对金融开放创新较为谨慎,部分沿边金融试点任务难落实

金融事权主要在国家层面,中央统一规则制度设计是地方金融改革开放的法律依据和政策支撑,金融业对外开放的政策在中国人民银行、中国银保监会和中国证监会,金融资金主要在金融机构总行或总部。《总体方案》对云南省、广西壮族自治区沿边金融改革提出了很多支持措施,云南省人民政府推动建设沿边金融综合改革试验区相应地提出了36条改革措施,云南省政府《关于建设面向南亚东南亚金融服务中心实施意见》也提出了10项任务,以及国家发改委支持云南省建设辐射中心意见涉及有关金融政策内容,这些金融改革政策大部分是金融发展规划内容,没有具体政策支撑,在经济新常态下,国家部委对沿边金融综合改革试验区内金融机构和金融市场基本实行与其他地区一致的管理政策,一些创

新业务试点仍然需要国家批准或出台细则,才具备可操作性。当前无论是试验区内金融机构准入和业务管理还是金融基础设施的对接与市场需求仍存在差距,沿边金融改革带来的"红利"没有充分释放。如现钞出入境携带证制度、人民币同周边国家非主要储备货币的兑换交易、民营银行申筹(如瑞丽边贸银行因发起人、资本金和市场定位等方面条件距民营银行设立标准仍存在很大差距)等难度较大,此外,试验区在设立合资证券公司、基金管理公司和证券投资咨询机构,开展境内外证券期货市场双向投资等仍需要进一步争取国家支持。

五、跨境金融合作面临一定障碍

沿边金融开放合作是由双边或多边政治、经济、社会、法律、外交等诸多因素共同决定的,南亚东南亚各国经济发展水平相差悬殊,各国面临不同程度政治、经济、社会等问题,加大了区域经济金融合作难度。一是国家层面尚未与缅甸、老挝等周边国家签署金融合作协议,境外企业、个人无法在所在国开立人民币账户,人民币在其境内流通不被周边国家官方认可,银行间合作简单化且不稳定,境外企业和居民使用人民币进行投资和结算意愿较低,周边国家部分金融政策限制了货币调运、跨境融资开展,人民币使用向周边国家纵深发展受到限制。二是无论从政府层面、保险监管层面还是商业保险公司总部层面,均尚未建立与老挝、缅甸、越南、泰国、柬埔寨等国家的双边及多边跨境保险合作机制,导致中方保险机构对沿边国家的保险法律、法规、制度政策及行规、惯例等缺乏了解,也无法保障双方保险机构在平等、互利和互惠的基础上,根据各国均认可的法律法规及适用的国际公约开展保险领域的合作。三是边境局势复杂,如缅甸政局及经济环境不确定性较大,加之对方商业银行为私人银行性质,政策多变且随意性强,资金安全性难以得到保障,境内银行、企业通过对方银行办理跨境人民币业务意愿较低,境外企业也疑虑在我方银行开户与办理业务面临诸多政治及法律风险,影响双边贸易持续、健康发展。四是东盟金融一体化进程加快,美、日等国家也在加紧在南亚东南亚的布局,使得我国与周边国家的金融合作空间受到挤压。

六、金融发展不平衡不充分,对周边的辐射力还有待增强

云南省金融业发展不平衡不充分,导致金融实力不强,在一定程度上制约了金融对外开放程度和对周边的辐射能力,主要体现在以下几个方面:一是金融机构区域分布不均衡。云南省银行机构、证券机构、保险机构主要聚集在昆明及州市一级,沿边县(市)一级金融机构数量较少,人才也匮乏,难以为沿边开放提供更好的服务。二是金融资源区域分布不均衡。云南省金融资源主要集中在昆明市,截至 2018 年年末,昆明市存款占云南省存款比重为 45%,贷款占云南省贷款比重为 58.5%,贷款占比比存款占比多 13.5 个百分点。股票融资和企业债券融资占云南省比重近 90%,有 9 个州市没有相应的直接融资。上市公司数量占云南省的 78%,"新三板"挂牌企业数占云南省的 71%,有 7 个州市无上市公司,有 6 个州市无"新三板"挂牌企业。与此同时,昆明市 GDP 占云南省比重多年一直保持在 30%左右,与金融资源获得率不匹配。三是信贷资源对企业和项目分布不均衡。金融产品主要聚焦在大中型企业、国有企业、重点建设项目和重点产业,针对民生领域、小微企业、外贸进出口、"三农"领域开发金融产品数量少,不能满足需求,成为云南省金融服务的重要"短板"。四是银行业和资本市场发展不充分、不平衡。2018 年,云南省社会融资规模增量为 3433 亿元,低于重庆市(5000 亿元)、四川省(8087 亿元)、广西壮族自治区(4172 亿元)、贵州省(4168 亿元)。云南省金融机构人民币各项存款增幅排名全国第 24 位(广西壮族自治区增幅排名全国第 15 位;贵州省增幅排名全国第 26 位);人民币贷款增幅排名全国第 20 位(广西壮族自治区增幅排名全国第 7 位;贵州省增幅排名全国第 1 位)。五是发展和利用多层次资本市场的基础相对薄弱。云南省境内上市公司数量全国排名第 24 位,西部地区排名第 6 位;云南省企业通过股票融资全国排名第 26 位;债券融资全国排名第 25 位。受云南省产业结构转型滞后、部分企业经营理念保守等因素影响,云南省拟上市后备资源

不足,借力资本市场实现跨越发展的能力不足。"新三板"挂牌公司地区
分布和行业结构有待进一步优化。挂牌、拟挂牌公司主要集中在昆明市,
地区分布极不平衡。生物医药产业、旅游文化产业、高原特色农业、生态
环保行业等云南省重点优势行业企业占比不突出。沿边金融改革试验区
企业债券发行不均衡现象明显,昆明市发债规模占试验区发债的50%。
六是金融稳定和信用环境建设压力大。银行贷款风险不断积累,部分地
方法人银行业金融机构不良率高。云南省省属国有企业资产负债率高于
全国平均水平,地方政府债务规模和债务率排名均居全国前列。社会信
用体系建设没有形成守信激励、失信惩戒约束机制。农村信用体系、小微
企业信用体系覆盖范围和功能作用有待提升。

第五节　人民币国际化在云南省周边国家推进的现状与问题

历史上,云南省是中国货币最早流出国门的通道,20世纪90年代,
云南省又是人民币自发跨境流动与周边化的先行省区。推进人民币跨境
使用与周边国际化是云南省沿边金融开放的特色和优势领域。同时,以
云南省周边国家为发力点推进人民币跨境使用,符合中国当前经济发展
阶段的特点,也为在更广泛的地区扩展人民币使用积累宝贵的经验。

一、在云南省周边国家推进人民币国际化的有利条件

(一)宏观政策环境的有力支持

"一带一路"倡议促进了人民币在"一带一路"沿线国家的使用。云
南省拥有面向"三亚"、肩挑"两洋"的独特区位优势,是"一带一路"建设
的重要省份;"云南省沿边金融综合改革实验区"建设和国家发展改革委
印发的《关于支持云南省加快建设面向南亚东南亚辐射中心的政策措

施》，均要求云南省"进一步深化与周边国家金融合作，创新开展人民币跨境业务，推动云南省企业与周边国家的贸易、投资采用人民币计价、结算、支付，进一步完善与境外银行业金融机构之间的跨境清算结算渠道"；云南省自由贸易试验区建设更是明确提出要"推动人民币作为跨境贸易和投资计价、结算货币"。诸多政策均为在云南省周边推进人民币国际化提供了有力的政策支持。

（二）双边贸易与投资的有力推动

越、老、缅三国都是经济快速发展并和中国有密切贸易投资往来的发展中国家。2018 年，越、老、缅三国的 GDP 增速分别为 7.1%、6.5% 和 6.2%，双边贸易额增速分别为 18.6%、28.9% 和 9.1%。

云南省与越、老、缅三国均保持密切的经济贸易往来关系。以缅甸为例，2018 年云南省与缅甸的贸易总额达 65.9 亿美元，占中国与缅甸双边贸易总额的 43.2%。云南省 8 个沿边州市中有 6 个与缅甸接壤，18 个公路口岸中有 11 个对缅口岸。截至 2018 年年底，云南省在缅甸设立投资企业 128 家，协议投资 103 亿美元，实际投资 19.8 亿美元。同时，双方在边境经济合作区、工贸园区建设以及边境旅游等方面合作日益加强，科技、教育、文化卫生等社会事业的合作交流不断深化和拓展。

（三）境外务工和旅游等人员流动的有力推动

随着中国居民收入不断增加，居民个人境外旅游探亲人次不断提高。周边国家毗邻中国，旅游成本低、旅游资源丰富，也将带动人民币以"旅游"方式进入周边国家，如中老旅游年。同时，在周边国家有许多中资企业投资建设的大型工程项目（如在老挝的水电站项目、中老铁路项目），大量的中国务工人员境外劳动取得的报酬，使用人民币支付工资，也带动了人民币的境外使用。

（四）中资商业银行"走出去"的有力推动

中资商业银行的境外布点为人民币国际汇兑与结算、投资与留存提供了必要的条件，因而有利于人民币在该国或该地区的使用。

中国的五大国有银行在越南已有 7 个分支机构，其中中国银行、中国建设银行和交通银行的分行设在胡志明市，中国工商银行和中国农业银行的分行设在河内市。此外，工行和农行还在越南各设一个办事处。

中国在缅甸的银行有中国工商银行仰光分行和中国银行仰光代表处。中国工商银行仰光分行已成为缅甸最大的外资银行，仰光分行已与 15 家缅甸本地银行、全部外资银行缅甸分行建立了代理行关系。中国工商银行积极响应国家"一带一路"倡议，推出"中缅通"跨境业务，包括中缅跨境汇款、中缅贸易融资、多币种存款、企业网银、跨币种保函五大系列业务。

老挝目前共有 4 家中资金融机构。中国工商银行万象分行、老中银行、中国银行万象分行及国家开发银行万象代表处。

（五）人民币业务创新对货币跨境使用提供了便利

1. 区域性货币交易的"云南模式"促进了人民币跨境结算

2004 年 11 月，在与周边银行业务合作发展与交流中，推动了河口县农行柜台挂牌人民币对越南盾的交易，率先在全国边境口岸开办了人民币对越南盾的兑换业务，满足了边民和边贸企业货币兑换的需求。

2011 年 6 月 9 日，富滇银行在全国首次实现人民币对老挝基普的银行柜台挂牌交易，迈出了中老双边本币结算史上的第一步。2011 年 12 月 19 日，富滇银行与泰国北部央行在合作沟通基础上，于昆明成功实现人民币对泰铢银行间市场挂牌交易，在全国首次推出人民币对泰铢银行间市场区域交易。

目前，以银行间市场区域交易为支撑、银行柜台交易为基础、特许兑换为补充的全方位、多层次人民币与周边国家货币的区域性货币交易

"云南模式"已初步形成。截至 2018 年 12 月末,云南省银行累计办理泰铢、越南盾、老挝基普等柜台兑换交易 14.50 亿元,便利了企业和个人的货币兑换需求。为发挥云南省独特区位优势,实现人民币"走出去"的战略目标迈出了意义深远的一步。

2. 跨境金融基础设施建设为人民币跨境结算提供了便利化服务

云南省试点扩展非居民账户(NRA)服务功能,放开 NRA 账户现金存取款和账户内资金转存为定期存款功能,探索建立了"NRA 账户资金交易明细登记簿"台账。截至 2017 年年底,为境外机构累计办理现金业务 1300 多笔,金额近 9 亿元,NRA 账户使用的便利性受到境外机构的广泛认可。

试点建设境外边民信息管理平台,积极推进境外边民信息管理平台的建设,强化境外边民在我方金融机构开立账户的信息核验和管理。积极推动人民币跨境支付结算系统 CIPS 和新一代快捷支付系统在周边国家的使用。

中国金融技术标准"走出去"获得了缅甸的欢迎,银联国际已与缅甸国家转接网络——缅甸支付联盟(Myanmar Payment Union,MPU)签署芯片卡标准授权协议,银联芯片卡标准成为 MPU 受理、发卡业务的唯一技术标准。跨境金融基础设施建设为人民币跨境结算提供了更加便利的服务。

3. 不断拓宽本外币现钞调运渠道为人民币跨境结算提供了便利

搭建了两个越南盾现钞直供平台:中国农业银行河口县支行于 2016 年 1 月 4 日调入越南盾 10 亿盾,折合 4.45 万美元,2016 年 1 月 21 日调出越南盾 9.6595 亿盾,折合 4.36 万美元;麻栗坡县农村信用合作联社于 2017 年 5 月从越南农业与农村发展银行河江省分行调入越南盾现钞 6 亿盾,折合 2.64 万美元。搭建了西南地区第一条泰铢现钞直供平台:富滇银行 2013 年年末至 2018 年 3 月末共计发生 24 笔泰铢现钞进出境调运业务,调运外币现钞 8.2455 亿泰铢。实现了中老双边本外币现钞跨境调运的历史性突破。2018 年 5 月,富滇银行西双版纳磨憨支行与老中银行磨丁分行开展了首次双边本外币现钞调运合作,分别将 500 万元人民币通过中国磨憨口岸调入老挝、5 亿元老挝基普通过老挝磨丁口岸调入中国,标志着中老双边本外币现钞跨境调运在中老磨憨—磨丁经济合作区取得历史性突破。截至 2018 年 9 月末,通过该通道已调出 2000 万元人民币,调入 5 亿元老挝基普。大幅降低人民币面向东南亚陆路调运成本,有效地满足了老方边境地区对人民币现钞的需求。

二、在云南省周边国家推进人民币国际化的现状

(一)人民币在云南省周边国际化的总体状况

1. 人民币作为跨境结算和计价货币的使用情况

跨境贸易结算通常是货币国际化的起点,贸易结算本身能够促进货币跨境流动,且贸易规模的提升以及同其他国家日趋紧密的贸易联系也能促使更多国家接受本国货币,从而更好地提升本币的国际地位。2009年推行跨境贸易人民币结算制度以来,人民币在作为贸易结算货币与区域锚定货币等领域都有了长足的进展。人民币得到了越来越多周边国家和亚洲国家的认可,人民币在亚洲地区出现了被周边国家锚定的态势。

在推进人民币国际化的进程中,云南省位于前沿一线,尤其在跨境货币结算中具有举足轻重的地位。2018 年云南省跨境人民币结算量达570.61 亿元,同比增长 10.37%。其中,经常项目跨境人民币结算 444.91亿元,同比增长 11.95%,主要是与周边国家货物贸易结算增多;资本项目跨境人民币结算 125.7 亿元,同比增长 5.12%,主要是企业跨境融资借入和到期归还境外借款增加。跨境人民币资金结算保持净流入态势,云南省跨境人民币结算收入 376.21 亿元,结算支出 194.4 亿元,净流入181.81 亿元,较上年多流入 33.94 亿元。结算流入主要来自贸易出口收入、境外放款到期收回和企业跨境融资借入。结算流出主要是贸易进口

支出和投资款汇出。由于周边国家金融基础设施不发达，双边正规结算渠道覆盖面较窄，部分结算通过地下钱庄等非正规渠道进行，因此，实际结算金额要高于统计数据。

越、老、缅三国与云南省接壤，具备优先推进人民币国际化的经贸和地缘优势。2018 年，云南省与缅甸、越南、老挝跨境人民币结算合计总额达 349.71 亿元，同比增长 12.02%。在同云南省发生结算的 63 个国家（地区）中，缅甸和越南的结算量分别排名第一和第三，占比分别为35.31%和 22.33%。

2.人民币作为投资货币的使用情况

作为投资货币，人民币国际化在人民币直接投资、人民币证券投资、离岸人民币市场建设及人民币海外债券发行等领域均取得了重要进展，这使得人民币跨境流动的渠道得以拓宽。

云南省周边国家越南、老挝、缅甸由于经济金融体系落后和尚未放开人民币资本市场投资，没有人民币证券投资，也未通过离岸市场发行人民币债券筹集资金。由于金融管制，越南、缅甸不允许人民币直接投资。人民币直接投资主要在老挝，部分中资企业在老挝万象开立人民币账户，划入人民币作为资本金，地点主要集中在中资银行设立分支机构的地域。

整体而言，人民币在云南省周边国家投资货币职能发挥有限，只在老挝局部地区有所体现。继续深化与老挝全方面的货币金融合作，积极努力与越南、缅甸双边金融开放，有力服务中资企业、中资项目的境外项目，可以有力地促进人民币在云南省周边国家投资货币职能的实现。

3.人民币作为储备货币的使用情况

近年来各国出现了储备货币多元化的趋势，人民币正在成为除美元等国际货币之外的又一储备货币选项。双边层面的金融安全网主要通过货币互换来实现，即一国央行同别国央行进行货币互换，以支持短期流动性。人民币国际化已经逐渐融入金融安全网之中，并逐步发挥重要作用。由于近些年人民币汇率的波动和价值预期的不确定性，越南、老挝、缅甸的外汇储备资产币种结构中，美元占比 90%以上，其余货币如泰铢、欧元、日元和人民币等共占比约 10%。各国央行几乎没有持有人民币储备资产,只有边境地区商业银行和外贸银行少量持有人民币资产。缅甸央行 99% 的外汇储备是美元资产,剩余的是欧元和日元,泰铢和人民币资产基本没有。越南、老挝、缅甸均没有与中国签订货币互换协议,主要原因是货币互换的需求不强、双方央行沟通合作不足。稳汇率、稳预期,双方央行加强沟通往来、深化金融合作是人民币在云南省周边国家实现储备货币职能的重要途径。

(二)人民币在云南省周边国际化的国别状况

1. 人民币在老挝的使用

人民币跨境业务在中老经贸往来中的使用日趋增多。根据中国人民银行数据显示,2018 年以来,云南省金融机构主动作为有效扩大人民币在老挝跨境使用。截至 2018 年 9 月末,云南省对老挝跨境人民币结算额为 14.3 亿元,同比增长 150%,占云南省对老本外币收支的 38.4%,同比提高 15 个百分点。

随着"一带一路"倡议持续推进,云南省金融机构强化做好金融服务工作,推动云南省对老挝项目投资结算量大幅增长。截至 2018 年 9 月末,云南省对老挝直接投资结算 4.6 亿元人民币,同比增长近 34 倍,投资主要集中在老中铁路建设、老中联合高速公路等基础设施建设项目。

边境地区商业银行依托中国(云南)国际贸易"单一窗口"边民互市系统,联合边民互市服务中心平台,创新"一单一证"管理形式,有效提高银行结算可得性和便利性,降低边民跨境汇划资金成本,成功引导边民互市贸易结算进入银行体系,显著改变边民长期以来的现金交易习惯。截至 2018 年 9 月末,滇老边民互市通过银行渠道结算人民币 200 余笔,结算金额由上年同期不足 2 万元增长至 1.62 亿元。

人民币在老挝的使用主要是由中资企业和跨境旅游带动,热门旅游城市(如琅勃拉邦)人民币使用较多。老挝本地居民销售商品、提供住宿等可接受使用人民币,销售的商品大多以基普计价,少数使用美元、泰铢计价。华人商店也接受人民币,商品标价则以基普为主。企业选择的计价货币依次为美元、基普、人民币、泰铢。人民币占比高于泰铢,主要是由于中老边境地区大量使用人民币以及北部地区有较多中资企业的缘故。由北向南纵向深入老挝首都万象,人民币逐渐使用较少,一是远离北部边境地区,与中国的贸易量减少;二是老挝中南部的中国人流量较少,人民币交换使用率降低。相反,由于老挝南部与泰国接壤,且两国语言、文化相通、两国贸易频繁,促使泰铢在老挝南部广泛流通。

中老边境地区多使用人民币现金直接结算。在非边境地区,中资企业或老资企业则通过境内银行渠道进行结算,而且选择人民币作为结算货币主要发生在中资企业。中资企业多数选择中资金融机构(中国工商银行万象分行、中国银行万象分行)和合资金融机构(老中银行)开立人民币结算账户。老资企业则可以在中资金融机构、老资(合资)金融机构开设人民币结算账户。近年来,在中老铁路建设等基础设施投资项目带动下,人民币在老挝中部的结算业务开始增多。在民间,一些地方的商店、酒店可以使用银联、微信和支付宝结算。

在老挝境内,老资商业银行没有居民人民币存款账户,只有少数企业开立人民币账户,贷款币种也仅限于基普。中资商业银行则可开立居民和企业的人民币存款账户,贷款主要是美元和少量人民币、基普。如中国银行万象分行,存款货币结构是:美元占比 60%、人民币占比 20%、其余(包括泰铢、欧元)占比 20%。一般贷款对象为具有中资背景且在老挝投资的客户,贷款货币结构占比分别为:美元(70%)、人民币(20%)、基普(10%)。外汇交易中,美元、泰铢、基普、人民币均实现交易。

2. 人民币在缅甸的使用

缅甸积极加入中国"一带一路"倡议,是首批加入亚洲基础设施投资银行的 21 个国家之一。目前人民币已纳入缅甸国际支付和转账的官方结算货币。2019 年 1 月 30 日缅甸中央银行发布公告,允许持有外汇经营许可的商家在国际结算时直接使用人民币与日元。银行间也可开设人民币账户,但不允许给个人或机构开设人民币账户。此前缅甸的国际结算货币还包括美元、欧元和新加坡元。

缅甸一直对外币十分排斥,包括美元。国内交易上,缅甸官方规定不可以使用外币,但官方法令在国内民众之间执行力度不够,民众中还存在大量私自囤积外币、私自接收外币的行为,且囤积的货币以美元为主。中央银行曾几度强调,将对那些非法使用外币交易、囤积外币的行为进行起诉。

由于人民币在 2019 年年初才被缅甸官方加入国际结算货币,因此人民币在缅甸内陆使用程度还不是很高,与老挝的情况类似,人民币在缅甸的使用同样也呈现北部边境地区使用较多,中部、南部较少的格局。在曼德勒的(包括华人)商店、饭店和酒店(有银联标识),可接受额度小的人民币现金,但商品标价则是缅币和美元。在内比都、仰光的商店,则完全使用缅币、美元计价,较少接受和使用人民币。在缅甸的中资企业和缅资企业开展国际贸易时均采用美元计价,少数与中国企业发生业务往来的虽以人民币计价,但最终仍以美元进行结算和划转。主要是因为缅甸对外汇管制较严、汇兑渠道复杂,人民币也不是官方承认的结算货币。

在中缅边境地区,人民币结算除了小额现金结算外,其余大额则通过在中国境内(瑞丽)开立非居民的人民币存款账户(NRA)和在个别缅资金融机构(如缅甸经济银行)开立人民币账户进行结算。在中国境内银行开立的个人账户和企业账户可以方便地采用人民币结算。但是,在缅甸中南部地区,很少采用人民币结算、在缅甸的中资金融机构(如中国工商银行仰光分行)也不能进行人民币结算。

缅甸只有边贸地区有少量的人民币存款,且任何地区和商业银行均无人民币贷款,也没有人民币的外汇交易。

3. 人民币在越南的使用

越南积极将人民币纳入支付体系。2018 年 8 月 28 日,越南国家银行行长签署通知,对越南—中国边境贸易活动的外汇管理工作进行引导,与中国接壤的越南七个省份(谅山、广宁、河江、莱州、老街、高平、奠边)的边界地区获准使用越南盾和人民币进行边贸结算。

但人民币要在越南实现完全自由流通还需要走很长的路。目前,越南只允许人民币在与我国相邻的越南边境地区(中越边境 20 公里范围内)和口岸经济区使用;只允许用于贸易结算,不允许其境内企业和居民办理人民币贷款、投资等人民币业务;只允许越南本国的企业和个人在经其批准的地区开立人民币账户,账户仅可现汇,不能存取现钞;越南对本国银行机构在中国开立的离岸账户控制也较严,银行机构将持有的人民币资金存放在我国境内有额度限制,超过额度必须兑换成美元汇至越南境内。

总体而言,人民币在云南省周边国家的使用主要体现在边贸往来中,国别上主要以老挝最为典型。由于老挝金融政策较为开放,人民币在老挝腹地可以合规使用,加之中资企业在老挝分布较广,与中国境内联系紧密,相应的人民币计价、结算覆盖面广,如中老铁路合同即以人民币签署。但在缅甸、越南内陆地区及其他国家,尽管由于旅游、中资企业进入等因素带动,少部分地区用人民币计价,并用微信和支付宝支付,但结算渠道受限,范围较窄,人民币回流渠道也很有限,目前主要以地下钱庄为主。

三、在云南省周边国家推进人民币国际化的挑战

尽管人民币在国际支付中所占市场份额稳中有升,但人民币国际化依然任重道远。2018 年跨境贸易人民币结算业务发生 5.11 万亿元,直接投资人民币结算业务发生 2.66 万亿元。人民币在国内跨境业务中的占比已达 30%左右,但在国际支付中的使用占比却小于 2%(2016 年与 2017 年分别为 1.7%与 1.6%),远低于其他主要发达经济体币种的使用占比(其中,美元占比高于 40%,欧元高于 30%,英镑约为 10%)。在云南省周边国家也是如此,人民币业务比例上升速度很快,但绝对量远小于在该区域金融系统中占主导地位的外币,如美元、泰铢等。因此,由真实需求所驱动的人民币跨境使用及国际化仍需要一个长期培育的过程。

（一）宏观层面的挑战

1. 从人民币使用占比来看

人民币在边境贸易和在边境地区的使用占比较高,但相较传统币种在整体货币流通的比例依然有限,并且越深入腹地人民币的使用频率越低。在越南,黄金—美元—越南盾三者并存的货币流通格局始于20世纪60年代。因此,在涉及资产购置或者金额较大的交易时,通常采用黄金和美元进行结算。一般日用品及食品采购等生活开支,则主要使用越南盾。而人民币目前只被允许在与我国相邻的越南边境地区(中越边境20公里范围内)和口岸经济区使用;在老挝,美元、泰铢和基普同时流通的现象形成于20世纪80年代末和90年代初期。根据相关数据统计,老挝日常交易(包括边境贸易)中的货币占比分布如下:泰铢26%、美元26%、基普21%、越南盾16%、人民币5%。在首都万象、巴色、沙湾拿吉、他曲等湄公河沿岸的各大城市,泰铢和美元享有同级别的流通性,但在北部和东部地区,美元比泰铢更受欢迎。人民币仅在琅勃拉邦、丰沙里省等中老边境地区使用;在缅甸,中缅边境贸易基本使用人民币进行结算,估计占比达95%以上。此外,缅甸积极参与"一带一路"倡议,是首批加入亚洲基础设施投资银行的国家之一,目前人民币已纳入缅甸国际支付和转账的官方结算货币,但尚未允许给个人或机构开设人民币账户。

总而言之,人民币在云南省周边国家使用区域仍旧具有局限性,整体使用比例也还不高,推进人民币在云南省周边国家跨境使用还需做好长久规划。

2. 从人民币结算方式来看

人民币在云南省周边国家的结算方式依然落后。云南省与周边国家的人民币结算方式一般分为四种:互开本币结算账户结算、边贸个人人民币银行结算账户划转、现金结算和地摊银行结算。这四种结算方式的便利程度依次上升,不透明度顺序增加。在越南,中越边贸结算已经建立较好的合作机制,跨境结算主要以中越双边银行互开本币账户方式为主,为边境贸易企业和个人办理结算,俗称"河口模式";在老挝,边贸结算有超过50%的结算以现钞方式进行,主要原因在于老挝边境地区金融基础设施不发达,正规结算渠道覆盖面较窄;在缅甸,主要方式是通过缅甸个人在境内银行开设的人民币账户结算以及现钞结算。一国的跨境贸易主要的结算方式可以在一定程度上反映出人民币跨境使用的便利程度和跨境资本流动风险的高低。同时,这种结算方式的差异性也体现了云南省周边不同国家的金融发展水平以及与中国金融合作程度存在的差异性。从而在不同国家推进人民币跨境贸易结算时,需要因地制宜制定不同的发展战略。

3. 从国家层面的政策合作来看

中国与周边国家在双边货币互换协定、畅通双边本币结算渠道以及增加人民币外汇储备三方面的合作均有进一步加强的空间。中国与越南、老挝和缅甸均没有签署双边货币互换协定。越南从2018年10月起允许其边境7个省使用人民币作为合法的结算货币;缅甸央行2019年1月正式将人民币作为其国际结算和支付货币,并允许持有外汇经营许可的商家在国际结算时直接使用人民币与日元,银行间也可开设人民币账户,但不允许给个人或机构开设人民币账户;老挝还没有确立人民币作为跨境结算货币的合法地位。在储备货币方面,人民币在越、缅、老三国外汇储备中的占比均很小。国家层面对人民币跨境使用提供的政策便捷对人民币国际化的具体推进至关重要,对外方企业与居民的影响尤为严重,因为国家层面人民币外汇储备的缺乏会导致他们难以通过本国金融系统完成人民币的自由汇兑,从而影响企业跨境的支付与结算。

4. 从周边国家政治经济环境来看

云南省相邻周边各国政治环境不够稳定,经济文化落后,给跨境贸易人民币结算业务的开展带来诸多挑战。越老缅与云南省接壤,但经济水平发展相对落后,国内基础设施建设不完善,部分地区交通运输存在困难;金融系统不健全,交易存在很大的风险;劳动力素质普遍偏低,违法犯罪活动频发,加剧了人民币跨境结算的难度。此外,不少国家内部存在政局动荡和宗教信仰复杂问题,这将使云南省与周边国家的经贸合作更难开展,制约跨境人民币结算业务的发展。

(二)微观层面的挑战

1.企业层面

首先,市场交易币种偏好的惯性和币种转换成本是实现人民币跨境结算所面临的最大长期挑战。在签订双边贸易合同时,进出口企业的币种选择往往取决于自身及上下游企业的交易偏好以及企业的议价能力。一般而言,中方企业具有更强烈的动机在跨境贸易中优先使用人民币计价和结算,以规避汇率波动等风险。但企业自身在产业链中仍处于可替代性强的低端位置,以及部分产业国内竞争激烈等问题往往导致中方企业在交易中议价能力不足,难以发挥其市场推动作用。这种贸易结构导致我方进出口商在定价和选择结算货币时处于被动地位,制约了人民币跨境结算的发展。对外方企业而言,从过去习惯使用的国际货币更改为人民币进行贸易的计价与结算存在转换成本,这种对交易货币的路径依赖限制了跨境贸易结算中人民币的使用量。

其次,贸易摩擦以及关税增加对中外企业的人民币使用偏好存在显著影响。中国建设银行 2019 年发布的人民币国际化报告指出,关税的增加和贸易保护主义的抬头对中外企业的人民币使用偏好均有显著影响,并被列为影响人民币国际化的首要短期挑战。问卷调查结果显示,中美关税的增加导致 62% 的海外企业倾向于增加人民币使用、18% 表示使用无变化、10% 表示使用有所减少。中国企业中倾向于减少人民币使用、不改变人民币使用和增加人民币使用的占比分别为 44%、25% 和 31%。表面上来看,贸易战对中外企业的人民币偏好产生了相反的影响,即中方企业减少人民币的使用比例,而外方企业增加使用人民币的比例,但其深层原因可能在于贸易战导致市场份额变化和产业链调整。比如,中美贸易摩擦导致中国与其他贸易伙伴(如"一带一路"沿线国家)的进出口金额增加,而这些贸易伙伴对使用人民币的接纳度更高;又如,议价能力弱的中方企业的市场份额变小,而议价能力强的中资企业为了对冲关税损失,更多要求以人民币进行计价和结算从而规避汇率风险;再如,产业链转移导致期望与中国市场产生更为紧密联系的外方企业的市场份额增加等。

此外,人民币获取、兑换和投资渠道受限也是影响海外企业人民币需求的重要因素。尤其对于一些欠发达且缺少双边货币互换机制的地区而言,企业获取和使用人民币的渠道局限于进出口交易,既难以在本国金融机构实现人民币和本币的兑换,积攒的人民币资产也缺乏有吸引力的投资途径。因此,面对已经存在其他主导型外币的国际市场,推进人民币计价和结算需要提供足以克服转换成本的经济收益,比如使用人民币能够加深其与中国市场的贸易联系、能够方便地持有人民币资产并获得贸易以外的金融收益、以人民币进行国际业务结算能够避免不公正的金融制裁等。

最后,汇率波动是中外企业共同关心的重点问题。在人民币汇率制度改革的大背景下,政策性外汇干预的减少和人民币汇率市场化是一种必然趋势。同时,由于贸易摩擦等外部冲击更为频繁,人民币汇率的波动幅度变大,打破了市场对汇率"保7"的心理预期,不少企业因为缺乏准备而蒙受了汇率损失。从历史上来看,由于人民币汇率波动的增加,人民币在跨境收支中的占比在2015—2017年间出现大幅下滑。2015年人民币在跨境收入中的月度占比均值为30%,在支出中占比27%,到了2017年,这一比例平均仅有16%和19%,这表明企业在跨境收支中使用人民币的意愿不断降低。受此拖累,人民币在国际货币支付中的份额和排名也逐渐下滑,人民币国际化进程遇阻,有50%以上的中外企业都把人民币币值波动列为人民币国际化的重要挑战。因此,在汇率市场化改革的大背景下,中国必须进一步增强自身经济实力和金融稳定性,才能减少汇率改革对人民币汇率波动的负面影响,保证人民币币值的长期稳定。

2. 金融机构层面

银行是辅助企业完成人民币结算、汇兑和投资的重要中介,也是搭建离岸人民币清算体系的主体。在推进人民币跨境结算过程中,第一个挑战是人民币清算和结算体系还有待进一步完善。首先，海外代理和清算银行数量有限，在一定程度上限制了人民币结算业务合作与发展。从中方角度来看，尽管很多中资商业银行已经具备完善的金融基础设施和服务能力，但要在海外设立分支机构需要经过银监会同意审批。由于每年相关牌照的数量有限，因此很多商业银行仍旧处于在不同国家建立分支机构的拓荒阶段，难以在同一国家巩固和拓展业务。此外，对于一些体量较小和欠发达的经济体而言，商业银行往往会因为难以获得利润回报而放弃对当地市场的开发，进而限制了我国与这些国家的人民币业务往来。其次，所在国的政策限制也会对中资银行和人民币业务在海外的发展造成阻碍。很多国家对外国金融机构在本国的跨境业务存在诸多限制，比如对外币在本国商品和服务交易中的份额存在限制、对开设人民币账户存在限制、外国银行在中国开设同业存放银行账户审批手续烦琐等。举例而言，越南仅允许与我国接壤的边境省份的商业银行开办人民币结算业务，越南内地的商业银行不可办理人民币结算业务。这些限制对人民币结算的便利性造成了很大损害。最后，对于一些交易规模较小的币种，由于中央系统增设直接双边报价机制的成本过高，导致人民币和很多小币种之间依然需要经由美元中介的间接报价机制，尚未摆脱美元汇率波动的影响。对越是使用率低的小币种，不同银行的兑换差价则越大。这种被动形式的汇率波动，会提高人民币在使用中的汇率风险，不利于人民币跨境结算的推进。

二是中国银行体系的人民币配套产品发展滞后。一方面，受产品设计定位存在偏差、市场接受程度低等因素制约，人民币跨境结算业务配套产品发展滞后；跨境人民币账户融资、人民币担保等跨境人民币结算配套业务开展滞后；资本项下跨境人民币业务进展缓慢。另一方面，受人民币预期、境内外利差等因素影响，银行推出的内保外贷保函、人民币海外代付、人民币远期信用证等跨境人民币结算业务配套产品容易被个别企业利用，成为套取境内外汇差、利差的投机性套利工具，从而进一步加快"热钱"流入，制约跨境人民币结算业务的健康发展。

三是部分周边国家金融基础设施薄弱,相关体制不规范,存在"地摊银行"和"洗钱"风险。以缅甸为例,当前中缅银行间合作仅限于缅方银行在中方商业银行开立单边跨境人民币结算账户,而中方银行尚不能到缅方银行开立缅币账户。同时,缅方金融服务落后,银行现代化程度低,银行清算体系不健全;缅甸尚无国家支付系统,银行间的清算主要依托电话平台或现金清算。中缅间资金若通过第三方(中国香港或新加坡)结算,资金速度慢、成本高,因此大部分贸易中人民币与缅币的兑换都通过"地摊银行"进行。"地摊银行"相对于正规金融机构来说,具有手续简单、完成所需时间短、费率低、满足个性化需求的优点,因而对个人和企业有较强吸引力,正规金融机构难以在短时间内取代这些非正规金融服务。由于这些"地摊银行"资金往来存在极大不规范性,是司法监督的盲点,因此常常成为黄、赌、毒、洗钱和走私非法资金的流动渠道,影响外汇管理政策的实施,为违法犯罪活动提供场所和条件。

第六章　云南省沿边金融开放的主要
　　　　潜在风险及其防控

　　金融开放既是中国建设现代化经济体系及形成全面开放新格局的应有之义,也是"一带一路"倡议向纵深发展、实现中国经济与全球经济深度融合的内在需要。云南省是中国沿边金融开放的典型省区,金融开放是云南省建设面向南亚东南亚辐射中心和中国(云南)自由贸易试验区建设的重要推动力,沿边金融开放已成为云南省对外开放格局的重要组成部分。

　　与此同时,随着国际经济金融形势的深刻变化,逆全球化思潮升温,全球贸易摩擦骤然加剧,美国对中国实施金融制裁的现实及潜在威胁也正在上升,诸多外部冲击导致来自外部的输入性金融风险可能会加剧。云南省作为中国沿边开放的前沿,尤其应当审慎关注开放环境下的风险隐患,系统研究经济金融开放的潜在金融风险及其风险防控举措,使金融风险防患于未然。为有效发挥中国(云南)自贸试验区政策红利、高质量推进云南省改革开放提供必要保障。

第一节　云南省沿边金融开放的常规潜在风险

一、汇率波动风险

国际资本的大量流入或流出会加大本币升值或贬值预期,形成对本币汇率稳定和既定汇率制度的冲击;此外,不适当地开放资本账户会造成国际资本频繁流入或流出,造成国际收支整体失衡或结构失衡,增大外汇市场风险,而为了维持汇率稳定,中央银行外汇操作可能带来外汇储备大幅度波动,从而导致外汇占款和货币供应量大幅波动。

二、资本外逃风险

国际金融危机的教训表明,资本外逃既是金融危机的重要原因,也是金融危机的表现。不适当的资本账户开放会导致国际短期资本大量涌入,国内金融体系的脆弱性开始显现,风险积聚使得境外投资者信心下降到一定程度后,资本流向发生逆转,在市场情绪带动下,大量短期套利资本外逃,导致国内利率上涨、资产泡沫破灭,本国金融体系遭受冲击,甚至引爆金融危机;同时,大量资本外逃导致本币贬值,加剧国家和企业债务负担,国家和企业资产负债表恶化,信贷收缩、经济下行,本国经济稳定和发展受到威胁。

三、通货膨胀风险

随着金融账户开放进程的推进,国际资本尤其是短期投资资本流入一国证券市场和房地产市场明显增多,这使得资产泡沫膨胀及风险增加。首先,新兴经济体在金融开放的初期,其更高的资本回报率会吸引大量跨境资本涌入,导致国内流动性扩张,压低该国利率,抬高房地产和证券资产价格,甚至催生资产泡沫;其次,在有管理的浮动汇率制下,外汇占款增加使中央银行被动投放更多基础货币,货币供给的增加将导致国内经济过热,加剧通货膨胀压力;最后,在本币升值、流动性充裕的条件下,国内金融机构及企业更易获得外资贷款,短期对外债务规模的膨胀易带来信用风险的上升。

四、金融体系联动风险

随着国内金融体系对外开放的广度和深度不断加大,境内外金融市场融合的趋势在增强,相互之间的联动影响越来越显著。一是金融市场联动风险。国内金融市场与境外金融市场加强互联互通以后,境内外市场的相关度有可能显著提升,境外对境内的影响程度加大,境外市场的大幅波动会通过某些传导机制传导至境内市场,形成一种"输入"型风险。这些传导机制包括以下几个方面,如市场恐慌情绪的传导、市场间套利导致的估值水平的传导、资本流动产生的传导等。无论何种传导机制,最终都会造成境内外市场波动趋同,在外部市场风险加大的时候,将这些风险复制到中国境内。二是市场主体联动风险。外资金融机构进入中国设立分支机构以后,境外总公司或母公司及其分支机构对境内分支机构构成关联企业,当它们出现风险时也会将风险传递给其境内部分,从而产生风险。

五、产业安全风险

随着经济全球化,发展中国家的对外开放程度不断加大,参与全球竞争的程度也不断加深,国家产业安全问题也显得更加突出。主要表现为外资企业利用其资本、技术、管理与营销等优势,通过合资、直接收购等方式控制国内企业,甚至控制某些重要产业,由此而对国内产业乃至国民经济产生威胁,引发产业安全问题;或者本土企业的市场逐渐被跨国公司瓜分甚至占据,有的被逐步挤出市场;此外,如果流入房地产业和股票市场的外资比例过高,也会在一定程度上助长某些地区的资产泡沫,不利于国内经济稳定发展和经济安全。

第二节　云南省沿边金融开放的特有潜在风险

一、异常跨境资金流动风险

异常跨境资金流动是指基于投机、市场预期或汇率避险等目的而发生的非正常资金跨境流动,具有流动性强、投机性强、隐蔽性强等特征。主要采取以下三种形式发生:

其一,虚假贸易投资模式。通过虚构进出口贸易合同,使用虚假单证或重复使用单证,在没有实质贸易背景的情况下骗取外管部门核准和银行审核;或者在真实贸易中"掺假",通过在单价和数量上做文章,以贸易货款差额形式跨境转移资金,比如"预付货款+退款"方式就可能导致资金的大进大出;通过在离岸金融中心设立空壳公司,以 FDI 资本金名义跨境转移资金;此外,通过虚构关联公司之间的资金拆借、向境外母公司上缴利润等名目跨境转移资金。虚假贸易投资模式较为隐蔽,且单次可转移资金量较大。

其二,境外刷卡提现模式。主要指地下钱庄利用国家外管局仅规定每张境内银行卡在境外提现限额而未规定个人境外提现次数限制的政策空档,在境内收集大量身份证开立众多银行卡,将资金分散存入银行卡,并由"背卡客"携带至境外刷卡提现,实现跨境转移资金。2017 年以来,国家外管局相继发文要求银行报告境内银行卡在境外发生的单笔超过 1000 元人民币的交易信息,并规定境内银行卡在境外提现的个人年度限额 10 万元人民币。趋严的监管提高了境外刷卡提现的成本,降低了境外提现的可能。

其三,走私现金模式。一是分拆携带过境。我国规定出入境每人每次携带人民币的限额均为 20000 元人民币,入境携带外币现钞超过等值 5000美元需向海关申报,出境携带外币现钞超过等值 5000 美元应申领携带证。为规避限额,一些非法机构通过人海战术多次往返携带限额内现金,或向其他旅客收购现金。二是通过非法渠道偷运,比如,地下钱庄借助走私团伙网络将现金偷运过境,或利用边境商贸货运、渔船等夹带偷运现金。

异常跨境资金流动会造成国内资产价格波动并加大资本外逃风险,导致国际收支失衡,从而不利于区域金融市场稳定。同时,大部分异常跨境资金均属于非法资金混入正常资金之中,监管部门难以对其作出准确统计与判断,进而影响了有效监管与调控政策的制定。

二、洗钱风险

金融服务业的全球化加之科技的日新月异,使与跨境洗钱相关的金融风险日益复杂化。金融对外开放在促进贸易和投融资便利化、提升资金配置效率的同时，也给犯罪分子跨境洗钱提供了空间。

其一，便利的贸易政策和简化的行政审批流程，对追踪和监控贸易链及其实际控制人造成困难，加大了犯罪分子利用国际贸易洗钱的风险。其二，跨境投融资政策的放松以及行政审批管理的简化，加大了以投资方式实现资本跨境交易洗钱的可能。其三，外债和境外放款等跨境融资政策的开放，放宽了业务主体、资金额度及资金使用范围，为不法分子以外债名义等跨境融资方式实现非法资金转移和清洗提供了渠道。

借助于合法金融开放网络的国际洗钱侵害了金融运行与管理秩序。国际洗钱会破坏金融机构稳健经营的基础，不仅加大了金融机构的运营风险，还会损害金融机构的声誉，使其面临客户流失和业务流失的威胁，从而使金融机构置于法律责任和经济损失双重风险之中。同时，国际洗钱造成资金跨境流动的无规律性，影响金融市场的稳定，大量的资本流入流出也易引起汇率波动和市场动荡，从而给稳定的经济秩序带来负面影响。

三、汇率波动风险

一是银行流动性风险和汇率风险管理难以统筹兼顾。越南盾、老挝基普、缅甸元币值不稳定且非可自由兑换货币，存在汇率波动风险。这些货币银行间市场容量较小、受交易时间和交易规则约束较多，为确保支付安全，商业银行需提前购入部分资金作为账户行的铺底头寸，这些购入的资金头寸即形成了多头汇率风险敞口。

二是企业面临的汇兑风险。我国与缅甸、越南、老挝等周边国家还未形成有效的官方双边货币汇兑机制，双边货币汇率走势仍受制于地摊银行汇率报价，一旦汇率大幅波动，跨境贸易与投资将面临显著的汇兑风险和损失。此外，国内银行结算手续烦琐、程序复杂，在这个过程中，由于持续时间长，两国汇价的变动也可能给双方企业带来汇率风险，造成经济损失。

四、地下金融风险

周边国家金融体系不健全以及双边正规金融结算渠道与金融合作机制不完善,客观上使边境地下金融获得了生存与发展空间。边境地下金融主要采取流动私人兑换点、地摊银行及地下钱庄的活动形式,三者的经营规模与业务类型各有特点。由于地下金融交易的灵活便利性,加之越南等周边国家政府对地摊银行合法地位的认定,近年来地摊银行等地下金融业务领域不断拓展、业务种类繁多、业务规模激增,对促进双边贸易投资发展发挥了重要的作用。

云南省边境地区地下金融的主要形式"地摊银行"操作流程一般有两类:一是直接进行现金交易,多数是小额交易;二是地摊银行从业人员在缅甸、越南、老挝和我国境内银行均开立账户,当客户与之交易时先由客户将资金交给地摊银行从业人员(通过银行转账或是直接交予现金),当收到客户所付款项之后就到收款方所在国银行内按照当日地摊银行汇率兑换之后划拨到收款人账户或提取现金交予收款方。交易流程见图6-1。

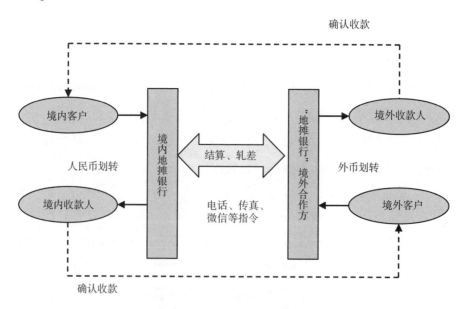

图 6-1 "地摊银行"的操作流程

边境地区地下金融的危害性主要表现在三个方面,其一,地下金融交易的隐蔽性及其游离于正规金融体系之外的状态,使其往往与洗钱、走私、贩毒及假币流通交织在一起。云南省天然的地理条件为走私、贩毒、境内非法所得资产转移等犯罪活动提供了便利,而地摊银行则成为境内外犯罪资金实现货币兑换、支付结算及资金跨境划转的便利通道。其二,云南省与老、缅、越三国边境线长达 4060 公里,边境地区地形复杂,山区分布广泛,经济相对落后,少数民族众多,是假币的途经地、流入地和受害地,是假币犯罪的"购买、零售、使用"市场。云南省境内人民币假币主要来源渠道是中国台湾和东南亚国家,其中中国台湾的假人民币成品主要运送广东省、福建省沿海。东南亚的假人民币主要通过中越、中缅边境的赌场、口岸和地摊银行,以赌博、毒品交易、外汇兑换等不法交易形式流入境内。其三,地摊银行跨境资金业务量及其经营的灵活性,使其在货币汇兑价格及跨境资金结算价格决定方面拥有较大的定价权。与之相比,边境地区商业银行定价权受到上级行规定的严格限制,其外汇牌价受到地摊银行灵活、优惠汇价冲击,缺乏竞争力。地摊银行事实上成为汇率形成的真正操盘手。

五、周边国家主权信用风险

主权信用风险评估涵盖一国政治、经济、金融、财政和外部五大评级要素,是一国整体风险状况的高度浓缩。如表 6-1 所示,云南省周边接壤国家面临的主权信用风险较其他东南亚国家更为严峻。越南、老挝、缅甸的风险评级相对较低,但是越南、老挝仍属于投资级,而处于政治转型中的缅甸主权信用风险最高。缅甸政治制度化程度偏低,短期内仍将面临较高的政治稳定性挑战。

表 6-1　东南亚国家主权信用评级

国别	主权信用级别	评级展望
新加坡	AAAW	稳定

续表

国别	主权信用级别	评级展望
马来西亚	AW+	稳定
泰国	AW-	稳定
菲律宾	BBBW	稳定
印度尼西亚	BBBW	稳定
越南	BBBW-	稳定
老挝	BBBW-	稳定
柬埔寨	BBW+	稳定
缅甸	BBW-	稳定

资料来源:东方金诚《"一带一路"沿线国家主权信用风险分析报告 2019》。

表6-2 东方金诚主权信用等级及中长期债券信用等级国际评级序列符号及定义

BW	主权政府偿债能力和信用质量很弱,当前仍可偿还债务,但主权政府对债务还本付息能力在较大程度上依赖于良好的内外部环境和经济条件,违约风险很高
CCC	主权政府偿债能力和信用质量极弱,当前有可能违约,主权政府对债务还本付息能力严重依赖于良好的内外部环境和经济条件,违约风险极高
CCW	主权政府的还本付息能力具有极大的不确定性,基本不能保证偿还债务
CW	主权政府已进入债务重组阶段或债务宽限期,不能偿还债务,处于最低信用等级
DW	债务重组失败,或宽限期满,中央政府仍无法偿还债务,发生违约

资料来源:东方金诚国际信息用评估公司①。

近年来,老挝、缅甸、越南等云南省周边国家受益于国内结构化改革和积极承接国际产业转移的持续推动,经济增长均呈现较为强劲的势头,GDP 年均增幅不低于 6%。但是,在经济基础薄弱和资金严重短缺的条件下,经济快速增长的资金缺口依赖于政府债务迅速增大来解决。除了缅甸政府负债率保持在 35% 左右,在同类国家中处于中等偏低水平外,老挝和越南政府负债率均超过 60% 的国际警戒线。2018 年越南政府负

---

① 注:东方金诚主权信用评级主标尺划分为 21 个等级,分别为 AAA\AA\A\BBB\BB\B\CCC\CC\CW,主权信用等级在 BBBW- 至 AAAW 为投资级,在 BBW+ 至 CW 为投机级。

债率高达 64.4%,预计未来五年仍将在 60% 的高位上波动;预计 2018—2022 年老挝政府负债率平均约为 68%。此外,政府债务风险还表现为外债比重过高,2018 年三国政府外债比重均超过 60%,老挝更是高达 80%。与此同时,三国外债偿还保障能力堪忧,2018 年年底,越南外汇储备对进口的覆盖不足 3 个月,老挝仅为 2.3 个月,均低于国际警戒水平。这显示出两国外部流动性不足、外债偿付保障度较低的潜在风险。

周边国家政治经济局势稳定与否对云南省外贸与投资的稳定发展有重要影响,其中,老挝作为云南省主要贸易与投资伙伴国,影响更为显著。准确识别老挝、缅甸、越南三国的风险特征,制定有针对性的贸易、投资与建设计划,是高质量推进云南省沿边开放的重要保障。

第三节　金融开放及其风险防控的国际经验与教训

一、日本金融开放与风险防控的经验教训

(一)日本金融开放的主要做法

日本的对外金融开放经历以下四个主要阶段:

第一阶段是 1960—1970 年的初步阶段。在金融市场开放方面,1970年 12 月第一笔武士债券由亚洲开发银行在日本发行,日本允许信托公司投资外国证券。在资本账户开放方面,1964 年日本成为国际货币基金组织成员,实现日元在经常账户下的自由兑换。资本账户尚未开放。

第二阶段是 1971—1984 年资本项目自由化阶段。在金融市场开放方面,日本实施了《外国公司证券法》,允许外国证券公司在日本开展证券业务,允许外国银行参与日本国内的信托业务,实现欧洲日元贷款和欧洲日元债券发行自由化。颁布了《外汇管理法》(以下简称《外汇法》),允许外国投资者投资于日本股票。1975 年以后,日本国内的银行开始在海外设立分支行。在资本账户开放方面,1971 年开始由以前的固定汇率

制度变为有管理的浮动汇率制度,有管理的浮动汇率制度的主要体现在资本项目尚未完全开放。1972年,日本废除外汇集中制度。1980年,日本政府正式实行新外汇法,在原则上允许资本交易的自由化。实现日元在资本项目下的自由兑换。1984年取消了按实际需要原则和个人持汇的最高限额,使得银行可以自由地用外汇兑换日元,而不用受到数量的限制。

第三阶段是1985—1997年建立离岸金融市场和自由浮动汇率制度阶段。在金融市场开放方面,1985年,日本的信托银行业开始对外开放,有9家外资银行在日本的分行被批准经营所有的信托银行业务。1986年创立了东京离岸金融市场,几乎所有的银行都可以在日本国内经营一般外汇交易。1990年,外国投资信托管理公司获准进入日本金融市场。但日本政府要求,外国投资信托管理公司要在日本国内开展业务,必须设立两类相互独立的分公司,增加了外国公司的进入成本和开拓业务的困难程度。在资本账户开放方面,1990年后实现自由浮动汇率制度。1993年,开始解除各项外汇的管制。1995年签署的日美金融服务协议,涉及年金资产的运用自由化、投资信托、证券市场等,国际资本交易的自由化都在美国的压力下被提上日程。1997年日本正式通过对《外汇法》的修订,资本交易从事先审批制转向事后报告制和废除外汇指定银行制度,全面促进资本交易自由化、外汇业务自由化、对外投资自由化等。

第四阶段是1998年起的金融改革和大开放阶段。以英国1986年金融大爆炸为蓝本构建了日本金融大改革的原则框架,修改了金融相关法律,制定《金融服务法》《投资者信用保护法》等新法,放松金融管制,实现更加广泛的自由竞争,促进混业经营,开展金融监管方面的改革。从1998年4月起,新外汇法正式实施,放开了跨境资本交易管制,基本取消了外汇交易需事先申报和审批制度,允许企业和个人自由从事跨境资本交易等,简化本国居民进行海外直接投资的手续。全面推行金融自由化。

（二）日本金融开放及其风险防控的经验教训

一是金融开放与实体经济发展和需求要相匹配。期初推进资本账户开放后，日本并没有抓住时机，进一步调整金融结构，提高竞争力，不断降低金融交易成本，金融自由化的若干配套措施改革没有及时跟上，导致出现金融空洞化，引发了 20 世纪 80 年代中后期泡沫经济的产生，1990 年日本资产价格泡沫破灭，日本的金融市场体系陷入了极度恐慌状态中。1995 年以来，日本金融机构破产之风席卷全国，破产案件的频发暴露了日本金融制度的种种弊端。1997 年亚洲金融危机爆发和 1998 年的"大藏省"金融丑闻败露，进一步加剧了日本金融体系的危机。主要一个原因是日本资本市场的开放在很大程度是 80 年代以来在美国压力下加快步伐实施的，并没有完全按照日本自己的情况和时间表进行改革开放，导致其监管改革没有相应跟上开放步伐，在 90 年代出现了很多金融机构违规问题。因此，开放过程要保持独立性很重要。

二是应该遵循有序开放原则。日本根据现实需要，通过一次次对外汇法的修改，对管制措施的放宽，基本遵循"先对内直接投资，再股票市场，最后债券和衍生品市场"的资本市场开放步骤，逐步实现资本项目开放。

二、韩国金融开放与风险防控的经验教训

（一）韩国金融开放的主要做法

韩国对外金融开放经历以下三个主要阶段：

第一阶段是 20 世纪 80 年代的初步启动金融开放阶段。20 世纪 80 年代之前，韩国实行严格的金融管制。进入 80 年代后，韩国开始受到国内外的金融改革压力。从外部环境看，以美国为首的发达国家凭借其金融产业的竞争优势，试图开拓海外金融市场。从国内因素看，政府主导的金融体制下，政府高度干预的金融抑制带来了金融资源配置扭曲的负面

影响。因此,韩国于 20 世纪 80 年代初启动了金融自由化的进程。

韩国在通过降低金融市场准入限制、促进国有银行私营化、逐步放松利率管制等措施推进金融自由化的基础上,出台优惠政策吸引各类外资金融机构在境内设立分支机构。1981 年,韩国政府公布了《资本市场国际化计划》,明确了对外开放的发展战略,允许韩国证券公司在国外设立代表处,以及外国证券公司在韩国设立代表处。同年,韩国投资信托建立,成为专为外国投资者进行信托投资服务的第一个信托投资基金;允许外国投资者通过韩国证券公司管理的信托基金对韩国进行间接证券投资。1984 年封闭式共同基金——韩国基金成立,并在纽约股票交易所挂牌上市。通过该封闭式基金,外国投资者可以通过外国证券公司管理的封闭式基金对韩国进行间接证券投资。此举标志着韩国金融市场正式对外开放。1984 年,外资银行获得国民待遇,被批准加入韩国银行公会;1989 年韩国新成立了 3 家内资商业银行。在降低各类型金融机构进入韩国金融市场的准入限制的基础之上,韩国金融体系的金融服务得到了全方位、多元化的良好发展,各类金融机构之间也呈现出有序的良性竞争态势,同时也极大地激发了其金融业务的创新动力。

同时,韩国力推内资银行和内资非银行金融机构走向国际。随着外资金融机构在韩国业务广度、深度的提升,通过示范效应和产业关联效应带动韩国金融业不断地走向国际化。在此背景下,韩国内资银行开始走出国门,在全球范围内广泛设立分支机构。到 80 年代中期之时,韩资银行已在国外开设了 40 多家分行,大举向海外开拓市场。在外资银行的向内涌入与内资银行的向外拓展二者形成"外进内出"的银行机构国际化格局的同时,韩国政府也加大了非银行金融机构国际化的推动力度。1982 年,韩国同时修改了外汇法和证券法,韩资证券公司和信托投资公司获准在海外设立分支机构。此后,幸福、大宇等韩资证券公司便开始陆续地在东京、纽约、伦敦等世界著名的金融中心创建分公司,以期更有效地在国际金融市场上为韩国企业的持续发展募集资金。金融机构内出外进国际化格局初步形成。1988 年,韩国修改了外汇管理法,使得本国居民对外国证券的投资变得合法化。

第二阶段是 1990—1997 年加快金融开放阶段。20 世纪 90 年代初，韩国政府为了紧跟这种金融全球化，实施了一系列金融自由化和金融开放计划，使得韩国的金融国际化进程得以加速。1993 年韩国新一届政府五年内的金融改革计划《金融自律化与开放计划》，内容丰富、范围广泛，主要包括推进利率自由化改革、完善金融工具、加速资本市场的开放、改革外汇体制并逐步实现韩元汇率的市场化等。

自 1991 年 8 月韩国政府正式公布"利率自由化四阶段改革计划"起，利率自由化方案便分别在 1991 年、1993 年、1994 年、1997 年实施。按照"先贷款后存款、先长期后短期"的顺序推动利率市场化，同时取消"一篮子"货币钉住制，代之以市场平均汇率制度，并扩大浮动范围。快速引进、创新、完善包括金融衍生工具在内的各类金融工具，大大丰富和完善了国内金融工具，使得金融机构能自如地在金融市场中选择金融工具以对冲的方式来规避利率、汇率等市场风险。1996 年，韩国又启动了股指期货交易，推进了韩国金融市场中金融工具的进一步发展，为进一步推进金融开放夯实了基础。

资本市场方面，一是放宽对外投资规模限制。自 1990 年起信托及保险公司可对外投资 300 万美元，证券公司可对外投资 500 万美元。1991 年，允许国内投资者投资外国证券，推动韩国证券市场实现自由化和国际化。二是逐步放松对资本流入，特别是国外短期贷款的管制，扩大本国资本市场对外开放范围。从 1991 年起，在韩的外资证券公司可从事经营业务，并被获准可从 1992 年起对韩国股市进行直接投资。1992 年 1 月，韩国股市对外的完全开放标志着韩国资本市场进入了对外开放的崭新阶段。此后，韩国资本市场对外开放的进程进一步提速。自 1994 年 12 月起，韩国政府放宽了对外国投资者投资韩国上市公司股票的持股份额已由最初的 10%放宽到 12%，1995 年又放宽至 15%。1996 年，韩国再次进入资本市场对外开放的加速期。在这一时期，韩国政府放松了对外国投资者的管制，并放宽了外国投资者的金融投资范围。1997 年外国投资者被允许购买国内的受益凭证;1997年12月,韩国政府取消了外商投资国内债券的所有限制。

资本账户和货币结算方面。1990年3月,韩国以市场平均汇率制取代1980年以来实行的"一篮子"货币钉住制,韩元汇率的每日波动幅度也相应得以扩大,这强化了市场对韩元汇率的自主调节作用。1993年,实现了经常项目和资本项目下的自由兑换;到1995年2月,韩国几乎已完全取消了外汇管制。1997年东南亚金融危机波及韩国,自此以后,韩国政府取消了对韩元日波动幅度的限制,从此韩元彻底实现了浮动汇率制。外汇管制的取消和韩元汇率市场化为韩元国际化开创了至关重要的第一步,而1997年韩元实现自由兑换,又为韩元的国际化提供了最重要的前提条件之一。此外,为推进韩元国际化进程,韩国政府逐步扩大了韩元结算的范围,到1997年时,已实现韩元结算扩宽到非贸易结算领域的目标。

第三阶段是1998年以来加速推进并完成金融开放。东南亚金融危机后,韩国之前累积的外汇储备资源消耗殆尽,韩国不是通过截断金融市场与外部联系的办法进行消极的防御,而是采取了更为广泛的资本市场开放和金融账户自由化的一系列政策,加大金融自由化和金融开放。具体的,一是放松外资持有金融机构股份比例的管制,直至完全取消,即放宽了对股票投资的限制。在危机前,韩国公司外国股权合计不能超过26%,在1997年12月韩国政府将这个股权比例限制提高到50%。1998年5月韩国政府超出IMF的要求取消了对外资股权的全部上限规定。二是放宽外资投资范围。1998年2月,政府允许外商投资于短期的货币市场,同时允许外商向大公司发放商业贷款。取消外资购买国内债券的所有管制,允许外商投资短期货币市场,实现国内债券市场的自由化。金融开放的范围还包括外汇交易、建立投资基金、允许外国人购买公共和公司债券、允许外资进入保险公司等广泛的领域。三是深化外汇体制改革开放,如取消经常账户交易兑换限制,建立资本账户交易否定清单制度,实行外汇交易自由化,扩大韩元结算范围并推动韩元国际化。1998年6

月,韩国政府宣布分两步实施外汇交易自由化。第一步,1999年4月1日,实行外汇交易法案。取消经常账户交易的兑换限制,并建立资本账户交易的否定清单,凡是清单没有明确禁止的项目都是合法的。第二步,2002年1月1日,实行外汇交易自由化。2002年4月,政府宣布韩国外汇市场发展规划,到2011年将韩国建成东北亚的区域商务中心。四是取消个人境外借款的管制。五是促进外国金融机构的国内投资。六是短期金融产品的自由化。

(二)韩国金融开放及其风险防控的经验教训

总结韩国金融开放的历程,有以下几个方面的经验值得借鉴,一是渐进有序地推进金融开放。韩国遵循了先对内金融改革,而后对外开放的顺序。在1993年开始实施的金融改革和开放五年计划中,首先是放开贷款利率,其次是存款利率,最后才逐步开放资本账户。相关研究认为,韩国政府作出的这种顺序安排是基于当时韩国金融经济状况的客观现实而慎重确定的。韩国政府将资本账户的自由化放到了利率自由化之后并审慎地推进资本账户开放进程是合理、稳健的。二是政府积极参与并引导金融开放。当无法通过吸引外资促进经济金融发展时,韩国政府为所有银行存款提供担保以防存款外流,并对银行进行关闭、接管和重组。韩国在金融开放的同时,采取多项措施扶植本土企业,促进国内企业国际化,增强竞争优势;并鼓励国内证券服务业对外扩张,积极进入国际金融市场,直接学习先进的技术经验。三是制订明确的计划和法规促进金融开放有序推进。如韩国从1981年公布《资本市场国际化计划》开始,多次发布或修改有关对外开放和资本市场发展的计划及时间表,从而提高了政策透明度和可预期性。韩国修订了外汇管理法、证券法等法律法规,为金融开放扫清了制度障碍。四是自主推进金融开放。1997年亚洲金融危机对韩国证券市场造成了巨大损失,韩国政府摒弃IMF提出的减少国家直接干预等要求实施临时管制。亚洲金融危机后,韩国成立了金融服务委员会,对银行、证券和保险等行业实现综合监管,待金融市场稳定后再有序开放。

同时,韩国金融开放过程中也存在一些教训,一是金融开放速度过快。如过早放松了短期资本管制,导致短期外债急速膨胀,并引发了金融危机。自20世纪90年代第一任民主选举产生的总统金泳三上台以来,韩国施政战略由保护国内产业体系转向促进经济的全球化,韩国的金融制度也发生了变化。为了使韩国全球化战略更制度化,韩国1993年申请并于1996年成为OECD成员。为了成为OECD成员,韩国同意向发达国家投资者逐步开放金融市场。除了对长期贷款和股权投资保留管制外,韩国政府逐步放松了对资本流入特别是国外短期信贷的控制。受传统政府担保的思维惯性的影响,管制的放松导致企业过度借贷,外国银行可以在没有政府信贷担保的情况下向大企业借贷,短期外债急剧增加。处于监管真空中的隶属大财团的非银行金融机构大量在国外借入短期贷款并发放贷款给自己。金融开放和放松管制的同时,韩国政府也从积极的产业指导政策和投资监管中退出,企业集团纷纷在钢铁、汽车等领域进行重复投资,造成产能严重过剩。过高的企业资产负债比率增加企业的经营成本,1997年7月爆发的东南亚金融危机和1997年年初韩国一些企业集团的破产使得外国投资者对韩国失去信心,资本大量外流。同年11月,韩国用尽了全部外汇储备,固定汇率失守,韩元暴跌,由于无力偿还外债,不得不向IMF申请高达570亿美元的援助。

二是监管不到位。虽然韩国组建了金融监督管理委员会,采取了新的监管标准、监管方法,但由于金融监管能力的提升滞后于金融开放进程,监管漏洞依然存在。如引进外资时对投资方监管不力,导致购买银行的主要是通过快速转售获利的投资基金。再如银行业全面开放后政府对银行经营监管较弱,外资银行重私人贷款轻公司贷款的信贷结构使银行对企业经营和产业发展支持不足。韩国外资金融机构进入后,衍生产品市场发展很快,金融创新也比较活跃,尽管韩国建立了金融监管委员会,并引入了新的监管方法和标准,但是金融监管的能力和水平远不能跟上金融创新的速度。

三、阿根廷金融开放与风险防控的经验教训

（一）阿根廷金融开放的主要做法

阿根廷的金融开放也经历了以下三个阶段。

第一阶段是20世纪70年代末至80年代末的启动金融开放时期。20世纪70年代末,在国内经济形势低迷及美国等发达国家施压背景下,阿根廷实施了比较激进的金融开放政策。阿根廷从利率市场化和资本流动自由化两方面促进金融自由化与开放进程。阿根廷政府在1975年开始大力推进利率市场化进程,取消了对除储蓄存款利率之外的其他所有利率的管制。1976年9月阿根廷政府又取消了对储蓄存款利率的限制,1977年6月颁布了《金融法》并开始全面推行了利率市场化,取消对所有利率的管制,阿根廷只用两年时间便实现了利率的全面自由化。1975年,阿根廷放弃固定汇率制度,开始实施爬行盯住的汇率制度安排,逐渐取消经常账户与资本账户的大部分限制。1977年实施金融体制改革主要包括两方面:一是取消新金融机构进入国内金融市场的限制,内资和外资金融机构在开展金融业务时在法律上均享有同等待遇,全面放开外资市场准入和业务准入限制;二是全面扩大银行的各类业务范围,阿根廷通过放松对外国金融机构入驻的限制、允许本国银行经营外币业务,逐渐淡化了国内金融市场与国际金融市场的界限,开始积极推进金融国际化。此次改革,放松了新银行与金融机构的开设要求,官方开始公布比索期货汇率,并于1978年出现了市场汇率的外汇贷款。

第二阶段是1990年至2001年的快速推进金融开放时期。20世纪80年代的经济危机使金融改革中断。20世纪90年代阿根廷金融开放的步伐加大。主要做法:一是为增强投资者信心,实施"货币局制度",即将基础货币的变动建立在外汇储备变动的基础上,并以法律形式确立了本币与美元1:1的固定汇率。1991年4月阿根廷政府通过了《兑换法》,亦称"货币局制度"。其基本内容是,确立阿根廷的基础货币建立在外汇

储备变动的基础上,即国际储备每增加 1 美元,就增加 1 美元的本国货币,反之亦然;确立阿根廷比索与美元的固定汇率,兑换比价为 1∶1。货币局制度的核心是阿根廷的货币供给量取决于美元的多少,它的实质是美元的合法化。这就为外国资本在阿根廷与其他国家之间完全自由移动提供了制度上的保障,从而实现了阿根廷外汇市场的完全自由化。同年,阿根廷又取消了证券交易税,允许企业和银行发行以外币为计价单位的可转让债券及其他商业债券,为推动资本市场的发展起到了一定的作用。随着这些放开资本市场措施的出台,阿根廷实现了国际收支资本项目下的完全自由兑换。

二是阿根廷于 1989 年 12 月开放资本市场,其中的一项重要举措是颁布了《新外国投资制度》,撤销了有关外国投资形式与性质的所有法律限制,实施自由化的外汇管理制度,国内证券市场也随之对外开放。允许外资收购本国银行,允许发行外币计价债券,取消证券交易税,推动资本项目实现完全自由兑换。为了吸引更多的外资流入,1992年阿根廷政府又制定了《免税法》通过税收的优惠政策,鼓励阿根廷境外的资金转入国内,鼓励外资进入,进一步加快资本市场开放进程。吸引外国直接投资通过金融参与或者通过建立自己的分支机构进行金融中介的投资是阿根廷金融开放的另一重要内容。一方面,随着银行与非银行金融机构之间界限的消除,资本的合并与融合已成为趋势,从而加快了资本集中的进程。另一方面,由于放松或取消了对外国金融机构在本国市场建立分支机构的限制条件,外国直接投资在金融市场上的投资显著增加。

第三阶段是 2001 年以来的谨慎推进金融开放时期。2001 年债务危机爆发后,阿根廷国内经济遭受重创。政府意识到新自由主义改革的错误,为应对危机,采取了临时性的资本干预与外汇管制等金融管制措施,并放弃货币局制度,开始进行浮动汇率制度、经济比索化等相关改革,以期挽救实体经济下滑的局面。自此,阿根廷开始进入谨慎的金融改革与开放新阶段。一是颁布《国家危机与汇兑制度改革法案》,废除《兑换法》,实施浮动汇率制度取代了持续 11 年之久的盯住美元货币局制度,取消盯住美元的固定汇率制度。二是关闭外汇市场,加强外汇管制。新自由主义改革引发的多重危机使之前流入阿根廷的国外资本大量逆转,外汇储备额急剧下降,国内经济形势严峻。为限制国内资本外逃,阿根廷政府被迫关闭外汇市场,限制外汇提款。阿根廷当局采取了一系列的经济措施,例如进行外汇管制、实行浮动汇率制等,逐步放弃自由主义的发展道路,并拒绝国际货币基金组织对其经济和政策的干预。

(二)阿根廷金融开放及其风险防控的经验教训

一是金融开放速度过快使阿根廷丧失金融命脉控制权,阿根廷不顾自身经济金融基础薄弱的国情过早地启动金融开放,让阿根廷金融命脉在短短几年内被境外资本控制,并多次引发破坏力极大的债务危机。20世纪 70 年代,阿根廷在国内经济形势低迷以及美国等发达国家的外部压力下,开始了较为激进的金融开放历程。阿根廷仅用两年的时间迅速就完成了利率市场化改革。很快放松了外国金融机构的准入限制,大量外资金融机构涌入国内,导致国内金融风险积聚。加上自身发展模式固有的缺陷以及第二次石油危机的双重影响,阿根廷于 1982 年爆发了严重的债务危机。20 世纪 80 年代的债务危机导致阿根廷的金融改革受阻,为改善国内经济,20 世纪 90 年代阿根廷加快金融开放进程,开始实施"新自由主义改革"。1991 年,《兑换法》的颁布加速实现了资本项目下的完全自由兑换,资本市场的开放加快。与此同时,外国金融机构与外商直接投资的进入加重了国内经济的不稳定性与国内金融体系的脆弱性。同时由于受到国内经济与国际经济形势恶化的双重影响,阿根廷于 2001 年爆发了严重的综合性危机。

二是金融开放力度过大增加了经济金融风险。阿根廷不仅开放了银行业,还同时放松了资本项目管制;不仅放开金融机构的市场准入限制,还同时放开了金融业务的市场准入限制,其结果不仅削弱了国家金融调控能力,还增加经济金融风险隐患。

三是监督管理不到位威胁国家金融安全。阿根廷金融监管严重滞后于金融开放,特别是对跨境资本流动监管缺失导致过多短期投机性资本融入国内,威胁国家金融安全。

四、泰国金融开放与风险防控的经验教训

(一)泰国金融开放的主要做法

1972 年颁布的《对外业务法》和 1977 年颁布的《投资促进法案》放开了进口替代行业中对外国直接投资的限制;自 1989 年以来,泰国放宽外汇管制,解除对国际资本市场流动的限制,允许外国银行及其他金融机构在国内有限度地开展业务。1989—1995 年,实施促进资本流入的政策吸引了大量外资净流入。进入 20 世纪 90 年代以来,泰国分别于 1990 年 5 月、1991 年 4 月、1993 年 5 月、1994 年 1 月连续 4 次实行外汇自由化改革,其主要目标之一是将曼谷建设成为印度支那融资中心。这些改革的内容主要如下:

1990 年 5 月第一次改革的主要内容为:偿还外债 1 次最高额 50 万美元内无须批准;汇出出售股票所得 1 次 50 万美元内自由;汇入"非居民泰铢存款账户"与动用"封锁账户"的泰铢资金购买外汇,每个账户 1 天在 500 万美元内者经商业银行办理即可;对外贸易产生的外汇交易由商业银行办理即可;但是居民不可持有外汇账户,居民不可对外投资。

1991 年 4 月第二次改革的主要内容为:外国投资者因直接投资、证券投资、借贷等而汇入外汇无限制,资金进入后 15 天内兑成泰铢或存入外汇账户;外国投资资金与利润、偿还外债本息等的资金汇出无须批准;居民的外汇收入可开设外汇账户,可用于向非居民支付或兑成泰铢,账户金额限于企业 500 万美元,个人 50 万美元以内;"封锁账户"并入"非居民泰铢存款账户",可兑成泰铢、支付泰国出口及汇出等;居民对外直接投资、向国外公司贷款 1 年在 500 万美元内自由进行,对国内外汇贷款无

限制(不能存入外汇账户);但是,居民对外投资不动产与证券须得到中央银行的批准。

1993年5月第三次改革的主要内容为:出口商可用出口外汇支付外债与进口;居民可动用其外汇账户通过商业银行支付外债;政府机构与国营企业的外汇存款无限额。

1994年1月第四次改革的主要内容为:居民对外直接投资与向国外子公司贷款额提高到1年1000万美元内;取消商业银行对非居民贷款的金额限制。

(二)泰国金融开放及其风险防控的经验教训

泰国的这些外汇自由化改革极大地促进了泰国的国际资本流动。第一,外资流出入总量的增加。从改革前一年的1989年到1994年四年间,外国私人资本面向泰国的流出入增加了10多倍。第二,各种外资形态变化有差异。1991年后外资无论是直接投资、证券投资还是借贷资金均可自由地流出入。第三,短期资金比重较大。同时,资金的来源与流向主要表现为泰国私人部门对外借款的来源国别或者地区分布70%以上源于新加坡与中国香港地区,其余主要是英国、美国及日本。外汇自由化改革推动了外资的流出入,但事实上如果无利可图,外资断然不会进入泰国,或者泰国也不愿积极地引进外资,所以这里深层次的问题在于导致外资大量流出入的根本原因。可从证券投资、银行借贷及外汇投机三方面予以展开。20世纪80年代末,泰国掀起了证券投资的高潮,企业筹资的资本化,即不是通过银行借款而是在资本市场上发行股票筹资有了明显的进展,股票市场扩容加快。20世纪80年代中期以来泰国维持了长期的经济高速发展,国内资金需求扩大、利率上升,导致存贷利差扩大。国内利率的上升拉大了国内外利差,促使泰国银行为低成本筹资而向国外借款。一般而言,当一国市场上出现套利机会,国际资金涌入该市场,使即、远期汇率差扩大以致利差约等于汇差,套利条件消失。但泰国的情况是,经常性地存在套利机会,吸引着套利资金源源不断地流入。

泰国金融开放的教训主要表现如下：泰国经济在开放发展中政府缺乏有效的宏观调控，未能及时完成经济增长方式从粗放型到集约型的转变结构，大量资金进入房地产市场形成过度竞争，加剧了经济中的泡沫成分。可见，过快的经济自由化进程很容易造成经济实体空虚，金融发展建立在泡沫经济基础上脆弱性就可想而知了。所以，泰国金融危机很大程度上是源于经济过激自由化导致的经济结构严重失调。

泰国中央银行放松金融业管制的初衷旨在刺激经济发展，由于缺乏有效的制度约束，诱发"败德行为"与"逆向选择"。商业银行受利益所驱，为了扩大信用规模放松对借款者的严格调查，在"高回报"诱惑下将大量资金投向房地产市场。房地产投资偏大，商品房空置率上升，银行呆账、坏账等不良资产日益膨胀。

在开放条件和应变能力尚不充分的情况下，过早地采取激进的改革措施，开放资本市场。而在实行金融自由化的同时，未能及时完善金融管理体系，缺乏有效的金融监管，使在国际游资乘机兴风作浪时，或不知所措或措施无力，完全处于被动地位。外汇储备量少，关键时刻拿不出足够的外汇与投机商较量，无法达到干预市场的效果。

第四节　云南省沿边金融风险防控的原则与措施

一、云南省沿边金融风险防控的主要原则

（一）促进金融创新与防范金融风险并重的原则

服务实体经济是金融立业之本，也是防范金融风险的根本举措。加强金融创新是中国（云南）自由贸易试验区建设与云南省对外开放的必然要求。金融开放程度高的国家和地区，并不必然金融安全程度低。既要避免"以创新论英雄"，也要避免"谈风险而色变"。坚持金融创新与防范金融风险并重，以创新促发展，以风险防控促创新。

（二）标本兼治重在治本的原则

以边境地下金融风险为例，既要看到地下金融资金体外循环与汇率操纵的风险，更要看到正规金融供给不足为地下金融蓬勃发展创造的条件。因此，与简单取缔地下金融相比，完善边境地区跨境金融服务才是防控地下金融风险的治本之策，才能从根本上筑牢金融安全的防线。

（三）早识别、早预警、早干预的原则

潜在金融风险一旦爆发将严重干扰区域经济社会稳定，做到风险早识别、早预警、早干预是金融风险防控的根本要求。着力构建健全的风险监测预警机制和早期干预机制是解决问题的关键。

二、云南省沿边金融风险的防控措施

（一）厘清开放秩序，把握开放节奏

金融开放的潜在风险以及发展中国家金融危机的重要教训，要求实施金融开放的国家和地区要掌握好金融开放的秩序和程度，审慎推进，渐进有序开放。金融服务业开放在前，资本流动的放开在后。在制度开放方面，贸易开放、财政调整、国内金融体系自由化应在金融开放之前，资本项目开放应在利率市场化、汇率开放之后；金融市场开放方面，先放开机构准入后放开经营业务范围限制；在金融服务业开放方面，先一般业务后银行、保险及其他经营业务，最后是证券和短期资本市场业务；在资本项目开放方面，先实现长期资本流动的自由化，后实现短期资本流动的自由化。同时，借鉴国际通行做法，加强宏观和微观监管机制建设，比如准备金、托宾税等，以此在资本项目对外开放过程中提供必要的风险缓释机制。

（二）建立开放环境下金融风险综合防控工作机制

一是要通过各领域各部门密切合作，以信息互联共享为基础，以市场

全覆盖为目标,统筹推进跨境、跨部门、跨行业、跨市场金融业务综合管控,强化金融风险处置协作,构建覆盖全面的开放金融安全网。二是完善外管局与外汇指定银行之间的工作机制。在对跨境资金监管过程中,外管局要与银行及时沟通、加强指导。银行也要及时向外管局反映问题。一方面完善外汇指定银行外汇业务内控机制,发挥其内部风险稽核优势,强化银行风险管控责任。另一方面完善外管局外汇检查方式,增强精准打击能力。外汇检查的方式应从逐条比对法规查处违规问题,转变为通过对企业的账户审核、资金流向追溯和对银行留存资料的逻辑关系校验等模式深入挖掘查找线索,实现对违规资金跨境流动的有效打击。

(三)加强国际资本流动监管,建立短期资本流动预警机制

加强中央银行对跨境交易和国际资本流动的统一监管。完善短期资本流动监测和预警体系建设,不断加强对短期跨境资本流动的有效监管。加快债券市场发展和多层次资本市场体系建设,不断提高金融市场广度和深度,防止金融开放带来的国际资本双向波动风险,有效维持金融稳定。

(四)推进利率市场化改革

实行资本账户自由兑换的前提是首先实现利率市场化。利率市场化有利于增强中央银行对金融市场的宏观调控效果以及对外汇市场的有效干预。市场化的利率有利于发挥利率—汇率联动作用。在资本项目开放条件下,市场化的利率使得利率工具成为调节短期资本流动的有力手段。利率市场化改革的重点是:全方位发展资本市场以形成资金的均衡价格,解除信贷管制使资金供求双方充分竞争,改革存款准备金制度,使高存款准备金回归正常,发展银行表外市场以打通相互割裂的债券市场与信贷市场。

第七章 云南省沿边金融开放的
优势与劣势总体评价

自21世纪初中国加入世界贸易组织以来,在加入世界贸易组织承诺的推动下,中国金融开放进程不断加快,云南省在全国对外开放总体布局下,积极发挥沿边区位优势,不断深化与周边国家经贸与金融往来,沿边金融开放取得了一定的成效,形成了较为鲜明的特色,依托国内外两个市场、面向南亚东南亚辐射的沿边经济金融开放总体格局已基本形成,具备进一步深化沿边金融开放的优势条件和基础。但是,同时也应当客观地看到,受周边国家政局变化以及周边国家经济与金融发展水平的局限,加之云南省自身经济与金融发展存在的不足等多方面因素的影响,深化云南省沿边金融开放发展仍面临诸多挑战与困难,沿边金融开放仍有很大发展空间。

第一节 深化云南省沿边金融开放的有利条件

一、开放与发展已成为区域各方的政治共识

云南省周边国家虽然发展基础有强有弱,发展水平有高有低,但是,通过开放引进先进的技术和资金,以及通过改革释放发展动能的理念已经成为各国政府的共识,各国先后开启改革开放进程,以更加包容积极的态度对待双多边合作。

越南 1986 年实行改革开放,2001 年进一步开启社会主义市场经济体制改革发展之路,以发展经济为重心,积极融入国际经济;老挝 1986 年实行改革开放,引入市场经济,全面实施经济体制改革和对外开放政策;缅甸 2011 年步入宪政时期以来,积极融入国际社会,在进行民主改革的同时,大力推进经济发展;柬埔寨 1993 年王国政府正式成立以来,对内致力于经济发展和脱贫,对外主张加强区域合作,并于 2001 年开始市场经济体制改革,实行高度自由、对外开放的自由市场经济政策,推行经济民营化和贸易自由化;泰国是亚洲重要经济体,东盟创始国之一,长期奉行独立自主和全方位开放的外交政策,重视周边外交,积极发展睦邻友好关系;印度于 20 世纪 90 年代初实行经济改革以来,提倡自由化、市场化、全球化和私有化,鼓励竞争和扩大开放成为国家经济政策的核心内容;孟加拉国自 20 世纪 70 年代末开始实施经济改革,致力于将以农业为支撑的内向型经济转变为多产业协调发展的外向型经济体,积极推进工业化和城市化进程,加快市场化与自由化改革步伐,加速融入全球化。

坚持沿边开放和与周边国家合作发展历来是云南省经济社会发展的重要举措,云南省始终坚持积极参与中缅、中老泰、中越、孟中印缅、中国—中南半岛经济走廊建设,推进与周边国家及地区投资贸易自由、人员往来便利,推动形成我国面向南亚东南亚辐射中心、开放前沿的既定发展战略定位。

二、金融开放所需的政策法律环境不断优化

为加快融入国际经济发展大潮,有效推动各国经济开放发展,云南省周边各国一方面积极参与多种双多边国际合作机制,包括与中国的积极合作;另一方面,各国纷纷出台吸引外资等相关促进开放政策,并不断改革国内相关法律法规,优化国内营商环境。

泰、越、柬、老、缅五国先后成为东盟新老成员,中国—东盟合作机制为中国与各国的双多边合作搭建了平台;"一带一路"倡议为深化中国与周边国家合作创建了更为有力的区域合作机制,截至 2020 年年底周边七

国中除了印度以外,其余六国均已和中国签署参与"一带一路"建设合作协议;大湄公河次区域合作机制、澜湄合作、中缅经济走廊、中老命运共同体、孟中印缅经济走廊及中国—中南半岛经济走廊建设,则为推动云南省与周边国家经贸合作提供了具体的实施路径。

2008 年中越建立全面战略合作伙伴关系,双方于 2017 年签署"一带一路"合作备忘录;2009 年中老双边关系上升为全面战略合作伙伴关系;2010 年中柬建立全面战略合作伙伴关系,并签署《中柬文化合作协定》《中柬互免持外交、公务护照人员签证协定》以及文物保护、旅游、警务、体育、农业、水利、建设、国土资源管理等领域合作谅解备忘录;2011 年中缅建立全面战略合作伙伴关系;2012 年中泰签署《经贸合作五年发展规划》,建立全面战略合作伙伴关系,2013 年两国政府发表《中泰关系发展远景规划》,泰国同时也是亚洲基础设施投资银行首批创始成员;2016 年孟加拉国与中国签署"一带一路"建设合作备忘录,成为南亚地区第一个与中国签署政府间"一带一路"合作文件的国家;2013 年中印联合发布《中印战略合作伙伴关系未来发展愿景的联合声明》。虽然印度至今未与中国签署"一带一路"合作协议,但是在很多可以不定义为"一带一路"的项目上又依赖中国并希望与中国合作,比如支持和参与由中国发挥关键作用的金砖银行和应急储备机制,再如成为亚洲基础设施投资银行的第一批支持者,并获得亚投行近 30%的贷款支持,填补了其巨大基础设施建设资金缺口,成为亚投行最大获益国等。

云南省肩负建设中国面向南亚东南亚辐射中心战略重任,始终坚持积极参与各种双多边区域合作机制建设,在国家和地方多重对外开放政策指引下,正在形成以中国(云南)自由贸易试验区与各类开发开放平台为重要引领的、以沿边和跨境开放为鲜明特色的经济金融对外开放格局。

三、金融开放所需的经济基础条件不断改善

云南省周边国家致力于经济改革开放的努力,推动着各国经济发展状况不断改善。一些国家逐渐脱离最贫困层次,走向经济增长的快车道,

产业结构不断得到优化与升级,对外贸易快速增长。

越南过去十年间经济保持了 5%—7% 甚至更高的增长速度,2020 年 GDP 总量为 2712 亿美元,人均 GDP 为 2786 美元。国内投资、消费对国内生产总值的贡献度较高,包括外资在内的非国有经济发展迅速为经济提供了新的活力,多国贸易协议的推动也使出口成长为越南经济增长的重要拉动力,在全球最具竞争力的 137 个国家和地区中排名第 55 位,被评为"有光明发展前景的 11 个国家"之一。老挝实行改革开放以来,社会经济逐步发展,1989—2020 年年均 GDP 增速达到 6.8%,2020 年 GDP 总量为 191 亿美元,人均 GDP 从改革前 1986 年的 468 美元提升至 2020 年的 2630 美元,人民生活水平得到显著提高。经济增长的主要动力来源于国内水力资源丰富,大规模的电站建设拉动了投资、促进了电力出口,经济快速增长及来自泰国的侨汇收入拉动私人消费旺盛,经济特区吸引的外资推动了矿产开发和基础设施等制造业发展迅速。缅甸 2012 年实行政治经济转型后,西方逐渐解除对其经济制裁,加之缅甸天然气田开采吸引大量外资涌入,推动缅甸经济保持了近十年 6% 以上甚至更高的持续快速增长,2020 年 GDP 总量为 762 亿美元,人均 GDP 为 1400 美元。柬埔寨是近年来亚洲发展中国家经济增速最快的国家之一,2012—2018 年柬埔寨每年的 GDP 增长率都超过 7%,2018 年 GDP 总量为 246 亿美元,人均 GDP 为 1512.1 美元。经济快速增长主要得益于旅游、制衣制鞋业出口、房地产建筑业、服务业和农业的增长以及政府支出。泰国是亚洲"四小龙"国家,2018 年 GDP 总量达到了 5050 亿美元,在东南亚六国中排名第二,位居全球前 30 名。人均 GDP 为 7273.6 美元,居中国周边七国之首。近年来保持 4% 的经济增长速度。印度是世界十大经济体之一,也是全球成长最快的新兴经济体之一。2014 年 GDP 总量首次超过 2 万亿美元,2016 年经济总量首次超过英国,成为世界第六大经济体,2018 年 GDP 总量为 2.73 万亿美元,人均 GDP 为 2015.6 美元。2016 年印度吸引外商直接投资达 623 亿美元,超过中国和美国,成为世界最大吸引外商直接投资国。孟加拉国 2016 年以来经济保持 7% 以上的持续快速增长,GDP 总量逐年增加,由 2012 年的 1334 亿美元增加到 2018 年的 2740 亿美元,人均 GDP 为 1698.3 美元。高经济增长主要得益于强劲的出口、侨汇收入和生产加工制造业发展。

近年来云南省深化改革加大开放,经济增长势头良好,经济进入快速增长通道。2019 年云南省 GDP 增长 4%,GDP 总量为 2.45 万亿元,人均 GDP 为 5.03 万元,2020 年前三季度 GDP 增长 2.7%,增速居全国前列,展现出广阔发展空间和强劲发展势能。

四、金融开放所需的金融产业基础不断完善

云南省周边国家金融发展水平不尽一致,但是各国均已基本形成涵盖中央银行、金融监管机构、商业银行、证券市场、保险业在内的现代金融组织体系,金融推动经济发展的核心作用得到不同程度的发挥。

越南现代金融业发展起步较晚但是发展较快。现已形成较为完整的以银行体系为主的金融组织体系,国有银行占据主导地位,银行业发展水平不断提高,2020 年有 3 家银行上榜全球企业 2000 强。证券市场发展迅速,是东南亚地区增长速度最快的五大证券市场之一。保险业发展迅速,保险业世界排名由 2009 年的第 58 位上升到 2018 年的第 47 位。老挝金融发展水平较低,但增速很快,金融业以银行部门为核心,银行业主要由国有银行、私营银行、合资银行和外资银行构成,其中,国有银行资产和信贷规模均占 50% 以上份额。证券市场是世界上规模最小的资本市场之一,保险深度和密度也都处于东南亚国家的底层水平,但是发展潜力巨大。缅甸自 2010 年实施经济金融改革以来,银行业取得了较大发展,初步形成了以缅甸中央银行——国家银行为中心,以缅甸经济银行、缅甸投资与商业银行、缅甸外贸银行和缅甸农业发展银行 4 家国有银行为主,24 家私人银行与外资银行共存的银行业体系。缅甸证券业和保险业起步较晚,2014 年日本交易所集团与大和证券集团协助缅甸政府共同出资组建仰光证券交易所,虽发展较慢,但发展空间巨大。柬埔寨已形成包括中央银行、商业银行、专业银行及微型贷款机构在内的较为完备的银行体系。

2011 年由柬埔寨政府与韩国证券公司合作组建柬埔寨证券交易所（Cambodia Securities Exchange, CSX）。保险业持续增长，年增长率达15%。保险产品种类不断丰富。柬埔寨外汇管制宽松，对国外资本的投资限制较少。泰国 20 世纪 40 年代即已形成较为完备的金融体系，金融体系由商业银行、国营专业金融机构、非银行金融机构和资本市场四大部分组成。资本市场包括股票市场、债券市场以及相关的证券公司、基金管理公司等，泰国证券交易所在全球 55 所证券交易所稳定性排名中位列第十名，也是亚洲唯一入选前十的交易所，泰国股市外资持股比例较高，约为总市值的 1/3。保险业开始于 20 世纪 30 年代，保险业发达程度总体居东盟国家第二位，仅次于新加坡。印度的金融组织体系承袭于英国殖民地时期，经过上百年的积累，已相对完善，形成以印度储备银行为核心，以商业银行为主导，其他专业银行和其他金融机构为基础的金融组织体系。印度证券市场的发达程度一直受到世界银行等国际机构的广泛赞誉。孟买证券交易所成立于 1875 年，是亚洲最早的交易所，上市公司超过 5000 家，是全球上市公司最多的交易所，2018 年孟买证券交易所总市值在全球证券交易所中排第八位。印度保险市场发展具有悠久历史，但总体表现不佳。保险深度和保险密度均低于世界平均水平（6.13%）和新兴亚洲经济体水平（5.62%）。孟加拉国金融体系由中央银行、国有商业银行、专业化银行、私营商业银行、外资商业银行以及特定目的设立的银行组成。证券市场始创于 20 世纪 50 年代，起步较早，但是发展波动起伏较大。保险业处于发展初期，总体发展水平低，发展潜力大。

云南省银行与非银行金融服务体系日趋完善，截至 2021 年 10 月，云南省共有各类银行与非银行金融机构 243 家，其中，政策性银行 2 家，国有大型银行 6 家，股份制银行 10 家，城市商业银行 3 家，村镇银行 73 家，农村金融机构 133 家，外资银行 7 家，邮政储蓄银行 1 家，信托公司 1 家，财务公司 3 家，金融资产管理公司 4 家，金融租赁公司 1 家；保险服务体系建设进一步完善，云南省引进 20 家保险省级分公司。云南省有 31 家证券分公司、151 家证券营业部、28 家期货营业部，证券期货经营机构达到 220 家。多层次资本市场培育成效有所显现。

五、双边贸易往来对金融开放的需求不断增强

云南省与周边国家积极发挥毗邻优势,多年来双边经贸往来不断深化,对区域金融合作与金融开放产生了直接的推动力。

中国已连续 15 年成为越南第一大贸易伙伴,而越南连续第二年成为中国在东盟国家中的最大贸易伙伴,2020 年中国与越南的双边贸易额达到了 13282.8 亿元人民币,同比增长 18.8%。云南省对越南的外贸增长较快,2019 年,云南省对越南的贸易额为 44.8 亿美元,位居第二。越南也是中国在东盟重要工程承包市场。2018 年,中国已成为老挝第一大出口国,还是仅次于泰国的第二大进口国,中老经济贸易依存度不断上升,2020 年中老双边贸易额 35.8 亿美元,下降 8.7%。云南省是中国对老挝主要贸易省份,滇老贸易额约占中国对老挝贸易额的 32.14%。2019 年,云南省对老挝的贸易额为 12.6 亿美元,位列第四。2020 年中国对老挝工程承包等各类劳务人员输出达 8632 人,位于东盟国家第二。中国为缅甸第一大贸易伙伴、第一大出口市场和第一大进口来源国,2019—2020 财年双边贸易额为 376 亿美元。缅甸是云南省最大贸易伙伴国,2019 年,滇缅贸易额为 81.3 亿美元,占云南省对中国周边七国贸易总额的 38.4%,位列第一。中国是柬埔寨第一大进口来源国,第一大稻米出口市场和第一大游客来源国。双边贸易增长迅速,2017 年双边贸易额为 57.91 亿美元,增长 21.7%。2019 年 1—6 月,云南省对柬埔寨贸易额为 0.1958 亿美元,位列第六。2013 年以来,中国取代日本,成为泰国第一大贸易伙伴国,2017 年中泰贸易额为 802.9 亿美元,同比增长 6.0%。云南省与泰国贸易规模较小,但是增长迅速,2019 年 1—6 月,云南省对泰国贸易额为 6.64 亿美元,同比增长 67.3%,占云南省对中国周边七国贸易总额的 6.1%,位列第三。印度是中国在南亚最大的贸易伙伴,中国是印度第三大出口目的国和第一大进口来源国,2019 年 1—5 月印度与中国双边货物进出口额为 349.9 亿美元。印度也是云南省主要贸易伙伴国,2019 年 1—6 月,云南省对印度贸易额为 2.02 亿美元,位

列第五。中国与孟加拉国贸易稳步增长,2017 年双边贸易额为 160.4 亿美元,同比增长 5.8%。2019 年 1—6 月,云南省对孟加拉国贸易额为 0.1268 亿美元,位列第七。

六、沿边金融开放的成效不断累积

一是跨境人民币业务创新实现新突破。在全国先行先试个人经常项下跨境人民币业务、跨境人民币双向贷款业务和本外币特许兑换等业务。人民币在本外币跨境收支中的占比从 2010 年的不足 5% 上升为 2021 年的 37%,高于全国平均水平。2014 年 5 月全国首家试点个人经常项下跨境人民币结算,并取得成功经验在全国复制推广;2014 年 12 月试点跨境人民币双向贷款业务,截至 2021 年 9 月 30 日,云南省 32 家企业从境外银行融入人民币资金 203 亿元,对拓宽企业境外融资渠道,实现企业融资方式多元化和国际化以及缓解边境地区建设资金不足产生积极影响;2014 年至 2018 年,云南省个人本外币特许兑换业务现钞兑换 30.2 万笔,金额达 30361.5 万美元。首创经常项下人民币与缅甸元特许兑换,实现客户范围、业务范围和兑换额度"三个突破",兑换量突破 4 亿元。

商业银行积极尝试各具特色的跨境金融服务产品。2019 年 10 月,中国建设银行云南省分行联合中国出口信用保险云南分公司联合创新产品"建信融",助推云南省企业境外市场拓展;富滇银行积极推动跨境货币调运业务,2018 年实现中老货币跨境调运,2018 年 5 月实现双向调运货币,截至 2021 年 9 月 30 日,累计实现人民币跨境 63 笔,调运金额 4.92 亿元,累计实现调运 5 亿老挝基普。边民互市资金汇兑方面,富滇银行采取批量汇款的方式来解决边民互市资金汇兑手续费较高的问题,促进边民互市资金纳入银行体系结算。富滇银行实现了跨境代收中老铁路建设工人工资。西双版纳勐腊县农村商业银行与老挝发展银行互开了账户,虽无业务往来,但也促进了双方金融体系的沟通和认知。

二是区域性货币交易获得新进展。在全国率先推出人民币对泰铢等周边国家货币银行间市场区域交易;银行柜台挂牌交易币种实现周边国家货币全覆盖；云南省德宏州、红河州等地成功发布人民币对缅甸元"瑞丽指数"和人民币对越南盾"YD 指数"，对人民币与外币汇率形成作出了积极探索。以银行间市场区域交易为支撑、银行柜台交易为基础、特许兑换为补充的全方位、多层次人民币与周边国家货币的区域性货币交易"云南模式"初步形成。截至 2021 年 9 月 30 日，云南省银行累计办理泰铢、越南盾、老挝基普等柜台兑换交易 14.8 亿元，便利了企业和个人的货币兑换需求，并为扩大人民币与其他非主要国际储备货币直接交易积累了可推广的经验。

三是跨境设立金融机构取得新成效。金融机构"引进来"和"走出去"取得积极成果，云南省地方法人金融机构富滇银行和太平洋证券分别在老挝合资设立老中银行、老中证券；中国农业银行泛亚业务中心、中国银行沿边金融合作服务中心、中国建设银行泛亚跨境金融中心相继落户云南省，商业银行面向南亚东南亚区域性总部的建设布局初步显现；云南省外资银行数量已增至 8 家，机构数量与种类在西部 12 省区排名第三位；截至 2018 年年底，云南省 25 个边境县（市）共有银行业法人机构 36个，营业性网点 741 个，金融服务边境地区的能力大幅提升。

四是金融对外交流合作开创新局面。初步开创了高层有互访、央行有对话、银行有合作、人员有往来、信息有交换、机构有互设的良好金融合作局面。全国首个"跨境反假货币工作（昆明）中心"正式挂牌，形成"省、市、县"三级跨境反假币工作组织体系；创立并不断完善非居民结算账户服务功能；不断推广人民币跨境支付系统在周边国家的应用；创建境外边民账户服务平台，并强化账户的信息核验和管理。

第二节　深化云南省沿边金融开放的挑战与困难

一、云南省周边国家对中国的政治互信不够稳定

在复杂多边的全球利益格局和区域利益冲突与平衡变局中，中国与

云南省周边国家贸易往来的日渐紧密,一方面促进了这些国家的经济发展,另一方面也加大了这些国家对中国市场和资金的依赖程度,导致其中一些国家产生对中国的合作与开放政策既欢迎又害怕的复杂心理,对是否积极推进与中国的经济合作存在"选择恐惧"。越南对"一带一路"倡议所经历的"持续回避—谨慎欢迎—明确合作"的转变即这种心理的典型表现。印度是少数游离于"一带一路"之外且仍然保持疑虑与警惕的国家之一,其一方面对"一带一路"倡议散布"霸权论""围堵论",担心中国与美国争夺国际领导权,担心"一带一路"会冲击印度在该地区的影响力和主导权,甚至会对印度形成战略围堵。另一方面其又十分青睐中国的基建实力和资金实力,并率先加入亚投行,获得最大贷款额度,还与中国签订巨额基建承包合同,以此解决其巨额基础设施投资需求和本国基建实力缺乏的短板。诸如此类的复杂心态导致一些周边国家与中国展开相关合作过程中缺乏稳定可预期的政治互信,增大了双边企业贸易投资金融往来的不确定性因素影响。

二、云南省与周边国家的经济与金融发展基础不够牢固

(一)云南省周边国家经济与金融发展总体水平不高

云南省周边国家近年来虽已取得显著经济改革开放成效,但是总体上仍存在经济与金融发展基础弱、发展水平不够高、发展制度不健全或者发展波动大的困难与问题。

云南省周边国家经济总体发展水平不高,除了泰国外,其余六国人均GDP 水平均低于世界银行中等偏下收入国家标准(3895 美元,2018 年)。印度、泰国、孟加拉国和越南 GDP 总量相对较高,是周边国家中经济体量相对较大、发展水平相对较高的国家,但是各国发展中仍然面临一些突出制约因素,印度人均 GDP 水平较低,在周边国家中仅居第四,同时其贫富两极分化问题突出。泰国经济波动较大,且对出口高度依赖。越南作为传统农业国,正处工业化进程初期阶段,市场机制和基础设施薄弱,经济

增长面临通胀率过高等失衡现象,普遍存在企业投资规模小、技术能力低、管理水平差的问题。老挝、缅甸、孟加拉国和柬埔寨经济以农业为主,工业基础薄弱,城乡贫富差距不断扩大及农村和城市发展不平衡的问题仍很突出。老挝和缅甸面临债台高筑的潜在风险。缅甸还面临高通货膨胀、高财政赤字等宏观经济失衡现象。柬埔寨、老挝和缅甸经济规模偏小,GDP 总量均不足 300 万美元,仍处于相对贫困水平。

多数国家现代金融体系建设起步晚,基础较弱,发展不充分,功能不健全,金融业整体规模较小,发展水平仍然很低。越南、柬埔寨等国家的银行业快速发展,不良贷款率迅速上升和资本金严重不足的问题不断显现。

(二)云南省涉外经济规模小,集中度高

云南省涉外经济规模小,2020 年外贸总额 2680 亿元人民币,折合仅389.5 亿美元,2020 年云南省非金融类对外直接投资 10.17 亿美元,对外贸易和投资总量非常有限,从一定程度上制约了地方金融、沿边金融、跨境金融发展。

此外,云南省涉外经济集中度高,对外贸易和对外投资以周边国家为主。由于云南省地处内陆,对外贸易、对外投资长期主要集中在周边的缅甸、越南、泰国、老挝、马来西亚 5 个国家,对外贸易和对外投资增长受到较大制约,2017 年年末,云南省对上述 5 个国家贸易占云南省对外贸易量的73.56%,其中与缅甸的贸易占云南省与东盟贸易量的 52.7%,占云南省对外贸易量的 38%。对南亚贸易主要以印度为主,仅占云南省对外贸易量的2.3%。云南省对外投资以东南亚国家为主,其中对老挝和缅甸两个国家的直接投资占云南省对外直接投资的比重就达到 89.7%。对外贸易和对外投资集中度过高易造成外贸投资波动风险大,且现有的主要贸易投资伙伴国老挝、缅甸又是周边国家中经济规模最小、市场经济发育程度最低的两个国家,云南省对外贸易高度集中于这两个国家的格局会在一定程度上增大云南省外贸与投资的局限性,导致短期内增长潜力不足。

(三)云南省金融资源总量不足,分布不均

云南省金融业总体规模有限,发展水平不高。云南省 2020 年社会融资规模增量为 5873 亿元,低于重庆市(8101 亿元)、四川省(14334 亿元)、广西壮族自治区(7089 亿元)、贵州省(6567 亿元)。云南省金融机构人民币各项存款增幅列全国第 24 位(广西壮族自治区第 20 位,贵州省第 31 位)。人民币贷款增幅列全国第 18 位(广西壮族自治区第 7 位,贵州省第 14 位)。

云南省金融资源区域分布不均衡,金融资源主要集中在昆明市,2018年年底,昆明市存款占云南省比重为 45%,贷款占云南省比重为 58.5%,但昆明市 GDP 占云南省比重多年保持在 30% 左右,与金融资源获得率不匹配。沿边金融机构结构不合理。沿边州市现有金融机构以农信社和国有银行为主,缺少股份制商业银行,经营期货、证券、保险等种类的分支机构更是寥寥无几,在大部分乡、镇地区,更是仅有农村信用合作社用于交易,导致乡镇金融资源供给严重滞后。

三、云南省沿边金融服务体系尚不健全

(一)跨境金融基础设施有待完善

一是跨境支付与结算体系不健全。云南省与周边国家的金融信息技术存在不兼容,人民币跨境支付系统(CIPS)对接存在问题,有的周边国家还没有普及银行信息化结算,尚存大量手工操作的情况,有的周边国家与中国银行结算信息系统不一致,导致跨境结算规则不统一,系统对接困难,难以实现跨行清算。虽然我国已和东盟诸多国家与地区达成了互换本币与支付协定,但现阶段能够兑换的只有人民币与越南盾,主要原因在于大多数的跨境支付与结算的双边代理银行无法直接进行通汇结算操作,而是以第三国作为中介进行转汇,进而带来了转汇程序复杂、安全性差、成本高的问题,给云南省跨境金融业务的发展造成影响。

二是缺乏与云南省周边国家金融信息共享技术平台与机制。沿边地区缺乏与东南亚等周边毗邻国家征信交流与合作机制。跨境金融信息服务不完善,云南省沿边地区存在交易币种和市场不匹配的情况。由于云南省周边国家征信市场动态信息的收集主要依赖边境州市、金融机构境外兄弟行或分支机构、互联网络等渠道,对方普遍要求与我国实现对等沟通,即国对国、省对省,地方推动与周边国家搭建征信合作平台和机制较为困难。

(二)沿边金融服务模式和产品有待创新

一是金融服务模式单一,金融促进实体经济开放发展的效果尚未明显显现。近年来云南省先后出台了各类经济合作区的相关规划,有边境经济合作区、跨境经济合作区、综合保税区、工业园区等,也制定了优势特色产业发展规划。各个规划虽然都涉及金融的配套支持,但实际操作中,金融规划与园区和产业规划往往衔接不够,金融规划缺乏针对性,与产业发展和园区建设结合不紧密,金融服务模式传统单一,被动等待产业和园区提出要求,而产业和园区由于不熟悉金融规律,难以提出有针对性的建议,导致金融支持产业和园区发展缺乏具体发力点。"产业+金融"或"园区+金融"的金融服务模式创新亟待落地。

二是跨境金融产品比较单一。随着我国人民币国际化进程的不断推进,各省可以创新的跨境金融业务越来越多。作为东部沿海的发达省份的广东省,其跨境金融服务涵盖领域广泛,例如贸易融资、跨境支付、跨境理财、离岸金融等多领域,跨境金融产品与服务呈多样化,而云南省跨境金融服务则仅仅局限于跨境人民币结算业务,跨境保险业务不能持续前进,跨境证券业务仅处于初步探索阶段。亟待全面提升跨境人民币业务服务水平,充分满足客户结算、贸易融资、财富管理与投资的境内外一体化金融服务需求。

(三)沿边金融监管体系尚不健全

一是缺乏各部门分工与合作相结合的沿边金融综合监管机制。沿边开放环境下,金融市场更加复杂,金融涉及面更广,需要直接监管部门、地方政府、海关、税务、商务、公安等多部门密切配合。此外,地方金融风险划归属地金融监管部门管理以后,中央驻滇监管部门和云南省地方金融监管局也需要加大协调力度,以此填补权限下放初期可能存在的管理真空。

二是现有金融监管模式与重点不符合沿边金融发展形势,亟待创新。目前的金融监管仍以市场准入、业务领域、分支机构的设立、资本充足性等合规性监管为主,行政性手段较多,而在金融机构的资产负债比例管理和风险管理等方面较为缺乏,更未建立起风险预警机制和危机处理机制,无法对金融体系进行及时有效的监管。此外,跨境金融工具的创新使得监管机构面临新的监管对象,加大了监管的难度。金融工具创新使得金融机构资产负债的表外业务大量增加,单纯的资产负债表难以反映金融机构的真实经营情况,需要监管部门及时跟踪研究金融创新的变化,并对监管方式与重点及时作出调整,以防监管真空的出现。

三是与周边国家尚未建立有效的金融监管协调机制。随着云南省与周边国家金融合作不断加强,跨境互设的金融机构也在持续增多,跨境金融创新产品不断丰富,跨境资金流动日趋频繁,客观上产生了加强跨境金融监管与服务的需求。由于尚未建立双边金融监管协调机制,无法联网核查周边国家客户的身份信息(护照、边民证、回乡证等)的真伪,不利于对周边非法经贸活动的监管。

(四)缺乏与云南省周边国家沟通协调的制度安排

一方面,国家层面合作框架协议的缺失为更高层次的跨境金融合作增添了难度。截至 2020 年年底,我国尚未与缅甸、越南、老挝等云南省周边国家签订金融合作协议、货币互换协议、清算协议等,银行间合作形式单一且波动性较大。以中国—老挝金融合作为例,虽然中国人民银行昆明中支与老挝国家银行初步建立了定期协商机制,但由于两国重要金融业务的权限没有下放,可商谈的领域和合作的项目有限,更多的合作需要双方央行顶层的设计,因此成效不明显。

另一方面,双边多边金融机构之间、金融监管部门之间以及政府之间定期沟通对话机制不足,使得金融合作与开放过程中存在的问题不能及时沟通,缺乏相互了解,中方不能及时向对方介绍宣传中方跨境金融制度与产品创新的情况,致使好的项目无法开展,或者已经开始的合作项目难以深化。

四、金融开放的程度与效果不够显著

金融开放既包括银行、证券与保险等金融服务的开放,即外国金融机构金融服务"引进来"和本国金融机构金融服务"走出去",也包括资本与金融账户管制的放松,即金融服务主体在资本与金融账户下实施跨境金融服务,资金实现跨境流动。

对照这一标准,云南省对周边国家的金融开放广度和深度均有较大提升空间。首先,在银行、证券与保险等金融服务"引进来"方面,由于我国对外资企业设立基金公司、证券公司以及期货公司等金融机构的持股比例有着较为严格的规定,云南省周边国家由于投资门槛过高或合资比例的限制而导致来云南省设立外资金融机构的不多,云南省周边国家仅有泰国的两家银行在昆明设立了分支机构,分别是泰国开泰银行(大众)有限公司昆明代表处和泰国泰京银行大众有限公司昆明分行。

其次,在银行、证券与保险等金融服务"走出去"方面,中国银行业在越南和老挝设立分支机构较多,中国五大国有银行在越南都设有分支机构;老挝有5家中资金融机构设立分支机构,分别为中国工商银行老挝万象分行、中国银联、富滇银行老中银行、中国银行老挝万象分行和太平洋证券老中证券;缅甸只有中国工商银行一家分行和中国银行一家代表处;柬埔寨的中资银行有中国银行金边分行和中国工商银行金边分行;泰国的中资银行有中国银行曼谷分行和中国工商银行泰国公司;印度的中资银行有中国工商银行孟买分行和中国银行孟买分行;孟加拉国则迄今尚无中资银行设立分支机构。银行业"走出去"相对较好,但是证券业"走

出去"较少,保险业"走出去"还未实现零的突破。富滇银行等云南省地方金融机构"走出去"无论在填补国别空白还是在服务类型空白上均有较大空间。

最后,在资本与金融账户开放方面,由于总体上国家没有完全放开资本项目管制,对周边国家资本与金融账户下的跨境金融服务主要局限于对外直接投资领域,以及少量的跨境资金借贷,还有少量的跨境金融业务创新等。

一是在中国对云南省周边国家直接投资方面,中国是越南重要的外商直接投资来源国,2008年至2017年中国对越南直接投资持续增加,截至2019年7月,中国对越南直接投资1.09亿美元,位列越南外商直接投资第三位。云南省对越南的直接投资不多,主要涉及矿产开发和冶炼。2019年1—6月,云南省对越南实际直接投资额31.18万美元。2016年中国超过越南,成为老挝最大外商直接投资来源国,老挝也已成为中国在全球第八大投资目的国,在东盟国家中位居第二,仅次于新加坡。中国在老挝的投资项目主要涉及经济合作区、铁路、电网、水电站、房地产和通信卫星等领域。截至2018年6月末,中国对老挝新增直接投资额14.3亿美元,累计直接投资80.8亿美元。老挝是云南省最大的境外投资目的国,截至2019年8月,云南省在老挝设立了265家企业,累计实际投资额为31亿美元,占云南省实际境外投资总额的28.4%。投资项目主要涉及矿产开发和冶炼,酒店业、商业地产。中国对缅甸投资不大,截至2017年年末,累计直接投资55.25亿美元,投资领域主要集中在油气资源勘探开发、油气管道、电力能源开发、矿业资源开发及纺织制衣等加工制造业。缅甸是云南省第二大直接投资目的国,但投资额年度波动较大,在1亿—20亿美元之间波动,投资主要涉及水电站建设、矿产资源开发及农业合作领域。中国是柬埔寨最大外资来源国,截至2018年年末,中国对柬埔寨累计直接投资90.49亿美元,投资主要分布在水电站、电网、通信、服务业、纺织业、农业、烟草、医药、能源矿产、境外合作区等。云南省对柬埔寨的投资量不断增加,截至2018年6月,云南省在柬埔寨共设立24家投资企业,累计实际投资约 8 亿美元,主要涉及基础设施、电力、热力、供水、商务服务和住宿业等行业。云南省在柬埔寨承接承包工程项目近 60 个,合同总金额 7.8 亿美元。云南省在柬埔寨的合作项目主要涉及水电站、医疗卫生、农业开发、政府建筑工程、酒店和旅游设施、机场建设等领域。中国是泰国第二大投资国,仅次于日本,截至 2017 年年末,中国对泰国累计直接投资 53.58 亿美元。云南省对泰国的投资主要涉及邮政业、农副产品进出口、酒店经营管理等领域。截至 2016 年 12 月,云南省在泰国共设立境外投资企业 43 家,累计实际投资额 2.3 亿美元。中国对印度投资规模仍较小,与两国经济规模和经贸合作水平不相称,截至 2017 年年末,中国对印度累计直接投资 47.5 亿美元,投资领域包括电信、电力设备、家用电器、钢铁、机械设备、工程机械。云南省在印度的直接投资尚处于起步阶段。2017 年云南省在印度新德里设立投资企业 3 家,涉及网络服务、制造业。中国对孟加拉国投资较少,截至 2017 年年末,中国对孟加拉国累计直接投资 3.29 亿美元。投资领域集中在能源、纺织服装及其相关的机械设备等领域。云南省对孟加拉国直接投资也偏少,尚未找到官方确切统计数据。但孟加拉国正成为云南省推进企业"走出去"的主力推荐投资目的地。自 2017 年以来,云南省企业陆续前往孟加拉国谈项目。

二是在周边国家对中国直接投资方面,云南省周边国家总体上以吸引外资来本国投资为主,对外商直接投资依赖度高,对外直接投资规模不大,对中国的直接投资更少。泰国是七国中对华直接投资规模较大的国家,2017 年泰国企业对中国投资 1.10 亿美元,同比增长 96.3%,截至 2018 年年末,泰国企业累计对华直接投资 42.6974 亿美元。2018 年,越南对中国直接投资为 1.3883 亿美元,印度对中国直接投资为 0.4754 亿美元,老挝对中国直接投资为 0.0051 亿美元,缅甸对中国直接投资为 0.0822 亿美元,孟加拉国对中国直接投资为 0.0007 亿美元,柬埔寨对中国直接投资为 0.0199 亿美元,投资规模均偏小。

周边国家对云南省的直接投资更少,仅有的数据显示,2014 年,泰国对云南省直接投资为 0.26 亿美元,2015 年,缅甸对云南省直接投资为

0.12亿美元,柬埔寨在云南省投资设立有2家企业,实际投资金额45万美元。

综上所述,云南省对外直接投资集中度很高,以对老挝和缅甸的投资为主,云南省对老挝和缅甸两个国家的实际直接投资占云南省对外实际投资的比重达到89.7%,而老挝和缅甸又是云南省周边国家中经济规模最小、发展水平最弱的两个国家。这样的投资结构显然限制了云南省对外投资的增长潜力。

三是在外商直接投资以外的其他资本和金融账户下的跨境金融服务方面,囿于资本项目不完全自由兑换的限制,同时受制于云南省涉外企业不多、竞争力不强,对跨境金融服务创新政策认识有限,存在自身条件不够或运用能力不强,一些好的试点政策运用不充分,加之金融部门也存在对金融创新政策宣传推介不到位的问题,不少企业对金融创新政策不甚了解,难以用好用活。已经开展的跨境金融产品主要有跨境人民币双向贷款、跨境人民币资金集中收付和跨国公司外汇资金集中运营。其中,成功开展跨境人民币资金集中收付业务的跨国公司只有7家,成功运用跨国公司外汇资金集中运营管理开展业务的企业只有1家,跨境人民币双向贷款业务开展相对较好,云南省共有18家银行为试验区内19家企业办理了27笔跨境人民币贷款业务,截至2018年年末,云南省32家企业从境外银行融入人民币资金50.32亿元。总体上云南省跨境金融业务创新试点不多,业务规模不大,跨境金融服务实体经济效果不显著。

第八章 云南省沿边金融开放政策体系与建议

云南省沿边金融开放要立足于面向南亚东南亚辐射中心区位优势，主动对接"一带一路"、西部大开发、长江经济带等国家重大决策部署，充分利用云南省自由贸易试验区制度创新机遇，紧扣实体经济发展需求，巩固沿边金融综合改革试验区建设成效，集聚国内外金融资源，加快金融创新步伐，加强金融风险防控，全面提升金融服务实体经济水平，实现金融改革与经济改革、金融开放与经济开放的全面互动协调发展，推动形成我国面向南亚东南亚辐射中心、开放前沿。

第一节 云南省沿边金融开放的主要目标

一、以自由贸易试验区建设为载体，集聚金融资源，打造金融"洼地"

自由贸易试验区作为国家深化对外开放的前沿阵地和试验田，是制度创新和功能创新的高地。云南省要充分利用好自由贸易试验区发展机遇，认真研究落实国务院金融稳定发展委员会促进金融业对外开放11条措施，聚焦政策落地，推动重大金融改革举措在自由贸易试验区先行先试，加快推进地方金融法治建设，继续大力推进金融领域简政放权，加快建成与国际接轨的金融规则体系和优质金融营商环境,形成政策"组合拳",加强金融招商统筹协调,形成招商工作合力,吸引一批金融机构、金融资源、金融人才汇聚自由贸易试验区,形成金融产业集聚。

着力建设一批总部型、功能型金融机构和金融平台;着力支持各类型商业银行自由贸易试验片区分行、产业投资基金、战略新兴科创基金、金融科技公司、理财公司、融资租赁公司落地自由贸易试验区;着力支持自由贸易试验区企业建设资金管理中心;着力吸引东南亚南亚国家金融机构入驻自由贸易试验区,有效集聚东南亚数量巨大华人资本以及众多伊斯兰金融资本。

充分发挥金融产业集聚的示范、创新、区内外辐射和联动效应,为区域金融产业发展提供政策指引,促进资本、人才、技术、信息、商品等资源汇聚自由贸易试验区,形成自由贸易试验区产业资源集聚。

二、以自由贸易试验区为依托,加强金融创新,构建沿边金融服务体系

自由贸易试验区是金融创新改革比拼的舞台,云南省自由贸易试验区要聚焦金融创新,积极落实国家战略,突出云南省重点发展领域,围绕云南省产业创新发展需求,开展产业金融、跨境金融、离岸金融、贸易金融等业务创新,不断拓展外向型金融服务的深度和广度。

深化跨境结算便利化改革,简化经常项目外汇收支手续,主动争取承担开展资本项目收支便利化改革试点;支持跨境人民币业务创新,扩大贸易和投资领域人民币跨境使用,主动争取承担跨境人民币业务创新试点;促进跨境投融资便利化,积极探索各项跨境业务试点,构建资金使用更便捷、结算成本更低、投融资渠道更丰富的跨境投融资便利化服务体系。

三、以自由贸易试验区建设为契机,进一步彰显人民币周边国际化优势

积极利用云南省面向南亚东南亚辐射中心优势,深化云南省推动周边国家使用人民币所取得的成果与特色,积极推动人民币不断深入云南省周

边国家内陆,推进人民币国际化进程,为全国创造可复制可推广的经验。

继续推动人民币作为跨境贸易和投资计价、结算货币的使用,提高人民币在周边国家的定价能力和流通能力;研究推动构建人民币与周边国家货币区域交易市场;支持金融机构跨境人民币业务创新,提高人民币在周边国家使用的便利性。

四、以服务实体经济稳健发展为目的,构建沿边金融风险防控体系

创新与风险同在,作为金融创新高地的自由贸易试验区,必然需要构建与金融创新相适应的金融风险防控体系,打造风险可控的金融改革试验区,守住不发生系统性、区域性金融风险的底线。

建立权威性、专业性与风险全覆盖的金融监管协调机制,打破金融监管行政分割,增强监管机构间的沟通协调,完善跨行业、跨市场的金融风险监测、评估、处置机制;以区域性风险和系统性风险防范为核心,确立宏观审慎监管制度框架体系。结合金融创新发展不断调整金融监管理念,创新监管手段;借助大数据,加强监管科技应用,建立金融风险监测、预警、评估、应急反应体系和事中事后监管体系;加强对区域重大风险的识别和系统性金融风险的防范,结合不同风险的特殊性确立有针对性的监管机制和监管手段;建立跨境资金流动监管机制,加强异常交易监测、预警、处置,做好反洗钱、反恐怖融资工作,防范非法资金跨境、跨区流动。

第二节　云南省沿边金融开放的主要内容

一、构建开放有力的沿边金融市场体系

(一)加强开放型金融机构体系建设

一是进一步发挥地方金融机构服务沿边开放的重要作用。深化云南

省地方金融机构改革发展,增强地方金融总量与竞争力。充分发挥云南省地方金融机构服务地方的比较优势,大力支持富滇银行、云南省农村信用社、曲靖市商业银行、云南红塔银行及各村镇银行、各地方性保险公司和证券公司进行改革创新和发展。支持地方金融机构开展金融租赁、汽车金融、货币经纪、消费金融等全面金融服务;支持地方金融机构加大在沿边地区的网点设置,有效增加沿边区域金融资源供给;大力支持地方金融机构与周边各国金融机构展开金融项目对接合作、拓展双向市场;积极鼓励和引导符合条件的地方法人金融机构在南亚东南亚地区开设机构、布局网点,拓展境外市场,提升云南省金融面向南亚东南亚的辐射力和影响力,最大化本土金融机构服务云南省沿边金融发展与沿边经济开放的重要作用。

二是进一步发挥中央驻滇金融机构服务沿边开放的积极作用。鼓励和引导中央驻滇金融机构根据自贸试验区功能,在不同地区特别是沿边地区设立特色金融业务区域性总部,推动具有国际竞争力和跨境金融资源配置权的中资金融机构快速稳健成长,促进金融资源区域均衡协调分布。

三是进一步吸引外资金融机构落地云南省。加强金融"引进来"水平,大力吸引国外成熟的金融机构活跃云南省金融市场,积极吸引国际有信誉有能力的各类金融机构,培育沿边非银行金融机构,包括资金管理公司、消费金融公司、基金管理公司、保险中介公司等各类金融机构入驻云南省,推动周边国家银行来滇设立分支机构,吸引南亚东南亚地区中央银行和国际金融组织在滇设立代表处。

(二)积极探索面向国际的特色区域性金融市场平台建设

一是发挥云南省在周边国家小币种交易以及在绿色产业、高原特色农业、稀有金属等产业领域的比较优势,探索建立人民币对南亚东南亚国家非储备货币区域交易中心,以及面向南亚东南亚国家的跨境产能交易平台,跨境电力合作交易平台,咖啡、橡胶等绿色农产品交易中心,国际有色金属交易中心,高原特色农业期货交易所,稀有金属期货交易所等。发挥金融市场集聚国内外资源、推动区域特色产业发展的特有功能。

二是建立网上支付清算系统及跨境零售支付平台,完善及简化平台企业结售汇、支付结算、贸易融资、关税担保、网络借贷等业务流程。开发移动端服务平台,为有需要的企业和金融机构展开实时精准对接。通过搭建跨境金融平台,培育发展多层次资本市场,拓宽重点产业企业的融资渠道,为成长性中小企业提供快速、可靠、低成本的交易服务平台和稳定充分的资金保障。

(三)积极发挥自贸试验区金融功能核心区示范引领作用

一是巩固昆明区域性国际金融中心建设成果,发挥中国(云南)自由贸易试验区昆明片区金融资源集聚、金融服务模式创新和金融产品创新核心载体的重要作用。积极争取国家金融政策创新支持,吸引南亚东南亚等国家金融机构设立外资金融分支机构,打造独具特色的南亚东南亚国家金融机构集聚区。以昆明国际金融小镇建设为依托,全面支持金融小镇产业链、投资链、人才链、创新链和服务链融合配置,发挥金融资源配置功能实现金融资源集聚,打造金融资源洼地;结合高端制造、航空物流、数字经济、总部经济等片区核心产业发展需求,构建覆盖各产业全产业链的供应链金融服务体系,因地制宜探索跨境金融产品服务创新,围绕核心产业发展和推进人民币国际化,积极推进跨境结算、贸易融资、跨境财富管理与跨境投资等全面跨境人民币金融服务创新,积极推进非居民金融服务和产品创新,助力形成片区核心产业集聚效应,打造片区核心产业集群。

二是巩固红河综合保税区、蒙自经济技术开发区建设成果,实现自贸试验区与保税区、经济技术开发区联动发展,发挥中国(云南)自由贸易红河片区集聚跨境沿边金融资源、特色产业和特色园区金融服务模式创新和金融产品创新示范区的重要作用。积极争取中央和地方政府金融政策创新支持,吸引中央驻滇金融机构设立片区特色金融服务中心,吸引云南地方金融机构设立片区特色金融服务分行,吸引周边国家金融机构设立边境跨境特色金融服务分行,打造区域特色鲜明的跨境金融集聚区;结合加工及贸易、大健康服务、跨境旅游、跨境电商等片区核心产业发展需求,以及面向东盟的加工制造基地、边境仓、商贸物流中心和中越经济走廊创新合作示范区等片区核心园区建设需要,构建覆盖各产业全产业链的供应链金融服务体系,因地制宜探索跨境金融产品创新,助力形成片区核心产业集聚效应,打造片区核心产业集群。

三是巩固德宏特色产业园区和沿边金融发展成果,发挥中国(云南)自由贸易试验区德宏片区"跨境电商+跨境金融"和"跨境产能合作+跨境金融"的产融结合金融服务模式创新和金融产品创新示范区的重要作用。积极争取中央和地方政府金融政策创新支持,吸引中央驻滇金融机构和云南省地方金融机构设立片区跨境金融服务中心或分行,吸引周边国家金融机构设立边境跨境金融服务分行,结合跨境电商、跨境产能合作、跨境金融合作、沿边开放先行区、中缅经济走廊门户枢纽等片区核心功能建设需求,围绕产业国际化发展需求,积极尝试提供包括跨境结算、金融租赁与保理等贸易融资、跨境财富管理与跨境投资等全面跨境人民币金融服务,积极尝试非居民金融服务和产品创新,探索打造"跨境+产业+金融"的产融结合跨境金融创新试验区。

二、构建开放高效的金融服务创新体系

(一)实施与产业发展紧密融合的金融服务模式创新

一是大力发展云南省优势与特色产业供应链金融服务。供应链金融是银行向客户(供应链核心企业)提供融资和其他结算、理财服务,同时向这些客户的供应商提供贷款及时收达的便利,或者向其分销商提供预付款代付及存货融资服务,是银行将供应链核心企业和上下游企业联系在一起提供灵活运用的金融产品和服务的一种融资模式。供应链金融包含了商业银行、核心企业、物流企业、电商平台等各个参与方,既能有效解

决中小企业融资难题,又能延伸银行的纵深服务,开创了金融与产业融合共生的新模式。

云南省金融机构应积极结合云南省高原特色农业、新能源和有色金属等优势和特色产业上下游产业链特征,对接提供覆盖核心企业及其上下游企业的包括信贷、结算、贸易融资、电子化金融工具等在内的全面供应链金融服务,实现金融有效服务实体经济的同时,金融机构自身风险得到有效控制下的业绩显著提高。

二是大力发展"产业+金融"和"园区+金融"的产业金融服务。产业金融和园区金融形象地说就是"产业+金融"和"园区+金融"的银企融合发展模式,通过金融支持特色产业生产,培育产业产品核心竞争力,实现产业资本与金融资本的有机结合。通过加大"产业+金融"和"园区+金融"工作力度,一方面加强企业与金融机构的深度合作,另一方面组建产业发展投资公司和产业投资基金,发挥财政资金的引导作用,吸收社会资本进入优势特色产业领域,拓宽产业投融资渠道。

比如,在积极发展文化金融服务方面,应积极发挥云南省和深圳证券交易所共同打造的"两基地一中心"(深圳证券交易所金融服务云南省文化产业培训基地、深圳证券交易所支持云南省文化企业上市培训基地和深圳证券交易所上市公司支持云南省文化产业发展培训中心)的优势,探索建立金融资本服务云南省文化产业基地、文化企业上市孵化和培训基地,为云南省文化企业上市培育和并购重组、文化项目融资、文化产业招商引资等提供优质服务和绿色通道;结合旅游、影视、科技等产业,探索跨界产业发展,借力科技要素健全文化产品金融服务体系。

又如,在积极开发绿色金融服务方面,探索云南省打造的"绿色能源牌""绿色食品牌"以及"健康生活目的地牌"的绿色金融发展。

从绿色金融的制度框架、产业融合、产品创新以及监管保障四个方面探索出云南省独特的绿色金融服务体系。在绿色金融制度框架方面,建立绿色金融指引目录、绿色金融机构评价办法及绿色金融服务标准化体系,大力培育绿色金融专营机构,鼓励金融机构设立绿色金融项目事务部、绿色金融专营项目,配有专门金融人才经营管理。在产业融合和产品创新方面,促进资源要素向绿色项目流动,通过债券、股票发行、保险、私募投资、贷款等金融服务将社会资金引导到环保、清洁、节能、交通等绿色产业发展和基础设施建设上。设立绿色产业基金,提高社会资本参与环保产业的积极性。探索绿色金融与环境保护、生态建设、高原特色现代农业、食品与消费品加工制造业、畜禽养殖废弃物处置及资源化利用等相关领域的结合发展,尤其云南省拥有丰富的矿产资源,要探索绿色矿山建设债券及矿山环境恢复治理保险等绿色金融产品,加快形成多层次的绿色金融市场,满足多元化的投融资需求。在监管保障方面,探索建立绿色金融统筹协调机制,规范绿色金融市场发展,防范金融风险,同时建立绿色金融改革创新的成果评价,完善绿色金融激励约束机制。

三是积极发展科技金融。在金融促进科技发展方面,通过科技金融"资金链"打通"产业链"和"创新链"。打造云南省"3+2"科技金融模式,"3"指通过保险、债券及信贷市场促进科技发展,"2"指通过科技金融信息监测平台及金融保障机制维护金融健康发展;建立金融科技孵化平台,提高金融机构和科创企业一对一的项目对接;在已有的"科创贷"、联合基金基础上,设立科技产业专门引导基金,推行投贷联动融资模式,在科技企业和股权投资类企业间架起桥梁,加大社会资本对科技的投入力度;通过融资担保、再担保等形式,与其他商业性融资机构合作,为科技企业提高信用增进服务;探索与高校、学术类机构等建立科技金融实验室,专门研究人工智能、大数据、区块链等前沿技术与金融结合的新模式、新方法,积极培育科技金融创新项目。在科技促进金融发展方面,引导金融企业引入外部科技团队,建设资金大数据运营平台、企业债券预警平台、联合监管平台与金融信息监测平台等金融信息化管理、监管基础设施。

(二)实施服务于产业开放发展的跨国沿边金融业务和产品创新

一是积极推动云南省金融机构"引进来"与"走出去",在境内形成面向南亚东南亚区域性银行中心集群,对境外形成"云南特色"金融机构开拓海外市场模式。

二是尝试发行跨境人民币债券,研究发展外币债券,根据云南省沿边开发开放的重点项目,符合条件的情况下发行以云南省政府信用为基础的长期建设债券,资金用以支持沿边基础设施及重点项目及产业的建设。探索建立企业债券征信预警平台,实现对债券风险的监控和风险防范。

三是支持云南省企业承接跨境和"一带一路"沿线国家重大合作项目建设,推广运用政府和社会资本合作融资模式,发挥开发性金融机构资金、智力、产品优势。

四是推动跨境保险业务的发展,设立云南省沿边跨境保险公司。按照云南省与周边国家的主要合作产业,包括云南省与老挝、越南、缅甸等国的电力资源合作、农业合作等,推出能源跨境险、农产品跨境运输险、机动车辆保险、货物运输保险、工程保险、旅游保险等新型跨境保险产品。

五是支持人民币"南亚+东南亚"基金业务,借鉴云南省云盟基金的经验,设立人民币海外基金,利用股权投资的撬动作用,补充贷款形成多元化的投融资方式,满足云南省面向南亚东南亚国家项目建设资金需求。

六是探索跨境融资租赁业务,支持融资租赁企业开展海外融资租赁业务,进行境外融资。探索融资租赁行业再融资的新途径和新模式,鼓励融资租赁企业开展跨境人民币业务,如融资租赁资产跨境转让人民币结算业务,搭建境外资金入境平台,打通境外资金投资境内融资租赁资产的资金入境通道。建立云南省与周边国家的融资租赁企业联盟,实现信息共享,完善跨境融资租赁信用体系建设。

七是积极尝试跨境民生金融服务。开发跨境开户、跨境理财、跨境支付、跨境投融资、跨境消费、跨境医疗、跨境教育、跨境公共服务等个人金融服务产品,为双边人员往来提供全方位、定制化的跨境金融服务。

(三)举多方之力筹建数字化金融服务平台

一是以中国人民银行昆明中心支行、云南省地方金融监管局牵头,由各家商业银行、地州分行、非银行金融机构等组成,建立云南省地方性数字化金融服务平台,形成一个综合性的"互联网+"金融服务信息发布、监管信息随时公开、金融业务随时监督、金融监管数据共享、金融风险随时监控的大数据平台,通过赋能金融科技在大数据支撑下促进在监管、业务、风控、决策等众多领域的运用,提升金融服务效率。

二是数字化金融服务平台涉及的多部门将形成统一协调的联动机制。数字化金融服务平台涉及人民银行、地方监管部门、商业银行等多部门,金融数据的共享将会促进金融信息在多部门之间的传递,从而将各部门的金融业务整合在统一框架下,提高金融决策和业务效率,便利各部门之间的协调联动。

三是数字化金融服务平台以"公开、透明、安全"为原则,在保障金融数据安全的基础上,实现一定程度的公开,确保非安全数据得以有效利用,促进金融信息的透明化,以服务于各类金融决策。

三、构建人民币周边国际化的路径体系

(一)扩大国际收支经常项下的人民币使用

一是借助"一带一路"建设发展机遇,进一步深化与云南省周边国家的双边或多边经济合作,打通贸易往来中的政策壁垒或基础设施障碍,促进经贸往来整体规模的快速增长,为加大人民币经常项下使用奠定坚实的经济基础。

二是增强云南省企业以人民币计价和结算的话语权,发挥企业驱动人民币国际化的市场作用机制。提高云南省企业竞争优势,打造具有区域影响力的云南省企业品牌。依托自贸试验区,充分利用国内、国外两个市场,做大做强中国(云南)自由贸易试验区核心优势产业,实现以优势产业为龙头的出口产品结构升级和优化,以云南省优势产业为核心打造"云南+周边+金融"的优势产业跨境全产业链集群,在企业周边化拓展中实现人民币周边国际化。

三是占领以跨境电商等线上支付为平台的数字化人民币国际化先机。深化昆明市跨境电商综合试验区改革创新成果,复制推广中国银行跨境电商综合金融服务方案,为跨境电商提供全方位金融服务,在帮助企业更好地融入全球资金链、价值链、产业链过程中拓展"互联网+外贸+人民币"的人民币国际化新路径。

(二)推动国际收支资本与金融项下的人民币业务拓展

一是进一步加大云南省对周边国家直接投资。云南省企业对周边国家投资有利于降低企业生产成本,稳定原材料来源,扩大销售市场范围。以自贸试验区核心产业集群为龙头的境外直接投资还有利于形成稳定的区域产业分工体系,构建有利于我方走向价值链高端的国际贸易链体系。同时,要巩固和完善现有对外直接投资结构,使产业由单一走向丰富,使国别由高度集中走向多元,不断拓展云南省对外直接投资的发展空间。

二是争取资本与金融项下跨境人民币业务创新试点。在巩固人民币经常项下结算试点的基础上,以自贸试验区金融创新为依托,进一步争取国家政策支持,将试点向资本和金融项下人民币结算延伸,扩大跨境人民币双向贷款和双向资金池业务覆盖面,推进跨境双向人民币债券、跨境双向股权投资和跨境金融资产转让等业务试点。

(三)探索建立人民币对云南省周边国家货币跨境离岸业务中心

争取国家支持,在昆明市跨境人民币结算中心和已初步构建的以银行间市场区域交易为支撑、银行柜台交易为基础、特许兑换为补充的全方位、多层次人民币与周边国家货币区域性货币交易"云南模式"基础上,建立人民币对周边国家货币跨境离岸业务中心,培育由驻滇金融机构、云南省地方金融机构、外贸企业及云南省周边国家金融机构及其在滇分支机构为市场主体的人民币与周边国家货币汇兑、交易、调剂、投资与储备机制,为居民和非居民企业提供全面的跨境资金汇兑、结算、投融资服务,提供人民币安全出入境通道,建立人民币与周边国家货币汇率协调机制,使人民币与云南省周边国家汇率定价规范、透明、符合国际金融准则,逐步掌握汇率定价的主动权和话语权,不断增强人民币的区域影响力。

(四)完善人民币跨境金融基础设施建设

一是推进建立以跨境人民币支付系统为基础的人民币清算和结算网络。积极向周边国家和地区宣传、对接跨境人民币支付系统,推进跨境人民币支付系统在云南省周边国家的延伸使用。针对金融基础设施建设以及制度设计较为薄弱的国家,云南省还可以发挥毗邻优势,加强对这些国家相关部门的辅助培训和技术支持力度。

二是考虑到一些周边国家目前依然处于依赖现钞交易的发展阶段,可以在现有周边国家货币直供渠道的基础上,进一步建成面向越南、老挝、缅甸三国,辐射东南亚国家的非主要国际储备货币现钞调剂中心,既保障周边国家的现钞调运需求,也促进人民币安全有序回流。

三是建立政府间对话协商机制,协调解决双方金融机构间合作方式的选择、安全管理机制建设、业务操作平台搭建等问题。加强"顶层"设计,从国家层面推动双边本币结算,建立"自上而下"的统一金融合作模式,从国家层面搭建我国与周边国家的经济金融合作框架,推动高层金融对话协商机制纳入中国(云南)自由贸易试验区建设重要组成部分,促进与周边国家建立更紧密的经贸金融合作关系,在政府层面保障双方金融机构合作的安全、合法及长期化。

四、构建开放环境下的地方金融风险防控体系

(一)建立中央和地方协调一致的金融监管机制

一是建立地方金融监管常态化协调机制。中央层面"一委一行两会"金融监管格局已经形成,而地方金融监管协调机制尚未建立。应进一步有序推进地方金融监管体系的完善,统筹协调中央与地方的风险分

担以及监管职责。通过设立省级金融监管小组,实行金融综合监管联席会议机制,保持人民银行、银保监局、证监局等中央派驻地方监管机构和省、市金融监管局等地方金融监管部门常态化、规律化、规范化、实质性的监管协调联动,解决中央和地方在监管职能上既存在重叠冲突也存在空白缺位的问题,以及金融业务跨区域经营和监管属地化衔接的问题,实现对地方金融风险的及时识别、有效防范和高效化解。

二是厘清地方金融监管体系的内核与边界。第五次全国金融工作会议进一步明确了地方政府要在坚持金融管理主要是中央事权的前提下,按照中央统一规则,强化属地风险处置责任。这意味着地方政府在金融风险防控中的功能内核和职责边界将日益清晰,地方金融风险防控既要关注一般性金融风险的传播感染,更要重点关注地方性原发金融风险的萌芽、发展与爆发。

三是加强地方金融监管部门监管能力建设。加强地方金融监管机构组织建设、人员配备与监管技能提升,切实增强地方金融机构的风险识别和风险处置能力。解决日常监管责任和风险处置责任层层下放后,地方金融监管机构监管能力无法承载监管责任的问题。

(二)构建基于科技手段的金融风险防控技术体系

一是探索运用大数据、区块链技术预警金融风险,开发"地方金融非现场监管系统",搭建以非现场监管系统日常监测为常规工作、专项检查为重点突破、临时检查为辅助手段的"三维立体式"监管模式,以此缓解地方金融监管部门在风险日常监管和风险预警方面的"短板",发挥金融科技在构建新兴金融业态、提升金融服务质量、促进金融创新中的积极作用,克服金融科技在强化金融系统风险传递和增强风险隐蔽性方面的不利影响。

二是积极构建跨部门、跨境、跨产业风险防范新模式。依靠大数据,探索设立云南省"金融安全区",应对潜在金融风险,排查可控风险因素。利用互联网金融分析预警平台,对企业开展的跨境及跨行业行为进行实时监测,通过公共数据及累计数据进行动态监管,将客户或企业分类别,识别高风险客户。针对云南省金融整体情况,建立"金融稳定度指标体系",定期度量金融业发展水平,探索建立"金融风险压力测试评价体系",预测经济波动对金融业的冲击程度,以做好应对方案。

(三)建立跨国沿边金融风险防控合作机制

一是完善云南省与周边国家的双边或多边金融监管合作机制,建立常态化沟通制度,实现境内外信息交互,掌握海外监管动态;在全国首个跨境人民币反假工作中心的基础上,继续加深跨境"反洗钱、反恐怖融资、反逃税"的合作,设立跨境"三反"监管信息共享机制,完善跨境反假币、反洗钱、反恐怖融资及反逃税的监管合作,加强打击效率和力度。努力争取将云南省建成面向南亚东南亚的跨境人民币反假工作交流、技术支持、反假培训、假币监测、打击假币犯罪的国际协作中心。

二是建立涉边部门工作协调机制,金融部门联合海关、边防、国际道路运输管理部门等共同监管,定期会晤沟通,提高金融政策落实效率。设立沿边国别风险咨询服务体系,提供云南省周边国家的国别和行业风险指导及信息咨询,为企业开展跨境投资贸易合作提供决策参考。

(四)加强云南省沿边金融特有风险监测与防控

一是完善跨境资金异常流动风险防范机制。构建跨境资金流动数据监测预警系统,设定跨境资金异动预警指标,制订跨境资金异动风险干预紧急预案。加强对云南省沿边金融特有风险监测与识别系统建设,实施对跨境企业和类金融机构的穿透式监测,实现风险早识别、早处置,参照国际通行做法,建立以"风险导向的拒绝客户机制、创新业务洗钱风险评估、跨境业务审查和名单监控"为核心内容的"三反"监测机制,实施可疑交易报告制度,重点监测高风险洗钱行业、高风险金融产品以及过度避税的异常跨境交易。

二是疏堵并举,对地下金融加以有效规范和合理利用。将地摊银行或地下钱庄定位为"特殊货币兑换机构",使其仅能从事现钞汇兑等货币兑换业务,明令禁止其从事洗钱、走私、赌博、贩毒等非法资金代收代付业务;借鉴越南、缅甸的做法,划定专门区域,将其集中管理,给其合法经营地位,使其接受监管;条件成熟时,逐步将实力较强的"特殊货币兑换机构"改造为官方货币兑换公司。对于规模较大的地摊银行或地下钱庄,申请批准组建为边贸银行。逐步将地下金融纳入正规金融体系之中。

第三节　云南省沿边金融开放的对策建议

一、对中央政府的六点建议

第一,将高层金融对话协商机制纳入中国(云南)自由贸易试验区建设重要组成部分,加快推动签署与云南省周边国家的货币金融合作协议,按照先边境后内陆、先机构后政府的顺序与云南省周边国家政府依次签订边境地区货币清算协议、银行间合作协议、双边地方政府金融合作协议,为双边国家货币金融合作协议的最终签署创造条件。

第二,支持云南省发挥经常项下人民币结算试点经验,进一步简化经常项下人民币收支结算手续,探索跨境人民币投融资业务创新,试点资本项下收支便利化,对试验区内居民和非居民企业和个人跨境贸易和投资给予适宜的便利化支持。

第三,支持中国(云南)自由贸易加强金融机构建设,适当放宽南亚东南亚外资金融机构准入门槛和沿边区域民营银行设立条件。鼓励消费金融公司、地方商业银行理财子公司等非银行金融机构的设立,不断丰富云南省跨境金融和沿边金融服务体系。

第四,以老挝、缅甸等云南省周边国家为试点,探索以金融援助促合作、促互信的对外援助新模式。

第五,将人民币对云南省周边国家货币跨境离岸业务中心列为人民币对非主要国际储备货币交易试点,由中国外汇交易中心指导建设。

第六,将云南省建成面向南亚东南亚的跨境人民币反假工作交流、技术支持、反假培训、假币监测、打击假币犯罪的国际协作中心。

二、对云南省地方政府的六点建议

第一,深化行政管理体制改革,创新政府管理方式。推进简政放权改革,减少行政审批事项,推进政府管理由注重事前审批转为注重事中、事后监管,努力做到放得更活、管得更好、服务更优。改革政府监管模式。政府监管模式改革要以适应商业模式为原则,建立政府综合监管与市场专业监管相结合的监管制度,坚持规则公开透明原则、信息共享原则和竞争中立原则,杜绝政府政策执行的自由裁量权。

第二,加强政策整合与协调,加大政策"集合创新"。建立多部门、多领域常态化沟通制度,加强信息沟通、政策协调和监管配合。加大政策"集合创新",在用足用好用活试点政策、推广试点经验、扩大试点成效上下功夫,加强部门协作,统筹推进跨境、跨部门、跨行业、跨市场综合管理,实现金融、海关、边防、税务、商务信息共享、政策配套、协调一致,最大限度发挥各项试点业务创新的实效。加强与"一行四局"以及各商业银行总行的协调沟通力度,加深各总行或总局对云南省沿边金融业务的了解、认同与重视,并促进各总行或总局对其驻滇派出机构更大的业务授权,为驻滇金融机构发挥区位优势深化沿边金融业务提供更宽松的政策支持条件。

第三,加强国别政策研究,完善相关信息平台建设。加强区域国别研究中心和金融智库建设,探索与周边国家建立智库联盟。及时研究跟踪周边国家政治、经济、社会走向以及政策法规调整,设立沿边国别风险咨询服务体系,提供云南省周边国家的国别和行业风险指导及信息咨询,为企业开展跨境投资贸易合作提供决策参考。建立云南省对周边国家贸易与投资环境评价与风险预警数据平台,构建相关数据库,加强云南省周边国家技术平台建设,并建立信息共享与信息公开机制。

第四,加强与云南省周边国家沟通与协调的制度安排。构建澜湄金融合作论坛等双边金融机构之间、金融监管部门之间以及政府之间定期沟通对话机制,使金融合作与开放过程中存在的问题能够得到及时沟通,增进相互的了解和信任,同时,及时向云南省周边国家介绍宣传中方经济与金融开放政策,不断增进云南省周边国家对我方政策的了解、理解和认同,不断深化双边协同发展的共识。

第五,深化地方信用环境建设和信用体系建设。由中国人民银行昆明中心支行牵头,深入推进云南省地方信用环境建设和信用体系建设,构建守信激励和失信惩戒机制,建设企业和个人联合征信平台,培育政府、企业、个人三大主体的信用意识,围绕政务诚信、商务诚信、社会诚信、司法公信,着力推进联合征信平台建设工程、信用信息应用示范工程、重点领域信用行动实施工程、信用市场培育工程、信用管理示范企业创建工程、金融监测和预警体系创新工程、农村信用体系完善工程、诚信宣传教育强化工程八大专项工程建设。

第六,制定云南省沿边金融开放路线图,有序有力推动沿边开放。基于金融开放理论与国际经验,遵循先金融市场开放后资本与金融账户开放的总体顺序。综合考虑云南省及周边国家经济金融发展基础、开放条件以及中国(云南)自由贸易试验区发展机遇与要求等多因素的影响,有序实施金融开放各阶段内容。

首先,大力发展云南省对周边国家贸易与投资,为沿边金融开放奠定更加坚实的产业与经济基础。改变云南省对周边国家贸易和投资总量不大、结构不合理的现状,依托中国(云南)自由贸易试验区优势核心产业集群效应,打造跨境产业价值链,借力产业国际化促进产业转型升级,带动跨境贸易与投资链条延伸,推动对外贸易与投资上规模上水平。同时,在巩固现有贸易和投资主要伙伴国关系的基础上,发展更多伙伴国,不断拓展云南省外贸和投资增长空间。

其次,在金融市场开放中,坚持引进与培育并重的原则。既要通过政策"组合拳",加大对省外、境外、周边国家金融机构吸引力,不断汇聚金融机构和金融资源,也要加大政策支持力度,加快推进地方金融机构改革发展,增强地方金融总量与竞争力,改善地方金融资源区域分布,有效增加沿边区域金融资源供给。

再次,在推进金融市场双向开放中,既要进一步加大对驻滇金融机构和云南省地方金融机构"走出去"政策支持力度,实现中资金融机构对周边国家的全覆盖,不断增加中资金融机构在周边国家金融市场份额,增强中资金融机构在周边国家金融市场影响力,也要积极落实国务院金融稳定发展委员会促进金融业对外开放11条措施,吸引更多包括周边国家在内世界各国优质金融机构落地云南省。

最后,在资本与金融账户开放中,要以服务实体经济发展和服务产业转型升级为根本,引导金融机构巩固扩大已有跨境金融服务创新试点经验的应用,形成金融创新成果的规模经济效应,同时,积极借鉴其他自由贸易试验区先进经验,探索实施新的跨境金融服务创新举措。

参考文献

[1]包树芳、忻平:《20世纪50年代上海卫星城战略形成的历史考察》,《中国社区医学》2019年第1期。

[2]曹炳汝、孙世佳:《"一带一路"背景下中国对老挝的投资现状与对策分析》,《经济研究导刊》2018年第18期。

[3]陈健、郭冠清:《政府与市场:对中国改革开放后工业化过程的回顾》,《经济与管理评论》2021年第3期。

[4]陈利君、熊保安:《2018年南亚地区经济发展形势综述》,《南亚东南亚研究》2019年第1期。

[5]陈琼豪、应益荣:《警惕金融开放新阶段的跨境资本流动风险》,《人民论坛》2019年第30期。

[6]陈斯雅:《沿边金融改革的"广西实践"》,《当代广西》2018年第21期。

[7]陈松涛:《孟加拉国的贫困治理:经验与症结》,《印度洋经济体研究》2018年第1期。

[8]陈向阳、薛继安:《试析金融开放中的金融风险》,《经济与管理》2004年第10期。

[9]陈云芳、丁文丽:《"一带一路"背景下异质性多主体经济合作系统协同发展机理分析》,《云南师范大学学报(自然科学版)》2018年第1期。

[10]崔瑜:《金融改革增强经济发展新动力》,《中国金融》2018年第15期。

[11]戴丽君:《泰国近五年投资环境及其经济数据分析》,《企业改革与管理》2016年第21期。

[12]戴丽君:《越南近五年投资环境及其经济数据分析》,《管理观察》2016年第33期。

[13]戴翔:《中国服务贸易出口技术复杂度变迁及国际比较》,《中国软科学》2012年第2期。

[14]戴永红、周禹朋:《"一带一路"背景下中孟经贸合作的机遇、风险与对策》,《当代世界》2018年第6期。

[15]丁文丽、李艳、游溯涛:《中国边境地区地下金融现状调查——云南案例》,《国际经济评论》2011年第6期。

[16]董有德、王开:《国际贸易结算币种的选择——实证分析及对中国的启示》,《世界经济研究》2010年第10期。

[17]杜明坚、张文松、吴海兵:《中国与越南的经济改革比较分析》,《经济与管理研究》2015年第12期。

[18]杜琼:《云南沿边金融综合改革试验区建设:条件·问题·策略》,《中共云南省委党校学报》2014年第16期。

[19]方思元、梁珣:《中国金融对外开放:成就、不足与变革》,《海外投资与出口信贷》2018年第6期。

[20]方文:《革新开放以来老挝的发展成就与展望》,《铜陵学院学报》2015年第4期。

[21]逄淑梅、陈浪南:《金融开放的经济增长效应的实证研究》,《系统工程理论与实践》2016年第9期。

[22]高歌:《越南经济发展分析》,《对外经贸》2013年第7期。

[23]高歌:《中国新一轮沿边开放的形势与对策》,《对外经贸》2012年第4期。

[24]贵丽娟、胡乃红、邓敏:《金融开放会加大发展中国家的经济波动吗——基于宏观金融风险的分析》,《国际金融研究》2015年第10期。

[25]郭敏、陈润:《"一带一路"倡议下中印贸易关系》,《中国经贸导刊(理论版)》2018年第2期。

[26]郭树华、蒙昱竹、梁任敏:《中国沿边省会城市开放程度对经济发展的影响研究》,《华东经济管理》2016年第30期。

[27]郭威、司孟慧:《新中国70年金融开放的逻辑机理与经验启示:兼论中美贸易摩擦下的开放取向》,《世界经济研究》2019年第308期。

[28]韩越、方俊智、郭秋平:《沿边金融开放的区位影响分析——以中国云南省与东盟为例》,《新金融》2018年第8期。

[29]何海峰:《构建大国开放经济的金融政策框架》,《中国金融》2013年第22期。

[30]和双翼、唐青生、袁天昂:《我国沿边金融开放中的"地摊银行"发展问题研究》,《时代金融》2016年第5期。

[31]贺瑛、肖本华:《基于自贸区"蝴蝶效应"的上海国际金融中心建设研究》,《上海金融》2013年第12期。

[32]胡小丽:《边境效应、邻近效应与沿边地区双边贸易:基于贸易相对集中视角》,《世界经济研究》2019年第4期。

[33]胡智:《金融开放理论研究述评》,《理论导刊》2003年第6期。

[34]黄超伦:《老挝贸易与投资分析》,《东南亚纵横》2017年第1期。

[35]黄河、陈美芳:《中国企业在泰国直接投资现状及政治风险研究》,《地方财政研究》2015年第11期。

［36］黄玲：《金融开放的多角度透视》，《经济学（季刊）》2007年第2期。

［37］黄素心、郭瑞：《西南沿边地区开放绩效分析：基于边境贸易数据的实证研究》，《沿海企业与科技》2019年第189期。

［38］黄志勇、蒙飘飘、申韬：《面向东盟金融开放门户：广西自贸区实现后发赶超跨越发展的关键点研究》，《南宁师范大学学报（哲学社会科学版）》2019年第6期。

［39］霍强、郭树华：《新时期我国加快沿边开放的总体战略研究》，《广西社会科学》2017年第6期。

［40］霍强：《"一带一路"视角下沿边省区开发开放的经济增长效应研究》，《生产力研究》2018年第3期。

［41］蒋玉山：《越南区域经济布局转型与再构战略》，《亚太经济》2018年第5期。

［42］金瑞庭：《中越经贸合作的现状分析及发展对策建议》，《全球化》2016年第7期。

［43］赖师：《沿边开放战略的形成和特点》，《内蒙古大学学报（哲学社会科学版）》1995年第3期。

［44］雷定坤、赵可金：《多视角浅析印度特殊经济区表现》，《南亚研究》2018年第1期。

［45］李华民：《金融开放格局下的外源性金融危机：危机源甄别及其政策含义》，《中国软科学》2007年第3期。

［46］李惠颖：《对中越边境"地摊银行"取缔难问题的分析》，《区域金融研究》2012年第4期。

［47］李建军、杜宏：《浅析近年来孟加拉国经济发展及前景》，《南亚研究（季刊）》2017年第4期。

［48］李靖宇、吴超：《后金融危机时代中国沿边区域开发开放的战略升级》，《云南师范大学学报（哲学社会科学版）》2011年第2期。

［49］李巍、张志超：《不同类型资本账户开放的效应：实际汇率和经济增长波动》，《世界经济》2008年第10期。

［50］李秀敏、孟昭荣：《对外开放与沿边开放城市经济增长因素的实证检验——以东北地区为例》，《东北师大学报（自然科学版）》2006年第1期。

［51］梁心怡：《我国金融对外开放对经济增长的影响研究》，浙江大学2020年硕士学位论文。

［52］林玲、王炎：《贸易引力模型对中国双边贸易的实证检验和政策含义》，《世界经济研究》2004年第7期。

［53］林民旺：《"一带一路"助力孟加拉国经济发展》，《世界知识》2018年第20期。

［54］凌胜利：《"一带一路"战略与周边地缘重塑》，《国际关系研究》2016年第1期。

［55］刘方、丁文丽：《中国西南周边国家美元化对人民币跨境流通的影响研究》，《云南师范大学学报（哲学社会科学版）》2019年第6期。

［56］刘方、丁文丽、李茂萍：《云南人民币跨境流通中的地下金融安全问题浅析》，《经

济研究导刊》2015 年第 6 期。

[57] 刘方、丁文丽:《关于云南构建中国东盟区域性外汇市场的思考》,《金融教育研究》2016 年第 29 期。

[58] 刘方、侯丽:《缅甸金融行业发展的现状、特征与问题》,《商业经济》2018 年第 5 期。

[59] 刘洪愧、郭文涛、朱鑫榕:《人民币升值对中国与东盟贸易的影响渠道分析——基于结构引力模型的实证研究》,《经济问题》2015 年第 10 期。

[60] 刘美婵:《金融开放对我国银行业风险控制的影响》,《中国经贸导刊》2010 年第 19 期。

[61] 刘培生、薛勇军:《越南吸引外商直接投资(FDI)结构分析》,《东南亚纵横》2013 年第 12 期。

[62] 刘青峰、姜书竹:《从贸易引力模型看中国双边贸易安排》,《浙江社会科学》2002 年第 6 期。

[63] 刘芝平:《越南的全方位开放战略及其成效》,《温州大学学报(社会科学版)》2013 年第 6 期。

[64] 陆春红:《推进沿边金融综合改革试验区建设 提升南宁市金融开放水平》,《广西经济》2016 年第 11 期。

[65] 陆磊:《中国的区域金融中心模式:市场选择与金融创新——兼论广州—深圳金融中心布局》,《南方金融》2009 年第 6 期。

[66] 陆岷峰、周军煜:《金融开放加大背景下我国外源性风险状况研究》,《天津商业大学学报》2019 年第 39 期。

[67] 陆小丽:《"一带一路"战略背景下广西与越南贸易的引力模型分析》,《东南亚纵横》2015 年第 9 期。

[68] 罗素梅、赵晓菊:《自贸区金融开放下的资金流动风险及防范》,《现代经济探讨》2014 年第 7 期。

[69] 罗忠洲、徐淑堂:《本币升值、出口竞争力和跨境贸易计价货币选择》,《世界经济研究》2012 年第 1 期。

[70] 马成浩:《柬埔寨旅游业投资环境及风险分析——基于中国投资企业的视角》,《现代经济信息》2016 年第 15 期。

[71] 马国群、蔡超华:《边境贸易与广西沿边地区经济增长的影响研究》,《市场论坛》2016 年第 7 期。

[72] 马利:《2018 年柬埔寨经济形势回顾与 2019 年展望》,《金融经济》2019 年第 12 期。

[73] 梅冠群:《印度对"一带一路"的态度变化及其战略应对》,《印度洋经济体研究》2018 年第 1 期。

[74] 牟怡楠:《人民币跨境流通对银行业金融安全的影响——基于云南省的研究》,《国际经贸探索》2010 年第 26 期。

［75］农立夫:《越南:2017 年回顾与 2018 年展望》,《东南亚纵横》2018 年第 2 期。

［76］潘功胜:《锐意进取、大胆探索——云南沿边金融改革开放成效显著》,《时代金融》2020 年第 31 期。

［77］潘功胜:《我国外汇管理改革事业 70 年》,《中国金融》2019 年第 19 期。

［78］裴长洪:《海上丝绸之路亮点:中国柬埔寨经济贸易关系发展分析》,《财经智库》2019 年第 4 期。

［79］彭丽颖、邓起杰等:《缅甸:2018 年回顾与 2019 年展望》,《东南亚纵横》2019 年第 1 期。

［80］齐平、Chanthanileuth Vilaiphorn:《外商直接投资对老挝经济发展的影响》,《合作经济与科技》2019 年第 24 期。

［81］祁欣、杨超等:《缅甸新政后经贸合作新变化与投资机遇》,《国际经济合作》2017 年第 1 期。

［82］庆雷、谭闺臣:《沿边省区对外贸易的经济增长效应——基于 HS—6 位分类的实证研究》,《中南民族大学学报(人文社会科学版)》2019 年第 4 期。

［83］邱俊、成玲丽:《沿边金改:广西的成效与愿景》,《金融世界》2018 年第 10 期。

［84］Sela Viseth:《柬埔寨的外商直接投资及其影响因素研究》,《当代经济》2018 年第 6 期。

［85］沙希杜·伊斯兰姆、和红梅等:《孟加拉国视角下的“一带一路”及孟中印缅经济走廊建设》,《南亚东南亚研究》2018 年第 3 期。

［86］盛斌、黎峰:《“一带一路”倡议的国际政治经济分析》,《南开学报(哲学社会科学版)》2016 年第 1 期。

［87］史宁、张丰羽等:《“一带一路”背景下黑龙江省沿边开放口岸跨境经济合作研究》,《金融理论与教学》2020 年第 3 期。

［88］司扬:《缅甸经济特区、工业园区、产业新城发展现状及市场前景分析》,《国际工程与劳务》2020 年第 5 期。

［89］苏畅:《印度经济改革以来的通货膨胀变动趋势、成因》,《南亚研究(季刊)》2017 年第 1 期。

［90］孙敬鑫:《“一带一路”建设面临的国际舆论环境》,《当代世界》2015 年第 4 期。

［91］孙磊:《滇越“地摊银行”问题分析》,《经济研究导刊》2010 年第 35 期。

［92］孙喜勤:《中国与孟加拉国经贸关系的现状、问题与前景》,《东南亚南亚研究》2016 年第 3 期。

［93］孙焱林、夏禹:《金融开放对系统性金融风险的非线性影响——基于金融深化视角的实证分析》,《金融与经济》2019 年第 6 期。

［94］谭小芬、梁雅慧:《我国跨境资本流动:演变历程,潜在风险及管理建议》,《国际贸易》2019 年第 7 期。

［95］唐卉、陈红升:《泰国:2018 年回顾与 2019 年展望》,《东南亚纵横》2019 年第 2 期。

［96］田原、王志芳等：《柬埔寨外向型经济发展与中柬经贸合作》，《国际经济合作》2017年第6期。

［97］屠年松、付文宇：《影响滇桂面向大湄公河次区域沿边开放的因素研究》，《国际贸易问题》2017年第1期。

［98］屠年松、李彦：《中国与东盟国家双边贸易效率及潜力研究——基于随机前沿引力模型》，《云南社会科学》2016年第5期。

［99］王德光、樊艳红等：《泰国经济发展竞争力及主要经济政策分析》，《经济研究参考》2017年第70期。

［100］王露露：《金融开放与经济增长之间关系的研究》，浙江工业大学2015年硕士学位论文。

［101］王顺、梅国辉等：《人民币跨境流动风险及其防范对策》，《中国金融》2011年第5期。

［102］王文、刘典：《柬埔寨："一带一路"国际合作的新样板——关于柬埔寨经济与未来发展的实地调研报告》，《当代世界》2018年第1期。

［103］王向社：《世界银行：柬埔寨2018年实现经济增长7.5%，高于预期》，《世界热带农业信息》2019年第5期。

［104］王勇：《区域"金改"：寻找新一轮经济增长极》，《当代金融家》2016年第7期。

［105］王志刚：《开放经济下的高增长奇迹：重建后柬埔寨经济评析》，《东南亚研究》2015年第4期。

［106］卫彦雄：《老挝：2018年回顾与2019年展望》，《东南亚纵横》2019年第1期。

［107］魏金明、王军生等：《国际贸易中计价货币选择决定因素的实证分析》，《统计与信息论坛》2011年第10期。

［108］吴桂林、晏彦辉：《中缅边境"地摊银行"研究》，《时代金融》2019年第4期。

［109］吴婷婷、高静：《自由化改革、金融开放与金融危机——来自阿根廷的教训及启示》，《拉丁美洲研究》2015年第5期。

［110］吴婷婷、徐松松：《金融开放背景下中国系统性金融风险测度研究》，《金融理论与教学》2019年第2期。

［111］肖本华：《上海国际金融中心建设中的政策支持体系研究》，《商业时代》2011年第15期。

［112］肖本华：《新加坡国际金融中心建设的措施、成效与启示》，《亚太经济》2010年第3期。

［113］肖鹞飞、肖婧莹：《跨境贸易人民币结算问题研究——基于国际贸易结算货币选择理论的视角》，《金融经济学研究》2012年第5期。

［114］严海波：《金融开放与发展中国家的金融安全》，《现代国际关系》2018年第9期。

［115］杨德勇：《稳定与效率：我国金融开放风险的宏观和微观分析》，《北京工商大学学报（社会科学版）》2002年第5期。

[116]杨明国、金瑞庭:《当前柬埔寨经济形势分析及推进中柬双边合作政策建议》,《中国经贸导刊(理论版)》2017年第17期。

[117]杨少芬、赵晓斐等:《福建区域金融改革探索与展望》,《福建金融》2018年第12期。

[118]杨思灵:《"一带一路"倡议下中国与沿线国家关系治理及挑战》,《南亚研究》2015年第2期。

[119]杨雪:《区域金融改革实践发展概况、主要特点及借鉴》,《西南金融》2014年第5期。

[120]杨英杰:《经济制度演化视域下的中国改革开放史》,《经济社会体制比较》2021年第1期。

[121]姚书杰:《经济新常态下中国沿边开放的绩效评价——基于1993—2014年沿边省区面板数据的实证研究》,《经济问题探索》2016年第5期。

[122]叶芳:《柬埔寨2019年上半年经济金融运行情况及展望》,《区域金融研究》2019年第8期。

[123]叶芳:《柬埔寨2019年一季度经济金融运行情况及展望》,《区域金融研究》2019年第6期。

[124]叶辅靖:《金融开放与金融安全》,《国际政治科学》2006年第4期。

[125]叶人荣:《"一带一路"倡议下民族文化传播和对外交流中英语教育的再创新——评〈"一带一路"背景下的中国文化战略〉》,《新闻爱好者》2018年第4期。

[126]殷永林:《莫迪政府执政以来的印度经济》,《南亚研究季刊》2018年第2期。

[127]苑生龙:《缅甸经济形势及中缅"一带一路"合作建议》,《中国经贸导刊》2018年第36期。

[128]曾珊:《广西东兴沿边开发开放试验区战略研究》,中央民族大学2012年硕士学位论文。

[129]曾燕萍:《中国与"一带一路"沿线国家文化贸易总体格局与互补性研究》,《上海对外经贸大学学报》2020年第2期。

[130]张健华:《廓清区域金融改革的几个问题》,《清华金融评论》2014年第7期。

[131]张磊:《缅甸民盟政府执政以来的中缅经济关系发展》,《东北亚经济研究》2019年第2期。

[132]张丽君、陶田田等:《中国沿边开放政策实施效果评价及思考》,《民族研究》2011年第2期。

[133]张小波、傅强:《金融开放对中国经济增长的效应分析及评价——基于中国1979—2009年的实证分析》,《经济科学》2011年第33期。

[134]张艳花:《人民币贸易结算试点——云南省的实践和人民币国际化》,《中国金融》2009年第7期。

[135]赵蕾、王国梁:《孟加拉国投资环境分析》,《对外经贸》2017年第2期。

[136]赵述:《中国区域性金融改革的比较研究》,《武汉金融》2015年第7期。

[137] 者贵昌:《"一带一路"建设背景下中国与泰国金融合作的机遇与挑战》,《东南亚纵横》2017 年第 1 期。

[138] 甄新伟:《印度宏观经济与国债市场发展》,《中国外资》2016 年第 21 期。

[139] 郑国富:《2017/2018 财年缅甸外资发展的新动态及中国应对策略》,《江南社会学院学报》2019 年第 1 期。

[140] 郑国富:《外贸、外资、外援与柬埔寨国内经济增长关系的实证研究》,《经济论坛》2014 年第 4 期。

[141] 郑薇:《新发展格局下的外汇领域改革开放》,《中国金融》2020 年第 24 期。

[142] 郑艳玲:《对中缅边境"地摊银行"的调查与思考》,《金融博览》2006 年第 10 期。

[143] 中国民生银行研究院宏观经济研究团队:《泰国投资机遇及风险分析》,《中国国情国力》2018 年第 3 期。

[144] 中华人民共和国驻泰国经商参处:《泰国经济概况》,《世界热带农业信息》2018 年第 9 期。

[145] 周方冶:《"一带一路"建设与中泰战略合作:机遇、挑战与建议》,《南洋问题研究》2016 年第 4 期。

[146] 周丽丽:《金融开放条件下利率——汇率联动与金融风险防范》,《决策与信息旬刊》2016 年第 1 期。

[147] 周琪:《外源性金融风险产生的背景和原因》,《亚太经济》2010 年第 2 期。

[148] 周绍东、张宵、张毓颖:《从"比较优势"到"国内国际双循环"——我国对外开放战略的政治经济学解读》,《内蒙古社会科学》2021 年第 1 期。

[149] 朱荣华、左晓慧:《金融开放是平抑还是加剧中国经济波动——货币政策视角》,《经济问题》2018 年第 12 期。

[150] Arestis P., Caporale G. M., Cipollini A., et al., "Testing for Financial Contagion Between Developed and Mmerging Markets During the 1997 East Asian Crisis", *International Journal of Finance & Economics*, Vol.10, 2005.

[151] Astorga P., "Mean Reversion in Long-Horizon Real Exchange Rates: Evidence from Latin America", *Oxford Economic and Social History Working Papers*, 2010.

[152] Bacchetta P., Wincoop E. V., "A Theory of the Currency Denomination of International Trade", *Journal of International Economics*, Vol.67, 2005.

[153] Batra A., "India's Global Trade Potential: The Gravity Model Approach", *Global Economic Review*, Vol.35, No. 3, 2006.

[154] Batra A., "Working Paper No. 124 Stock Return Volatility Patterns in India", 2004.

[155] Bayraktar N., Yan W., "Foreign Bank Entry, Performance of Domestic Banks, and Sequence of Financial Liberalization", *Policy Research Working Paper*, 2004.

[156] Beck T., Levine R., "Industry Growth and Capital Allocation: Does Having a Market-or Bank-Based System Matter?", *Journal of Financial Economics*, Vol.64, 2002.

[157] Bekaert G., Duca M. L., Hoerova M., "Risk, Uncertainty and Monetary Policy", *Working Paper Series*, 2010.

[158] Borensztein E., Gregorio J. D., Lee J. W., "How Does Foreign Direct Investment Affect Economic Growth?", *NBER Working Papers*, Vol.45, No. 1, 1995.

[159] Carp L., "Financial Globalization and Capital Flows Volatility Effects on Economic Growth", *Procedia Economics and Finance*, 2014.

[160] Cernat L., "Assessing Regional Trade Arrangements: Are South-South Rtas More Trade Diverting?", *International Trade*, 2001.

[161] Coric B., Pugh G., "Foreign Direct Investment and Output Growth Volatility: A Worldwide Analysis", *International Review of Economics and Finance*, Vol.25, 2013.

[162] Donnenfeld S., Haug A., "Currency Invoicing in International Trade: an Empirical Investigation", *Review of International Economics*, Vol.11, No. 2, 2003.

[163] Doyle B.M., Faust J., "Breaks in the Variability and Comovement of G-7 Economic Growth", *Review of Economics and Statistics*, Vol.87, No. 4, 2005.

[164] Edison, et al., "A Simple Measure of the Intensity of Capital Controls", *Working Papers U.S.federal Reserve Boards International Finance Discussion Papers*", 2001.

[165] Eichengreen B. J., Panizza U., Gullapalli R., "Capital Account Liberalization, Financial Development and Industry Growth: A Synthetic View", *Journal of International Money and Finance*, Vol.30, No. 6, 2011.

[166] Feldstein M., Horioka C., "Domestic Saving and International Capital Flows", *Economic Journal*, 1980.

[167] Fischer S., Cooper R.N., Dornbusch R., et al., "Should the IMF Pursue Capital—AccountConvertibility?", *Princeton Essays in International Economics*, 1998.

[168] Friberg R., "In Which Currency Should Exporters Set Their Prices?", *Journal of International Economics*, 1998.

[169] Gehringer A., "Growth, Productivity and Capital Accumulation: The Effects of Financial Liberalization in the Case of European Integration", *International Review of Economics & Finance*, Vol.25, No. 1, 2013.

[170] Gehringer A., "Growth, Productivity and Capital Accumulation: The Effects of Financial Liberalization in the Case of European Integration", *International Review of Economics & Finance*, Vol.25, No. 1, 2013.

[171] Giovanni J. D., Levchenko A. A., "Trade Openness and Volatility", *Review of Economics & Statistics*, Vol.91, No. 3, 2009.

[172] Grilli, Vittorio, Milesi—Ferretti, et al., "Economic Effects and Structural Determinants of Capital Controls", *Imf Staff Papers*, 1995.

[173] Hartman D.A., "Equilibrium Location of Vertically Linked Industries Under Free Trade: Case Studies of Orange Juice and Tomato Paste in the Western Hemisphere", *The Ohio*

State University, 1998.

[174] Henderson W.O., Viner J., "The Customs Unions Issue", *International Affairs*, Vol.3, No.3, 1951.

[175] Huang, Yiping, Gou, et al., "Financial Liberalization and the Middle-Income Trap: What Can China Learn From the Cross-Country Experience?", *China Economic Review*, 2014.

[176] Johnson M., Pick D., "Currency Quandary: The Choice of Invoicing Currency Under Exchange Rate Uncertainty", *Social Science Electronic Publishing*.

[177] King R.G., Levine R., "Finance, Entrepreneurship and Growth", *Journal of Monetary Economics*, Vol.32, No.3, 1993.

[178] Klein M.W., Olivei G.P., "Capital Account Liberalization, Financial Depth, and Economic Growth", *Journal of International Money & Finance*, Vol.27, No.6, 2008.

[179] Kose M.A., Prasad E., Rogoff K., et al., "Financial Globalization: A Reappraisal", *Imf Staff Papers*, Vol.56, No.1, 2009.

[180] Krugman P.R., "The International Role of the Dollar: Theory and Prospect", *Nber Chapters*, Vol.73, No.2, 1984.

[181] Lane P.R., Milesi-Ferretti G.M., "Long-Term Capital Movements", *Social Science Electronic Publishing*, 2001.

[182] Levine R., "Finance and Growth: Theory and Evidence", *NBER Working Papers*, 2004.

[183] Mattoo, Aaditya., "Financial Services and the WTO: Liberalisation Commitments of the Developing and Transition", *World Economy*, Vol.23, No.3, 2000.

[184] Mckinnon R.I., "Money and Capital in Economic Development", *International journal*, Vol.29, No.4, 1974.

[185] Montiel P.J., "Determinants of the Long-Run Equilibrium Real Exchange Rate: An Analytical Model", 1999.

[186] Moore B.J., Shaw E.S., "Financial Deepening in Economic Development", *The Economic Journal*, Vol.84, No.333, 1974.

[187] Obstfeld M., "International Capital Mobility in the 1990s", CEPR Discussion Papers, 1994.

[188] Obstfeld M., "Models of Currency Crises with Self—Fulfilling Features", *NBER Working Papers*, 1995.

[189] Quinn, Dennis, P., et al., "Does Capital Account Liberalization Lead to Growth?", *Review of Financial Studies*, 2008.

[190] Quinn, Dennis., "The Correlates of Change in International Financial Regulation", *American Political Science Review*, 1997.

[191] Ranciere R., Tornell A., F. Westermann., "Decomposing the Effects of Financial Liberalization: Crises VS.Growth", *Journal of Banking & Finance*, Vol.30, No.12, 2006.

[192] Roseline, Nyakerario, Misati, et al., "Financial Liberalization, Financial Fragility and Economic Growth in Sub-Saharan Africa", *Journal of Financial Stability*, 2012.

[193] S. B., "Does Financial Liberalization Matter for Emerging East Asian Economies Growth? Some New Evidence", *International Review of Economics & Finance*, Vol. 18, No. 3 2009.

[194] Swoboda A.K., "The Euro-Dollar Market: An Interpretation", 1968.

[195] Williamson J., Drabek Z., "Whether and When to Liberalize Capital Account and Financial Services", *Economic Research and Analysis Division (ERAD)*, 1999.

[196] Yeyati E. L., "Global Moral Hazard, Capital Account Liberalization and the "Overlending Syndrome", *IMF Working Papers*, 1999.

[197] Zervos L.S., "Stock Markets, Banks and Economic Growth", *The American Economic Review*, 1998.

后　记

本书是我主持的国家自然科学基金重点项目"云南与周边国家金融合作的异质性约束及人民币区域化的实现机制与路径研究"和云南省人民政府发展研究重大项目"云南沿边金融开放与风险防控对策研究"的重要研究成果。全书揭示了改革开放以来中国沿边金融开放的发展脉络，并重点梳理了中国与周边七国经贸发展及金融开放的状况。之后以云南为典型案例深入研究了中国沿边金融开放的现状、问题与优劣势，最后系统地提出了云南沿边金融开放的政策体系及具体对策建议。全书对中国沿边金融开放理论研究与实践操作具有重要的参考文献价值。

本书是团队多年持续研究的又一重要成果，体现了团队的共同努力。团队负责人丁文丽教授提出了全书的研究思路和写作提纲，撰写了第四章、第五章第五节、第七章及第八章，并承担了全书的修改和定稿工作。胡列曲教授撰写了第一章、第二章及第三章。李美娟教授、李丽副教授参与了第三、第四章的写作。成瑾处长撰写了第五章第一节至第四节。常殊昱副研究员、沈姗姗博士、马涛博士、刘方副教授、胡小丽博士和王大力博士等对本书的写作也做了有益的贡献。在此一并致以诚挚的感谢。

本书的出版还得益于人民出版社经济与管理编辑部主任郑海燕编审等的辛勤劳动，在此表示衷心的感谢！

丁文丽

2021 年 6 月于昆明